シルクロード概略図

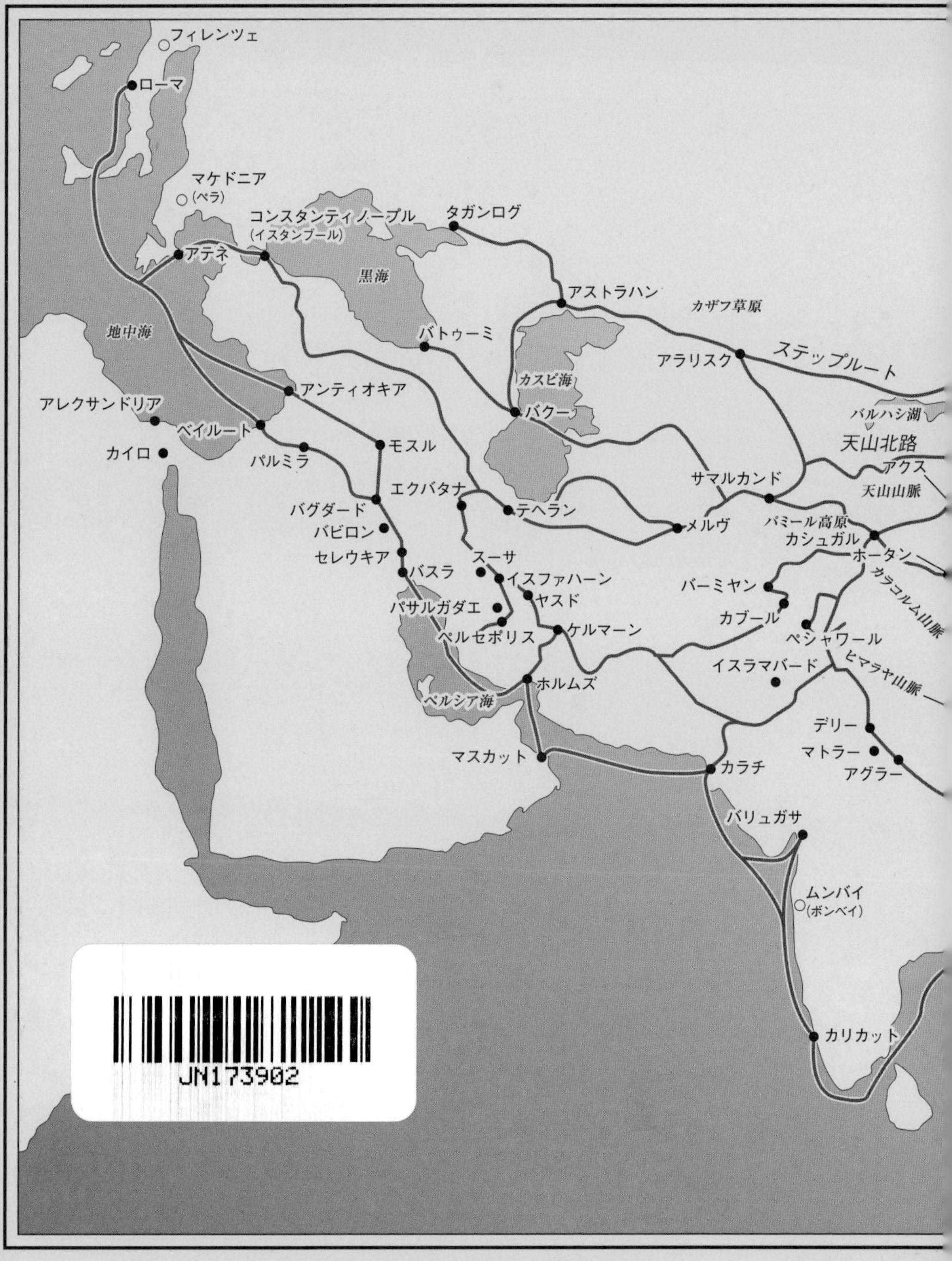

フィレンツェ
ローマ
マケドニア
(ペラ)
コンスタンティノープル
(イスタンブール)
タガンログ
アテネ
黒海
アストラハン
カザフ草原
地中海
バトゥーミ
アラリスク
ステップルート
カスピ海
アンティオキア
アレクサンドリア
バクー
バルハシ湖
ベイルート
モスル
天山北路
カイロ
パルミラ
サマルカンド
アクス
エクバタナ
天山山脈
バグダード
テヘラン
メルヴ
パミール高原
バビロン
カシュガル
セレウキア
スーサ
ホータン
バスラ
イスファハーン
バーミヤン
カラコルム山脈
ヤスド
パサルガダエ
カブール
ケルマーン
ペルセポリス
ペシャワール
イスラマバード
ヒマラヤ山脈
ホルムズ
ペルシア海
デリー
マトラー
マスカット
カラチ
アグラー
バリュガサ
ムンバイ
(ボンベイ)
カリカット

ユーラシア文明とシルクロード

ペルシア帝国とアレクサンドロス大王の謎

山田　勝久
児島建次郎　著
森谷　公俊

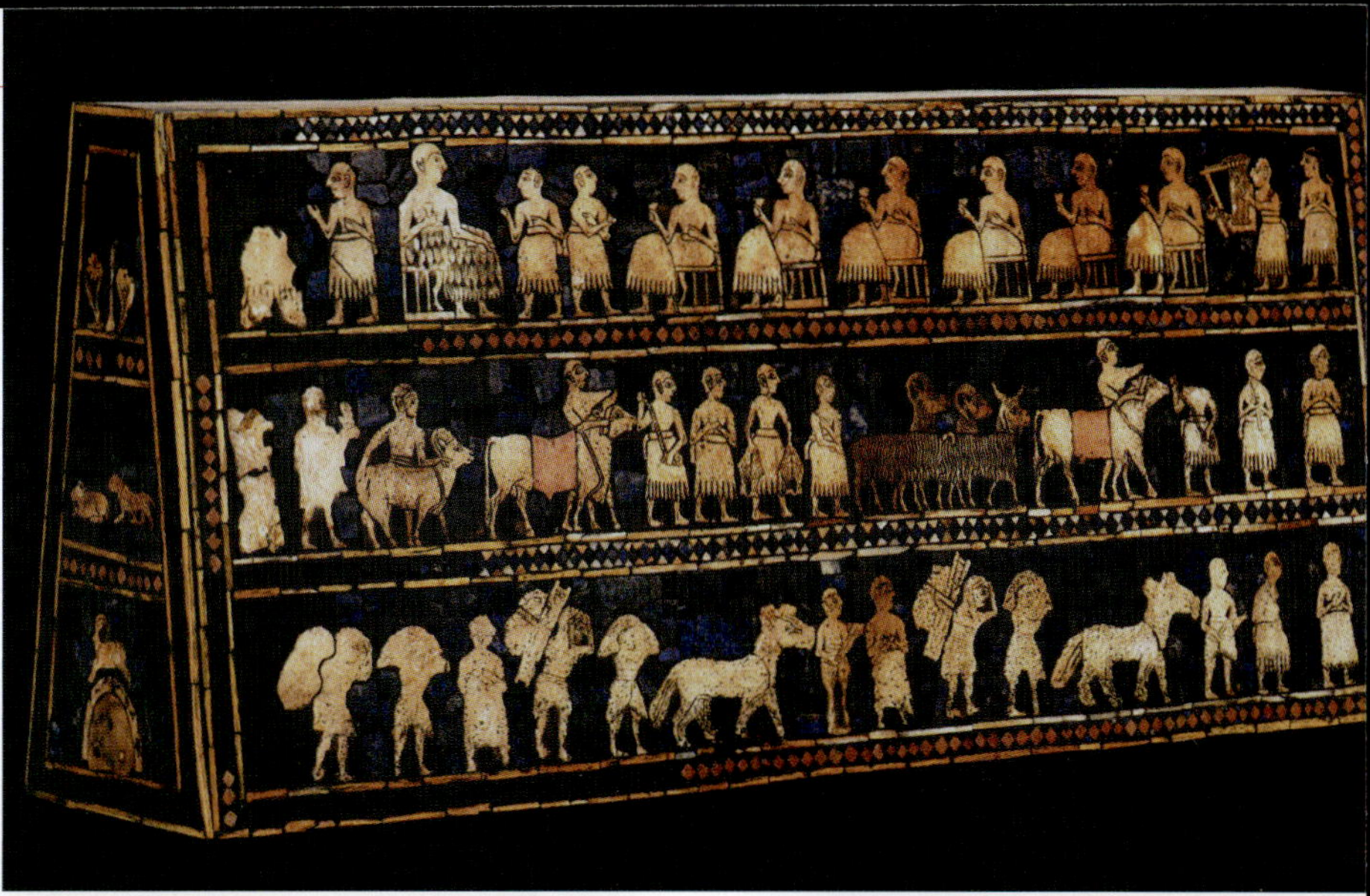

メソポタミア・ウルのスタンダード
平和の場面（大英博物館・前二五〇〇年頃）

アケメネス朝の都ペルセポリス
ダレイオス大王時代の想像図。

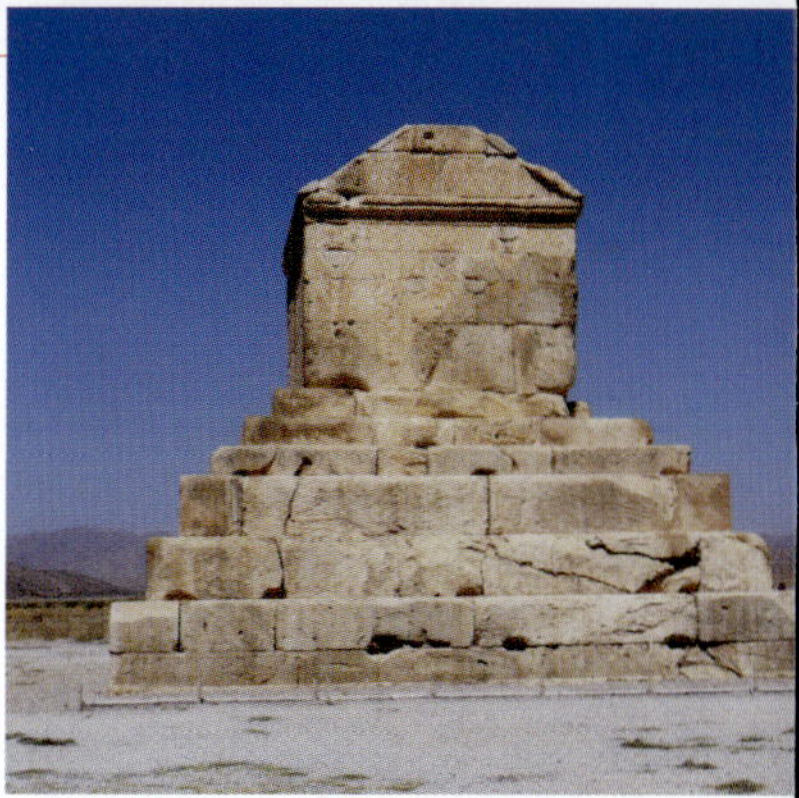

キュロス大王の墓
（イラン・パサルガダエ）

ナグシェ・ロスタムの全景
アケメネス朝とササン朝の遺跡。

ダレイオス大王　戦勝記念碑
（イラン・ビーシトゥーン）

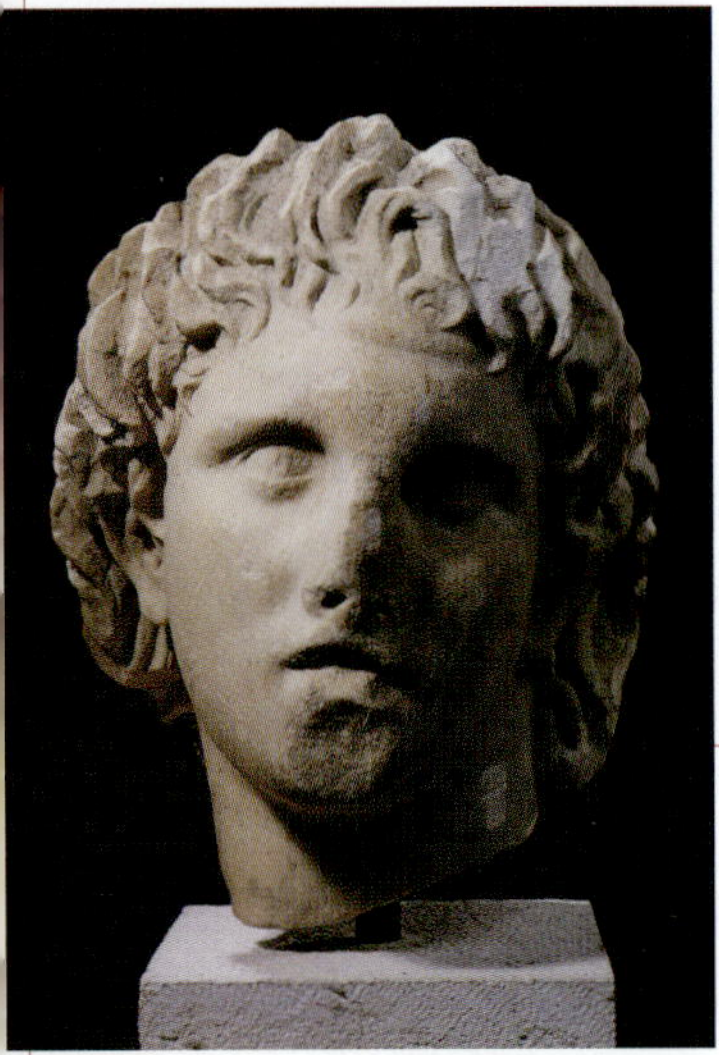

アレクサンドロス大王像
（ギリシア・ペラ考古学博物館）

マケドニア・古都ヴェルギナの第２王墓で発見された黄金の冠

ペルシア門＝メーリアン渓谷の全景
アレクサンドロス大王はここを突破してペルセポリスへ向かった。（鈴木革撮影）

匈奴の侵入に備えるクズルガハ烽火台
（中国・シルクロード西域北道、亀茲国・クチャ）

長安城を偲ばせる楼閣
（中国・西安市）

アフラ・マズダ像
ゾロアスター教の最高神

楼蘭王国の遺跡
後三〜四世紀シルクロード交易で栄えた。

動物文様・アッシリア王に跳びかかる獅子
イラク　アッシュル・バニパル王の宮殿を飾った獅子狩図浮彫。

ギリシア・パルテノン神殿
タブーを破って世界で初めて神殿にアテネ市民を彫刻し、市民を讃えた。

いヘジャブをつけたイラン女性
イラン・イスファハーンにて）

色とりどりのヘジャブをつけた女子学生たち（チェヘル・ソトゥーン庭園博物館にて）

目次

はじめに

近年の歴史叙述は、意識的であれ無意識であれ、比較史的方法によるものが多い。ある民族の歴史と他の民族の歴史、また、ある帝国の歴史と他の帝国の歴史を比べることによって、構成され認識されるという論法である。

このような比較文明論は、第一次世界大戦前後に登場したシュペングラーとトインビーによって比較文化学として開拓された。シュペングラーは、高度な文化は植物の誕生、成長、開化、凋落《ちょうらく》、枯死と同じように限られた寿命をもつ孤立し完結した存在としての自然有機体ととらえた。トインビーは、自然力にすべて帰せられていた文明の変化を人間の意思と能力に求め、挑戦と応戦という図式を用いて自然環境や人為的環境から挑戦を受けた人間側の応戦と失敗によって、文明は発生し衰退、解体するという文明無機体説を唱え、諸文明の相対性や同時性を明らかにする多元的史観を世に問うた。

本書は、文明史に多大な足跡を残したインド・ヨーロッパ語族の大移動、アケメネス朝とササン朝の二つのペルシア帝国、世界帝国を築きヘレニズム時代への幕を開けたアレクサンドロス大王の東方遠征、人間の精神活動を彩った古代における宗教の盛衰、ユーラシア大陸を貫くシルクロードが果した役割、中国文明やペルシア文明と日本文明の関係の六項目を視野において重層的に組み合わせている。全体的には、古代オリエントからイラン高原で展開されたアケメネス朝ペルシアとアレクサンドロス大王の史実を核に、その前後の歴史的展開や宗教、民族、風土などをシルクロードとの関連のもとで俯瞰《ふかん》的、巨視的に浮かびあがらせようと試みた。

つまり、互いに映し合い互いに作用し合って生成変化していったペルシア文明全体を考察したものとなっている。そして、ユーラシア大陸を舞台に繰りひろげられた文明の道を通して、「衝突」だけでなく文明の違いをのりこえて、「融合」したり「交流」したりしたダイナミックな文明の興亡史を描くことを目指した。

情報をはじめヒト、モノ、カネが国境を越える現代社会にあって、重要な歴史認識は、ナショナル・ヒストリーではなくグローバル・ヒストリーという思考である。今日の私たちが、世界のかかえる諸問題を乗り越えて未来を切り開くには、自国の歴史を相対化し、グローバル・ヒストリーの視点から過去を検証し、国や文化の枠組みをこえて歴史を世界全体の動きとしてとらえることが必要である。

本書を手に取りページを捲っていくうちに、「おやっ」と思われる方がいるかもしれない。これまでの出版物にはなく、随所に筆者が映っている写真を使っていることに気付かれると思う。

本書は、歴史書や文献から史実を論証するという手法を基本におきつつ、筆者が歴史の舞台に立ち、民族や宗教、風土、その大地に生きている人たちと接し、調査するところから得た知見を文章として表現する「血のかよった学術書」にするために、写真を使い説得力のあるものに仕上げようとしたもので、論証と実証を組み合わせた内容になっている。つまり、筆者がフィールド・ワークをする中で、歴史の証人といえる遺産の前に立ち、何を感じ何を導き出したかを、文章と写真を通じて実証的に明らかにしたいと考えた。なお、固有名詞の表記については、英語表記と原語表記などがあるが、筆者によって異なるものを採用している場合があることを、あらかじめお断りしておきたい。

価値からの自由、あるがままの姿を探究するという一九世紀以来の歴史研究の理想は、法則や理想そのものに対する懐疑によってしか達成されない。私もこの研究姿勢を堅持しているものの、本書で取り扱っている事項はきわめて豊穣《ほうじょう》、多彩であり、しばしば難渋をきわめた。すべての分野を詳細に論述することは、浅学な筆者には到底なし得ないところで、細部の詰めに甘さがあるが、ともかく諸先学の業績を頼りに一応の素描《そびょう》を試みた。

思えば、蘊奥《うんおう》を極めることの難さを実感する数年間であった。それぞれの分野の研究者が読まれる場合は、不十分な点が散見されるかもしれない。叱正いただければ幸である。

本書に収めている写真や地図、図版などを提供して下さった方々、作成に協力いただいた文献の執筆者、出版社に対してお礼を申し上げる。

中国は、歴史の国であり、司馬遷の『史記』をはじめ歴代の王朝史が著わされており、その形式は帝王や臣下の業績をそれぞれにまとめた「紀伝体」である。ところが、北宋の一〇八四年に司馬光《しばこう》（一〇一九—一〇八六）が著わした『資治通鑑《しじつがん》』は、年月を追って史実を記す「編年体」を採っている。司馬光は、古代から世の中がどのようにして乱れていったのか、歴史に学ぼうとしない風潮に悲憤慷慨《ひふんこうがい》して帝王学の書といわれる名著を書き上げたという。すなわち、政治はどうあるべきかを史実の中から考えさせようとしたのであった。

私は、司馬光が心血を注いで書き上げた歴史書の精神を少しでも見習いたいと思い、本書に取り組んだ。出版にあたり、往時の人たちの数多くの著書に目を通していると、世界中のどこかで苦闘している歴史家といっしょになって仕事をしていることを実感するとともに、あらためて、その歓喜が蘇ってきた。

本書の成立過程で熱心にご助力、ご教示ねがった皆様に深甚の謝意を表する。

二〇一六年桜満開の季節に記す

児島建次郎

第一章 興亡の歴史を織りなしたインド・ヨーロッパ語族の大移動

一 原住地はロシアのカフカス地方か

前二〇〇〇年頃から移動を開始

語族とは、歴史学的にみると、民族や人種を指すのではなく、同じ起源を持つ言語を使用するグループによる分類で、インド・ヨーロッパ語族と称する人々が存在したということではない。

インド・ヨーロッパ語族については、仮説的概念ととらえるべきものであり、出自や特性が異なる集団が近接して遊牧生活をおくっている間に、言語や文化を共有したり通婚したりして同一集団と見做《みな》すようになったのである。彼らは、遅くとも三千年紀には言語や家族を共有する集団となって大移動をおこす（小川英雄『オリエント世界の発展』）。

彼らの原住地については、一七八六年にアジアの古代言語の研究者ウィリアム・ジョーンズの講演がヒントになった。この講演が契機になり、比較人類学が誕生し、インド・ヨーロッパ語族の故郷の探索《たんさく》がはじまった。それは動植物の語彙を集めるというもので、その結果、

彼らの故郷にはブナの木がはえ、牛や馬が飼育され川にはサケやマスが泳ぎ森には狼や熊が棲息《せいそく》する。

というイメージができあがる。これらの条件を充たす自然環境をもった地域はどこかという研究が進んでいった。

インド・ヨーロッパ語族の原住地は、ロシアのカフカス地方（英語名コーカサス）の北方、あるいはウクライナ、ロシア南部の草原地帯と考えられているが、確定できるものはない。近年の学説では、東ヨーロッパ（ポーランド周辺）にまで及ぶ広範囲にわたっていたといわれており、前二〇〇〇年頃から東西の三方へ向って移動を開始していった。

第一の集団は、西方にむかいヨーロッパに定住して、現在のヨーロッパ諸民族の先祖となる。

第二の集団は、西アジアのアナトリアに南下し、先住民を征服してヒッタイト王国（前一八〇〇〜前一二〇〇頃）やミタンニ王国（前一六〜前一三世紀）を築く。

第三の集団は、東方に向ったインド・アーリア人やイラン・アーリア人の先祖で、彼らは草原地帯のウズベキスタンやキルギスなどに到着し数世紀定住したのち、インドやイランに移動していった。

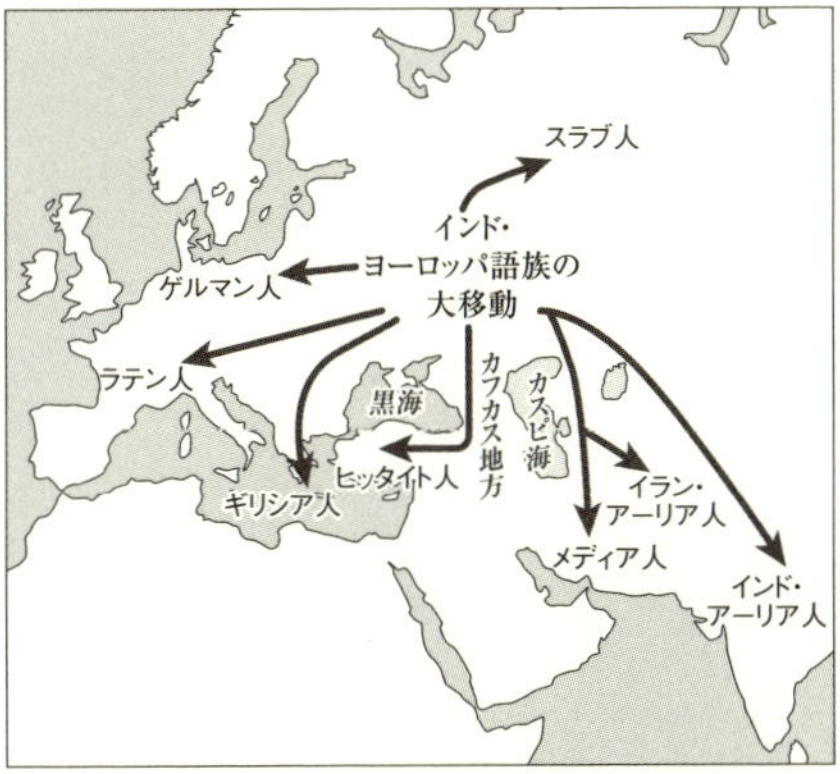

図１　インド・ヨーロッパ語族の大移動
左近司祥子・小島和男『面白いほどよくわかるギリシア哲学』参照、筆者追記

この移動は、計画的に進められたものではなく、彼らが住んでいた土地で乾燥化が進み畜牛とその所有者を支えるのに不充分となったのか、地球の寒冷化を避けてのものであったのだろう。

カフカス地方は、「内なる二つの海」という黒海とカスピ海に挟まれ、中央を走るカフカス山脈を境に草原地帯がひろがる北側と、森林や渓谷が交錯する南側に分かれる。もともと多様な民族と宗教が入り組んでおり、カフカス山系には、かつて、二二の民族が居住していたといわれ、あたかも人種の坩堝《るつぼ》の観を呈していた。北カフカス地方は、一八六四年に終結したイスラム系住民との「カフカス戦争」に勝利した帝政ロシアが一帯を領土とし、現在ロシア領となっている。この地域には、チェチェンやイングーシといったイスラム系の共和国が多数を占め、ロシアからの独立紛争が続く。いっぽう、南カフカス地方では、一九九一年のソ連邦崩壊後、独立運動が強まりアゼルバイジャンやジョージア（旧グルジア）、アルメニアの三国が独立し、周囲にイランやトルコ、イラクがありロシアと中東も近く、東へむかえば中央アジア、西へいけばヨーロッパと世界史の十字路にあたる。

カフカスは、幾多の遊牧民集団とその国家を育んだ「揺籃《ようらん》の地」である。ドイツ生まれのブルーメンバッハ（一七五二〜一八四〇）は、一七九五年に『人類の自然的変種』を著しているが、カフカス人について、次のように記述している。

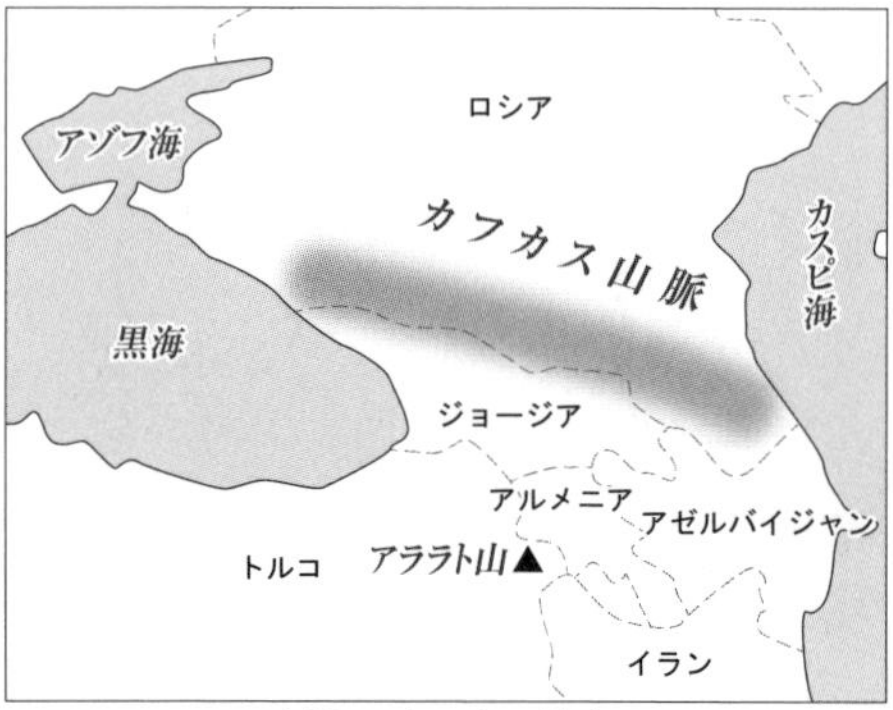

図2　カフカス地方

> カフカス人種、肌の色は白、頬は赤い。頭髪は褐色か栗色。頭部はやや球状。顔は卵型、顎と口許の突起なく、造作は輪郭が程よくはっきりして額はなだらか（中略）この第一種に含まれるのは、ヨーロッパの住民、東部アジアの人間で、後者の場合、オビ川、カスピ海、ガンジス川流域まで及ぶ。そして最後に北アフリカの住民である。

ブルーメンバッハは、カフカス人種の東限をウラル山脈以東に定め、南限をガンジス川流域までひろげインドをカフカス圏内に入れており、この分類は明らかに言語を念頭においたものである（ネル・アーヴィン・ペインター『白人の歴史』）。ユーラシア大陸の世界史を諦観《ていかん》すれば、平和と戦争の動向がカフカスの状況を巨細《こさい》に映し出しており、それは現在も続いている。

インド・ヨーロッパ語族の大移動は、既成の文化の破壊と新文化の醸成をもたらすとともに、先住民族の生活様式に大きな衝撃を与えた。ユーラシア大陸に拡散した彼らの足跡は、東北は天山山脈北麓のステップ地帯に、東方は東トルキスタンから中国の甘粛《かんしゅく》省周辺に、東南はインド、西南はイランやメソポタミア、アナトリアに、そして西方はギリシアやイタリア、西北はゲルマンやスラブと辿ることができる。

つまり、人類史における古代史上の興亡と衝突、融合の物語は、インド・ヨーロッパ語族がユーラシア大陸に拡散しつつ、各地の原住文化と接触する状況の中から生まれ変化していったと考えてよいだろう。

二　インド・アーリア人とヴァルナ制

聖典『リグ・ヴェーダ』にみる社会構造

インド・イラン諸派のインド・ヨーロッパ語族は、民族的には「高貴な人」「自由な人」を意味するアーリア人と称され、前一二〇〇年頃にイラン高原に進出した人たちを「イラン・アーリア人」、インダス川流域に移住した人たちを「インド・アーリア人」と呼ぶ。

彼らの移動の第一波は、前二〇〇〇年紀の始め頃で、前一六〇〇年頃から中央アジアを経て古代オリエントやインダス川流域に流れ込み広範囲に移動していくが、その距離は五〇〇〇キロに及ぶ。

インドには、前二三〇〇年頃からモヘンジョ・ダロやハラッパーなどのインダス文明が栄えていたものの、前一八〇〇年代に急激に衰退し都市が放棄され村落文化へと退行していった。

この文明の滅亡の原因について、イギリスの考古学者モーティマー・ウィラーは、「アーリア人侵入」による文明滅亡説を発表した。すなわち、インド・アーリア人の讃歌集である『リグ・ヴェーダ』に、彼らの信奉する神インドラが原住民の砦を打ちこわし、粉々に蹴散らしたという記述がみえる事を理由にしたのである。ところが、近年の調査ではアーリア人の侵入までには二〇〇年から三〇〇年のタイム・ラグがあり、現在、この説は否定されている。

インドに侵入したアーリア人は、前一五〇〇年頃インダス川流域のパンジャブ地方に定住し、前一〇〇〇年代にはガンジス川流域まで進出した。

インド・アーリア人を知る手がかりは、彼らが崇《あが》めた自然の神々の讃歌を集めた最古の聖典『リグ・ヴェーダ』である。リグとは「讃歌」、ヴェーダとは「知識」を意味し、成立したのは前一二〇〇～前一〇〇〇年頃と思われ、インド侵入前後の彼らの様子がわかる。

アーリア人は、山羊や羊などの家畜を飼う牧畜民であり、中でも牛は大切な家畜で、牛乳やチーズなどを重要な食料として牛を神への供物《くもつ》にした。家族単位の部族に分かれ、そこから選ばれた族長はラージャンと呼ばれ司祭者とともに最上位を占め、一般庶民を従え戦闘では銅または青銅器の武器を使用し、馬に引かせる二輪の戦車によって先住民より優位に立った。

アーリア人は、異なった言語と宗教をもつ先住民ドラヴィダ人を『ヴェーダ』の中でダーサと呼び、黒い肌と低い鼻をもち男根を崇拝すると記している。

戦車に乗った遊牧民の神イン

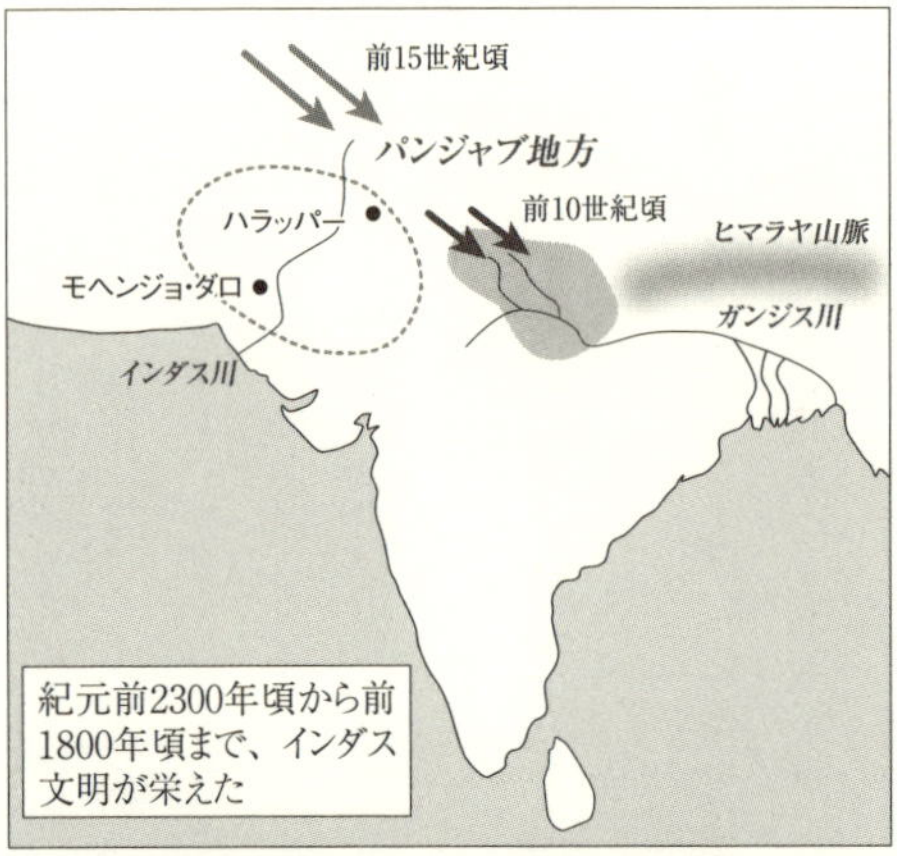

図3　インド・アーリア人の移動
小松田直『手にとるようにわかる世界史』参照

図4　ドラヴィダ系の女性たちと筆者
インド・エローラ石窟寺院にて

ドラが、色の黒いダーサと呼ばれる土着農耕民の五万の兵士、砦と灌漑設備を破壊し、彼らを征服した。ダーサはインダス文明の担い手であったが、南に逃れた彼らはドラヴィダとして今に続いている。

アーリア人が信仰した神々は、天神ディヤウスや友愛の神ミトラのように、ギリシア神話やゾロアスター教の神々と共通したものがある。

また、自然の力や自然現象を擬人化して、インドラ（雷）、スーリア（太陽）、アグニ（火）などを崇拝しており、特にインドラとアグニは偉大な力を持ち『リグ・ヴェーダ』には、二神に捧げる讃歌が数多く見られ雷神インドラは帝釈天、死者の国の神ヤマは閻魔《えんま》大王というように、日本仏教にも関係している。

ガンジス川流域に定住し農耕生活をはじめたアーリア人は、鉄製の農具と牛耕法によって農業生産力を高め、その結果、豊かな都市国家が勃興《ぼっこう》し貧富の差が生まれ階層文化が進んでいく。

部族の連帯が続く中で、クシャトリアと呼ばれる王侯、貴族集団が強くなり、種々のヴェーダが成立するとともに、讃歌を唱えるバラモン（司祭者）の力が増していき、彼らは自己の特権を主張してヴァイシャ（農民や商人などの庶民）と区別するようになり、三つの階層が生まれる。さらに、アーリア人の社会に先住民のドラヴィダ人が取り込まれ混血が進み、彼らはシュードラ（隷属《れいぞく》民）として差別されていった。

古代インドでは、このような身分制度をヴァルナ（種姓）と呼んでいたが、一五世紀末頃インドに進出したポルトガル人が、これを「カスタ＝家系・血統」といい、やがて英語のカーストが一般的な呼び名となった。四つのヴァルナは、細分化されて職業と結びつきジャーティという身分制度が生まれていく。

私は、三度インドを訪ねており、その度にカーストの現実を目のあたりにしてきた。二〇一二年九月五日、仏陀が瞑想《めいそう》に耽りたびたび説教をした霊鷲山《りょうじゅせん》にリフトで登り、帰りは坂道を歩いておりたのだが、道の片側の五メートル間隔に帚《ほうき》を持った人たちが座っている。インド人ガイドのサルマンさんは、「彼らは職業に就けず、このように人の援助に頼るしか生活の糧が得られないのです」という。現在、細分化されたカーストの数は二〇〇〇以上といわれ、冠婚葬祭から職業に至るまで排他的仕来《しき》たりが蔓《はびこ》っている。

一九四七年にインドは、分離独立し一九五〇年に憲法を制定してカースト制度を廃止したものの、この社会的習慣は連綿と続く。さらに、四つのカーストのどこにも属さない不可触民が存在し職業などで不当な差別を受けている。インド独立の父マハトマ・ガンジーは、不可触民を「ハリジャン＝神の子」と呼び、彼らの地位向上に努めたが、因習を一掃することはできなかった。ただ近年、教育の向上をはかるためインドの大学では下部カーストの学生を一定の割合で入学させるところもあり、カースト制度の打破にむけた動きがみられる。

貧富の差の激しいインドは、あちこちで物乞いをする子どもたちをみかける。二〇一四年のノーベル平和賞に選ばれたイラシュ・サティヤルティさんは、「児童労働に反対するグローバルマーチ」の設立にかかわり、奴隷的な労働に駆り出された八万人の児童を救出したという。

インドでは優秀なソフト開発者を多く排出しており、ＩＴ大国と称されている。また、識字率が七四パーセントまで向上するなど、インド社会の地殻変動

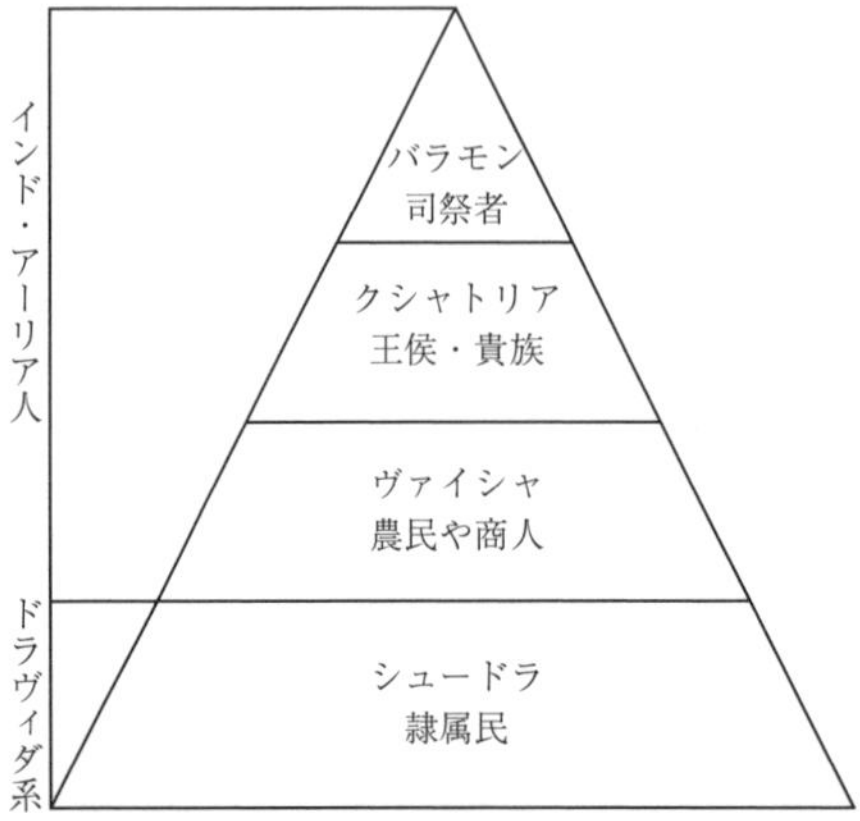

図5　ヴァルナ（カースト）制度

図6　インドの女子大学生
カースト制度も変わりつつある

がうかがえ、これらの要素がカースト制度を少しずつ変えていく可能性を予感する。

ただ、インドの文化は、アーリア人の文化が先住民を一方的に塗り潰して生まれたのではなく、アーリア人と先住民の血が長い時間をかけて混りあう文化の融合によって生み出されたことも理解しておかなければならない。

三　オリエント世界の主役に躍り出たイラン・アーリア人

イラン高原に進出したペルシア人

前二〇〇〇年頃、インド・ヨーロッパ語族が東西に移動を始める。前一九〇〇年頃にアーリア人の一派であるルウィ族は、カフカス山脈の西部から南下してアナトリア（トルコ）に入った。ルウィ族の後を追ってヒッタイトがアナトリアに進出し武力でこの地を征服する。

彼らは、世界史上最古に出現したインド・ヨーロッパ語族の一派で、製鉄技術を独占し鉄製武器と二頭立ての戦車を使って前一五九五年頃ヒッタイト王国を建国し、ムルシリ一世（前一六二〇頃～一五九〇頃）の時に古バビロニア王国を瓦解《がかい》させた。ヒッタイトの製鉄技術は、王国終熄《しゅうそく》ののち周辺諸国に伝わり、前一〇〇〇年頃には西アジアからギリシア、ヨーロッパとひろがっていき鉄器時代を生む。

ヒッタイト王国は、ミタンニ王国（インド・ヨーロッパ語族）を服属させ、シリアやパレスチナ方面に進出して地中海沿岸諸都市を制圧しエジプトと対立した。ムワタリ王（在位前一三一五頃～前一二八二頃）は、シリアのオロンテス河畔でのカデシュの戦い（前一二八六年か前一二七五年）で、エジプトのラムセス二世（在位前一二七九頃～前一二一二頃）率いる戦車兵団を潰滅《かいめつ》させ王国の威光を天下にとどろかせる。

ハットゥシリ王の治世になると、ラムセス二世との間に世界最初の和平条約が結ばれ、王の末娘がエジプトの王妃として迎えられる。条約の碑文が、アブシンベル神殿とカルナック神殿に象形文字で刻まれている。両国が不可侵を誓い攻守同盟を結んだのは、東方に勃興《ぼっこう》したアッシリア王国に対抗するためだったのであろう。

ヒッタイト王国の末期、トゥトハリヤ王の時代に西の海のかなたから暗雲が漂い始める。前一二〇〇年頃スッピルリウマ二世の治世を最後に王国は突如として消息を絶つが、これは「海の民」の侵攻によるものといわれている。

いっぽう、前二〇〇〇年代のはじめイラン高原にアーリア人が入り込んできたが、ここで最初に王国を建国したのは、前八世紀頃のメディア人で、彼らは、メソポタミアの古代文明の影響を受け急速に勢力を伸ばしていった。

この頃、メソポタミアではセム語族のアッシリアが強大となり、アッシリアとメディアは衝突を繰り返し、両者の闘争は前一一〇〇～前六〇〇年頃まで絶え間なく続き、ついに前六一二年にメディアが新バビロニアと手を組んでアッシリアの都ニネヴェを制圧して崩壊させる。

メソポタミアでは、多くの国家が生まれ滅びていったが、民族不明のシュメール人を除いて、いずれもセム語族に属する民族が担い手であった。アッシリアの滅亡は、メソポタミアにおける新興アーリア人勢力のセム語族に対する勝利を意味していた。

ここで、メディア人とそれに続く古代オリエントの覇者ペルシア人をあわせたイラン民族を概観しておこう。

前二〇〇〇年頃、アーリア人の一派がトルコへ進出した時代に、多くのアーリア人がカスピ海東方、イラン北方へ移動を開始した。これらの人のうち、インド・アーリア人は、前一五〇〇年頃インダス川に到達したのに比べ、イラン・アーリア人のイラン高原への移動は比較的おそく前一二〇〇年頃と思われる。

インドに侵入したインド・アーリア人の初期の様子を知る資料は前節の通り『リグ・ヴェーダ』であり、これはサンスクリット（この言葉には「語」という意味が含まれている。梵語とも）であらわされており、この言語は、

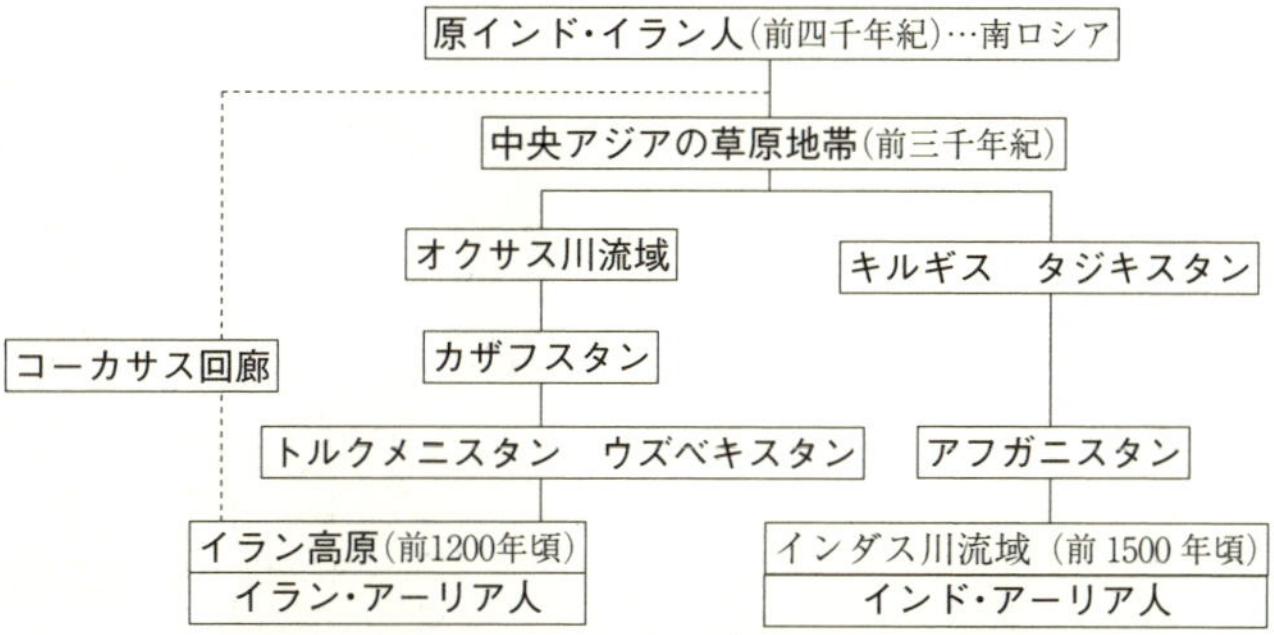

図7　原インド・イラン人の移動についての仮説
NHK出版『文明の道1　アクレクサンドロスの時代』参照

イラン・アーリア人が信仰したゾロアスター教の聖典『アヴェスタ』の言語と類似している。

彼らはともに、雷や太陽など自然現象を神として信仰し、神を祭場に招いて讃歌を奉げ動物を供えて戦勝を祈願しており、両者の間に共通する宗教概念が存在したことが推定できる。

メディア人の名が記録にあらわれる最も古い文献は、アッシリアのシャルマナサル（シャルマネセル）三世の年代記の前八三六年のことで、ここにザグロス山中の一部族として「マダイ」の名が出てくる。

これより少し前の同じ王の年代記の前八四四年に、アルメニア山地のウルミア湖の西南方面に「パルスア」族が居住していたとあり、このパルスア族はペルシア人を意味し、前七〇〇年頃にザグロス山脈に沿って東南に移動し、その居住地がパルスマシュと記されている。

これが、イラン高原西南部のペルシアで、やがて、オリエント古代史の最後を飾る帝国を支配したアケメネス朝（これは英語表記で、本書では筆者によってギリシア語形のアカイメネス朝を使用）となり、この王朝がパルスアすなわちペルシア民族のいただいた王家なのである（岸本通夫『古代オリエント』）。

メディア人とペルシア人は、それぞれ独立した部族であったが、近縁の言語を用いる同系の部族として共同戦線を張ることもあり、先にメディア人が王国の体裁を整え、オリエント史の舞台に登場することになる。

ペルシア人は、一〇あまりの部族に分かれ、その王統は、前七世紀にはじまりテイスペス（在位前六七五頃〜

図8　右から２人目がイラン・アーリア人のアラシさん
一番左がイラン・アーリア人のアリーさん

前六四〇頃）の次の代で二系統に分かれ、キュロス一世の次のカンビュセスの時に、メディア王アステュアゲスの王女マンダネを王妃に迎える。二人の間に生まれたキュロス二世（以下大王と記す）こそ、祖父の国メディアを征服しアケメネス朝を建国した偉大な帝王であった。

イラン王国は、一九三五年に「ペルシア Persia」と呼びならわしてきた国号を「イラン Iran」と改めた。一九七九年、ホメイニ師による「イラン革命」によってパーレビ国王が海外に亡命し、イスラム教を政治の中枢にすえる「イラン・イスラム共和国」が成立する。

ペルシア人は、自分たちの国をイランと呼び、自分たちを「イラニー Irani」と称していた。ペルシアという名称は、古代ギリシアの歴史家が使っていた「ペルシス Persis」から転化したもので、その起源はイラン高原に統一国家を建設したアケメネス朝発祥の地である「ファールス Parse」の呼び名に由来している。

ちなみに、現在使われている公用語はペルシア語であるが、地方ではペルシア語系、トルコ語系諸語やアラビア語、アッシリア語、アルメニア語などが話されている。

四　ヨーロッパに拡散したインド・ヨーロッパ語族

クレタ文明を滅ぼしミケーネ文明の担い手となったアカイア人

ヨーロッパ文明の基層は、①ギリシア・ローマ文化と②キリスト教文化にあり、ギリシア・ローマ文化を築き上げた民族は、インド・ヨーロッパ語族に属し地中海周辺に生まれながら異なった歴史をもっている。

前三〇〇〇年頃から始まった青銅器時代のエーゲ文明は、穏やかな波洗うエーゲ海域に花開き、海上交易の要衝クレタ島で高度な文明が形成されたことからクレタ文明（前期が前三〇〜前二二世紀・中期が前二一世紀〜前一七世紀・後期が前一六世紀〜前一二世紀）とも、伝説上の王ミノスの名をとってミノア文明とも呼ばれている。

集落があったクノッソスの宮殿は、城壁などを持たず小高い丘を利用した開放的なもので、ギリシア神話に登場するミノス王が人身牛頭の怪物ミノタウロスを閉じ込めた迷宮（ラビュリントス）に譬《たと》えられる。ここは、二〇世紀にイギリス人考古学者のアーサー・エヴァンズによって発掘された。

エヴァンズは、宮殿の中央宮廷に面する「控えの間」から「王座の間」をながめ、その北側の壁に据えられた石膏製の椅子に祭司を兼ねた王が座していたとみた。椅子とそれを取り囲むベンチは、発掘された当時と同じ状態で、おそらく、「祭司＝王」が王座に、祭司使たちがベンチに座し、重要な宗教行事を行っていたのであろう。

図9　アーサー・エヴァンズの銅像
クノッソ大宮殿の前に立つ

クレタ文明のうち、線文字Aは解読されていないが、城壁を持たない宮殿の構造や「パリジェンヌ」と呼ばれる美少女の明るい壁画、「牛の上のアクロバット少年」などから平和的な文明であったことが想像できる。ただ、クレタ人の民族的系統は不明である。

海洋文明の特色をもつクレタ文明が繁栄する中で、前二〇〇〇年頃からインド・ヨーロッパ語族の一派であるアカイア人が、現在のマケドニア付近から南下し、前一六〇〇年頃ペロポネソス半島に住みつくようになり、ミケーネ文明（前一四五〇頃〜前一二〇〇頃）の担い手となる。この文明は、地中海交易で富を蓄え、前一五〇〇年頃クレタ島に進出し武

図10　王座の間・クレタの迷宮
重要な宗教行事が行われた

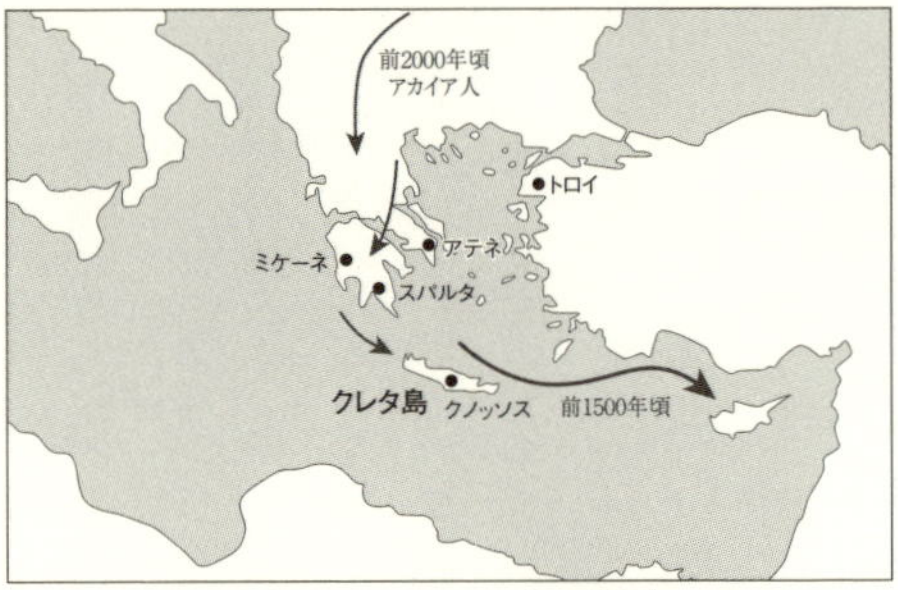

図11　アカイア人の移動
鈴木昆『面白いほどよくわかる世界史』参照

力で住民を駆逐してクレタ文明を滅亡させ、その文化を吸収していった。

アカイア人は、「最初のギリシア人」と呼ばれ、クレタ島を足がかりにエーゲ海から小アジア沿岸の交易を拡大していき、ギリシア各地の山間部に集落をつくり、やがてペロポネソス半島のミケーネやティリシスに宮殿を建設していく。

外部を遮断する城壁を持たなかったクレタ文明に対して、ミケーネ文明は前一三五〇年頃に堅固な城壁に守られた要塞都市を築く。ミケーネ遺跡の墓から青銅製の甲冑《かっちゅう》などの武具が出土しており、アカイア人は戦闘的な文化をもった民族であったのだろう。

ミケーネ文明は、前一一五〇年頃、ギリシア人のなかでも遅れて南下してきたドーリア人や謎の「海の民」の侵入によって破壊されたとされているが、むしろ王国内の内乱や気候変動による飢饉に伴う自然環境の荒廃など複合的な要素がからみ合ったものと考えるのが妥当であろう。

これによってギリシア本土は、イオニア人やアイオリス人が進出し、パレスチナ沿岸や小アジアには「海の民」が侵入して、エジプトの勢力が衰える。激動する東地中海一帯は、フェニキア人やヘブライ人の活動が活発になり、特にフェニキア人は、カルタゴ（チュニジア）などの植民市を建設し地中海全体に進出する。

ドーリア人の侵入にともなってアカイア人は、ペロポネソス半島北岸に移動し、この地をアカイアと呼ぶ。ホメロスの「イリアス」では、トロイ戦争のギリシア人を総称してアカイアという言葉を使っている。

私が、ミケーネ遺跡を訪ねたのは二〇〇八年九月四日のこと。遺跡は、イリアス山とサラ山の麓の小高い丘にあり、なだらかな坂道を登っていくと王家の象徴である「獅子の門 Lion Gate」に至り、左右の石を支えている三角形の飾りに二頭の獅子が向い合う形で彫刻されている。

門を通り抜けると、すぐ右下のところに竪穴式墳墓がある。これは、一八七六年にシュリーマンが発掘したもので、直径二六メートル、深さ三～四メートルの円形墓地A（Grabe Cirle）がひろがる。

一八七三年にトロイ遺跡の発掘に成功したシュリーマンは、一八七六年にミケーネ遺跡の発掘に着手し、円形墓地のうち六つの竪穴式墳墓を調べているうちに、武器や宝飾品などとともに、二〇体ほどの遺体につけられた仮面をみつけ、そのうちの一体は黄金の仮面をつけていた。これを「アガメムノンの仮面」と信じたが、実際はもう少し古い時代のものであったといわれている。

図 12　獅子門の前に立つ筆者
ミケーネ遺跡

しかし、シュリーマンの発掘によって、ホメロスの叙事詩『イリアス』に「黄金のミケーネ」と記された伝説の場所が実証されたことになった。黄金の仮面は、アテネの国立考古学博物館に展示されており、古代のロマンをかきたててくれる。

墳墓から急な坂道をさらに登ると、頂上に宮殿跡があり、石でつみかさねた城壁で囲まれている。これらは、前一五世紀頃の建造物で、クレタ島の迷宮に描かれているものと同じように、壁面はフレスコ画で飾られ下水道が造られていた。遺跡を調べていると、強大な君主のもとに役人や軍人が組織された、オリエント的専制国家の様相が垣間みえる。

ミケーネ遺跡からの出土品をみると、築城の技術、武具、装飾などに高度な文明がみられ、文字で財産目録や行政記録を保存していたことがわかる。

ミケーネ文明は、四〇〇年以上続くが、これを滅ぼしたドーリア人もインド・ヨーロッパ語族で、前一二〇〇年頃ピンドス山から南下してペロポネソス半島の大部分を占有し、クレタ島やテラ島を経てアナトリア南西海岸までひろがっていった。

ミケーネ文明滅亡後のギリシアは、前一二世紀から前八世紀にかけて民族移動が続き、文化的に暗黒時代を迎え、宮殿は失われて副葬品は貧弱になる。前八〇〇年頃ホメロスが登場するに及んで、ギリシアは歴史時代に入る。この頃に建築・文学・哲学・彫刻・政治制度など人類史に初めての輝かしい理性が出現し、現代の世界文明の基礎が生まれ、アテネやスパルタなどの都市国家が勢力を伸張していく。

私は、二〇一〇年九月一日アレクサンドロス大王の故郷マケドニアのペラ遺跡を調査していて思わぬ資料を入手した。それは、王か貴族と思われる墓からドーリア方言の碑文がみつかっているとする内容のものである。マケドニア王家の先祖はヘラクレスとされており、ヘラクレスはもともとドーリア人が崇めてきた英雄で、大王もその血を

図13　黄金の仮面・ミケーネ遺跡
シュリーマンによって発見される

図14　古代マケドニア王国のペラ遺跡・ギリシア
アレクサンドロス大王生誕の地

引き継いでいる。とすれば、マケドニア人はドーリア人の大集団から離れた一派ととらえてもよく、大王の遠祖はインド・ヨーロッパ語族と考えても不思議ではない。

ところで、アーリア人のイメージに関して、大きな波紋を投げかけたのが、第二次世界大戦前のドイツにおけるヒットラーの思想である。彼は、アーリア人だけが真に人間を代表する宇宙の主人ととらえた。

アーリア人は人類のプロメテウスである。神々しい天才のひらめきはいつもアーリア人の輝く額からほとばしり出た。（中略）人類を、文化を創ったもの、文化を保存したもの、それを破壊したものと三つに分けると、第一のものに該当する者として挙げられるのはアーリア人だけだろう。（中略）アーリア人を消し去れば地上は深い暗やみにつつまれるだろう。数千年のうちに人類の文化は消え失せ世界は荒廃するだろう（レオン・ポリアコフ『アーリア神話』）。

これが国家社会主義者ヒットラーの歴史哲学であった。彼は、血の純粋性を守らなければならないとする強迫観念にとらわれ、三〇〇万人をこえるセム語族のユダヤ人をアウシュビッツに送り込み殺してしまった。現在、ドイツで多くのシリア難民を受け入れているのは、ユダヤ人虐殺の贖罪《しょくざい》の意味が込められている。

もう一度、アーリア人という概念の起源を思い起こしてみよう。それは、一九世紀初めに遡り、当時のヨーロッパでは、言語学の発達によって古代インド文化への関心が高まり、支配民族アーリア人が「インド・ヨーロッパ語族」全体を指すようになった。アーリア人の概念は、人種意識の普及に促されて「コーカサス人種」「白人」と結びつき、一九世紀末にはヨーロッパ全体で用いられる言葉になった（藤川隆男『白人とは何か』）。

インド・ヨーロッパ語族の大移動から数千年を経る中で共通項を見い出すのは難しくなっており、移動を繰り返しているうちに先住民族と交わり身体的特徴も変化していったのであろう。

インドにおける『リグ・ヴェーダ』期の人びと、イランにおける『アヴェスタ』期のペルシア人、ホメロスが生きた頃のギリシア人、ロムルスとレムス（ローマ神話の軍神マルスの双子でローマの建国者）時代のローマ人などの民族の間には、言語に関して類似性をもっていたという事実は認めてもよいだろう。

五　言語系統からみる共通項

サンスクリットとヨーロッパ諸言語の類似性

インド・ヨーロッパ語族とは、世界の言語系の一つで一八世紀にイランやインドに住む人々の言葉が、ヨーロッパに住んでいる人々と同じ系統の言語であることが証明され導入された概念である。

この言語の特徴の一つは、単語に「性」や「格」、「数」の変化があることである。かつて、「月」は女性名詞であった。ただ、歴史的にインド・ヨーロッパ語族と称する民族がいたわけではなく、言語とともに宗教や世界観に共通性がみられることで、一八世紀以来の比較言語学の進歩によってアーリア人という概念が生まれた。

サンスクリットとヨーロッパ諸言語との類似性を認めた最初の研究者は、宣教師のクールドゥー神父であった。ギリシアの博識な学者に一七六七年におくった書簡にそれが読みとれる。彼は、

サンスクリットの中には、ラテン語とギリシア語、特にラテン語に共通する言語がたくさんみられるが、これは、いったいどうしたことだろう。

と問いかけ、類似する語と文法の形を表にしてそれに添えた。そして、インド人とギリシア人、ラテン人がその起源において血縁関係にあったと結論づけた。しかし、フランス・アカデミーの誰もが書簡の意味する重大さに気付かなかった。

つぎは、イギリス人のウィリアム・ジョーンズの指摘である。ヨーロッパやオリエントの諸語の才能に恵まれ

ていた彼は、一七八三年にベンガル州高等法院の判事に就任しインドにやってきた。ジョーンズは、一七八六年にカルカッタ（現在コルカタ）で「インド人について」という演題で講演し、サンスクリットとギリシア語、ラテン語との間に、語彙《ごい》や文法の面で共通点があるという見解を示した。

　サンスクリットは、ギリシア語より完全でありラテン語より豊かである。また、二つの言語と動詞の語源においても、文法の形においても顕著な類似性をもっている。これら三つの言語を調べたら、ある共通の源から発したものと信ぜずにはいられないであろう。この場でペルシアの古代に関する問題も論議してよいならば、古代ペルシア語も同じ語族に加えられよう。

そして、ギリシア・ラテン神話とインド神話との間には緊密な類似性があることを確証できると信じた。彼は、「インド学の父」と称されるにふさわしく、インド文化を考える一つの視点を洗い出した。例えば、サンスクリットの「母」は「mātā」、ラテン語は「māter」と記し、数学の「三」は、サンスクリットは「trayas」、ラテン語は「tres」と記す。このように、サンスクリットとラテン語などの間に近親性がみられ、これはギリシア語やゲルマン語にも認められ、同じ語源から生まれたものと考えられるようになる。

　語彙と文法に明確な一致が見られる限り、これらの言語が共通の根源を持つというジョーンズの指摘は、不滅の卓見といってよく、その後の歴史学や言語学の研究に多大な貢献をすることになる。

　一九世紀に入ると、童話作家で知られているドイツ人のグリム兄弟の兄ヤコブ・グリムが、この言語に属するゲルマン語系言語の変化に関しての見解を発表する。このように、共通の祖先から分かれたと思われる言語は、イギリス人のトーマス・ヤングによって一八一六年に「インド・ヨーロッパ語族」と名付けられた。ヤングは、フランス人のシャンポリオンが解読したロゼッタ・ストーンに刻まれたエジプトの象形文字「ヒエログリフ」の一部を解読した人物である。

いっぽう、一八二三年には東洋学者のユーリウス・フォン・クラプロートが「インドーゲルマン人」という用語を使い、これがドイツの学者の間で採用された。

さらに、ドイツ人マックス・ミュラーは、『リグ・ヴェーダ』の翻訳をしているうち、一八五九年にインド・ヨーロッパ語族を話すアーリア人が、インドからヨーロッパまで広範囲にひろがっているとする説を発表する。

また、作曲家ワーグナーの娘婿でイギリス人のヒューストン・チェンバレンは、彼の著書『一九世紀の基礎』(一八九九〜一九〇一)の中で、アーリア人の血を純粋に受け継ぐものとしてゲルマン民族を讃え、セム語族の血で汚してはならないと説いた。

一七八六年に発表したジョーンズの指摘は、言語学上の共通項を認めるものであったが、次第に言語と人種を結びつける非科学的で恣意的な混同が政治の世界に利用されることになった。(『新・民族の世界地図』二一世紀研究会)。

第二次世界大戦中にナチス・ドイツは、これを悪用してアウシュビッツでのユダヤ人の大虐殺にむかうことになる。

後世におけるゲルマン族やフン族(遊牧民)、トルコ族などの民族移動からも明らかなように、古代における移動は、私達が想像する以上に広汎にわたっており、それが原始時代に遡るほど甚しい動きをみせている事実を疎《おろそ》かにしてはならない。

インド・ヨーロッパ語族が初期の移動から拡散していった分布をみると、西方系と東方系に分けられる。ヨーロッパ大陸に拡がった西方系には、ゲルマン祖語、ラテン語、ギリシア語、スラブ祖語があり、東方系には、サンスクリット、ペルシア語などがあり、インド亜大陸や中央アジア、イラン高原などに拡がり、それぞれ個

		雌ヒツジ	三	母
古典サンスクリット	インド・イラン語派	avi¯	trayas	mātā
古代ギリシア語	ギリシア語	ois	treis	mētēr
ラテン語	イタリック語派	ovis	tres	māter
英語	ゲルマン語派	ewe	three	mother
ロシア語	バルト・スラブ語派	ovca	tri	mat'
ヒッタイト語	ヒッタイト語派	—	tri	anna

図15　インド・ヨーロッパ語族の名詞と数詞の比較
三笠宮崇仁『文明のあけぼの』参照

別言語に枝分かれしていく。

インド・ヨーロッパ語族以外の語族としては、ドラヴィダ語族（タミール語）、アルタイ語族（トルコ語・モンゴル語）、ハム語族（エジプト語）、シナ＝チベット語族（中国語）、オーストロ・アジア語族（ヴェトナム語）などが挙げられる。

メソポタミア文明の担い手となったセム語族は、アラビア半島で遊牧生活をおくっているうちにメソポタミアに移住し定住化を進めていった。アッシリア語やアッカド語、バビロニア語はセム語族派であり、アラビア語やヘブライ語、フェニキア語もこれに属する。

（児島建次郎）

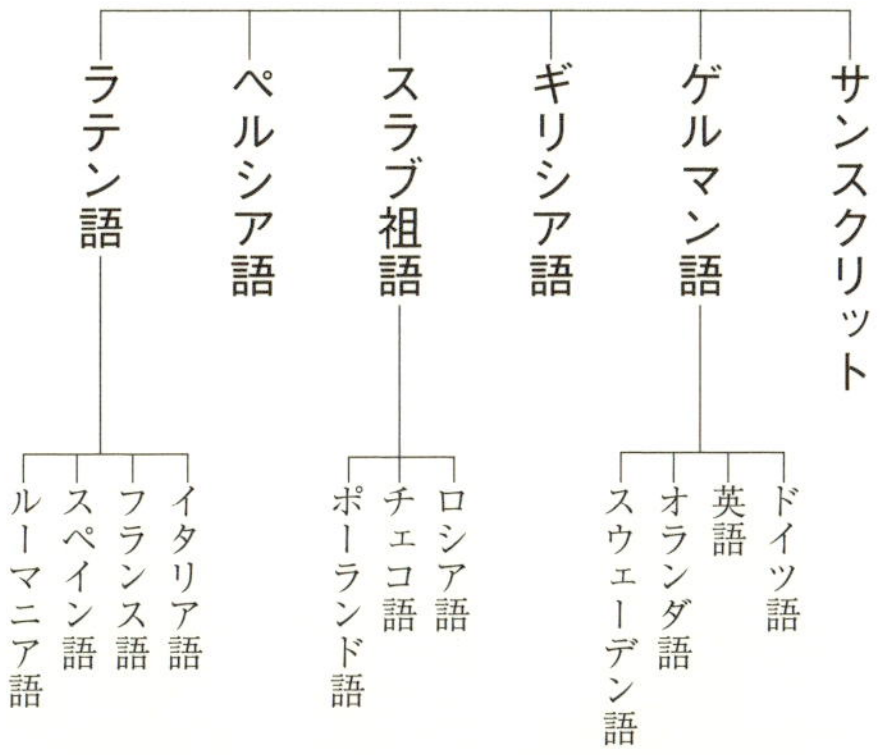

図16　インド・ヨーロッパ語族の言語系統

主要参考文献

三笠宮崇仁『文明のあけぼの』集英社　二〇〇二年
コーサン・ビー『インド古代史』岩波書店　一九六六年
NHKプロジェクト『文明の道』日本放送出版協会　二〇〇三年
小川英雄『オリエント世界の発展』中央公論社　一九九七年
ネル・アーヴィン・ペインター『白人の歴史』東洋書林　二〇一一年
K・C・チャクラヴァルティ『古代インドの文化と文明』東方出版　一九八二年
岸本通夫『古代オリエント』河出書房　一九六八年
レオン・ポリアコフ『アーリア神話』法政大学出版局　一九八五年
藤川隆男『白人とは何か』刀水書房　二〇〇五年
二十一世紀研究会『新・民族の世界地図』文藝春秋社　二〇〇六年
地球史研究会『地図で読む人類・激動の一〇万年史』宝島社　二〇〇八年

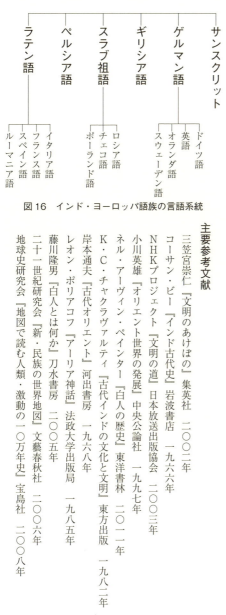

第二章　オリエントの先史文明

レオナード・ウーリーが発掘したメソポタミア文明

ジッグラトとウル王墓の秘宝

茫漠《ぼうばく》としてスケールの大きさを想像させるユーラシアとは、どのような概念であろうか。一般的には、ヨーロッパとアジアの総称で、日本の歴史学界で両大陸を一つのものとする観点は、遊牧草原史から出発しており、これにアフリカを加えて「アフロ・ユーラシア」という言い方もある。

ユーラシアの周縁部を取りさると、北から森林、森林草原、半砂漠、砂漠が幾重かに色模様をなす風景がひろがる。この地帯に生きる人々の生活様式は、狩猟、牧畜、遊牧、農耕、商工業と単純明快な分布で、生きていくかたちが、人種や言語のちがいとは別の大きな区別の指標となっている（杉山正明『遊牧民から見た世界史』）。

さて私は、イランの先史文明のテペ・シアルク遺跡（前五〇〇〇～前四〇〇〇）を調査した。テペとは遺跡の丘の意味で遺跡は小高い丘にあり、博物館には動物文など彩色された土器が展示されている。三層からなる遺跡の第三期からは轆轤《ろくろ》を用いて作られた土器が出現しており、この土器がイラン高原の原始農耕や各地のテペから出土する彩文土器の文化層を識別する基準に用いられ、遊牧的なものから家屋へと文化的発展の過程を知る手がかりとなっている。この丘でガイドのアリーさんよりシアルクにジッグラトがあったという説明を受けた。

ここで、イラン・アーリア人が移動してくる前のオリエント文化に触れよう。この文化の象徴といえば、ジッグラトであるが、これは「神殿塔」と訳され、メソポタミア文明発祥の地ウルのジッグラトが有名で保存状態もよい。ジッグラトには、頂上に神が降臨《こうりん》する祠堂が設けられているが、これはシュメール人が故郷の山岳地帯での信仰を平野部に持ち込んだものといわれ、彼らは神々を大地より高い場所に祀った。

メソポタミアは、ティグリス川とユーフラテス川の洪水に悩まされた地域であり、シュメール人は土台を高くして神殿を築けば、洪水の魔の手から逃れることに気づいたのかもしれない。

シュメールの都市国家の中でもウルク、最高神エンリル神を祀ったエルク神殿のあるニップール、そしてウルは特に由緒がある。ウルは、バグダードの南東三五〇キロに位置し、『旧約聖書』に「カルディアのウル」と記され、ユダヤ人の祖アブラハムの故郷でもある。

イラクには、二〇をこえるジッグラトがあるが、そのうちの一つウルのジッグラトは、シュメールの繁栄の頂点を極めたウル第三王朝の創始者ウル・ナンム王（前二一〇〇頃）が築いたモニュメントで、シュメール語でエテメンニグル（畏怖《いふ》をもたらす基礎の家）と称され、イラク人は、テル・エル・ムカイヤ（瀝青《れきせい》の丘）と呼んだ。

ウルのジッグラトは、底辺六〇メートルで三層からなり登るのに外階段が使われ、階段は一一メートルの一層目まで続き、その上に高さ五メートルの二層の塔があったという。焼成したレンガを積み上げて粘土でつくった塔の周りは、すべてレンガで覆われ、高度な土木技術を駆使していたことを証明している。頂上の神殿には、月の神ナンナが祀られており、ナンナ崇拝の中心地であったことをうかがわせる。

このジッグラトとウル王墓の発掘調査にあたったのが大英博物館の考古学者レオナード・ウーリー（一八八〇～一九六〇）である。彼は、ギリシアのクレタ文明の発掘者アーサー・エヴァンズのもとでキャリアを積み、一九二二年から一九三四年にかけてシュメールの都市国家ウル遺跡の発掘を手がけた。

遺跡は、南北一〇三メートル、東西六九〇メートルの卵形城壁に囲まれており、発掘が進むにつれて地中に埋もれていたジッグラトを発見し、堆積した土の下から焼成レンガの塔の輪郭を掘り出した。

さらに、ジッグラトの南側に前二五〇〇年頃のプアビ王妃のものと思われる墳墓をはじめ一六基にも及ぶ王墓群をみつけ、大量の殉死者の骨と副葬品を発見し世界を沸かせた。ウーリーは、これを現実の王の墓だと主張したが、新年の豊饒祈願祭のときに行なわれる聖なる神の結婚式の儀式で、神の代理人を演じたものが埋められたとする反論が出された。ウーリーは自説をゆずらず、現在では墓説が有力となっている。

王墓は、「死の穴＝デスピット」と称され、木製の棺台にプアビ王妃が横たわり、その前に杯を手にした廷吏や召使いたちが寝ており、これを見たウーリーは、彼らは毒を飲んで殉死したものであると考えた。女性たちは、輝くような色の衣をまとい、金や紅玉髄、ラピスラズリなどであしらった装飾品で着飾っている。竪琴《たてごと》を携えた楽人が音楽を奏でる様子は、壮麗な葬礼の儀式が始まろうとしている雰囲気で、ウーリーには、竪琴の繊細なメロディーさえも聞こえたのであろう。

儀式が終わると、廷吏たちが、王妃を讃える言葉を述べ、手にした杯の中身を飲みほした。ウーリーの想像は、墓室の出土品を詳細に調べた上での裏付けのあるもので絵空事ではない（朝日新聞出版『大英博物館1』）。

図1　レオナード・ウーリー

図2　大英博物館前に立つ筆者

ウーリーが発掘したウル王墓の秘宝は、大英博物館に展示されており、私が博物館を訪ねシュメール文明の出土品を見てまわったのは、二〇一三年九月三日のこと。

最も興味深いのは、前二五〇〇年頃の「ウルのスタンダードStandard of Ur」である（口絵写真）。高さ二一・六センチ、幅四九・五センチの中空の木箱に敷いた天然アスファルトに、貝殻やラピスラズリを嵌め込んだ象嵌《ぞうがん》細工は、当時の技術がいかに高かったかを示している。

用途は不明であるが、表と裏に描かれている情景が目をひく。表は「戦争」の場面。最上段は王が立ち、敗れた兵士たちが命乞《いのちご》いをしている様子。中段は捕虜になった兵士たちが追いたてられ、下段はロバに引かせた戦車が敵兵を蹴散《けち》らしながら進んでいく。これらはシュメールの軍隊を考える際の重要な手がかりとなる。

図３　ウルのスタンダード（前2500年頃）
戦争の場面・上段中央に王が立つ

図４　牡山羊の像
（大英博物館）

裏は「平和」の場面。最上段は王と貴族が戦勝か豊穣を祝う宴がひらかれ楽人が音楽を奏でる様子。中段と下段は貢物を運ぶ民衆とロバ、山羊などが描かれている。

この他、大英博物館には、貝殻を使った共鳴箱の装飾が鮮やかな「女王の竪琴リラ」や、二人がそれぞれ七つの駒を進めて競う「ゲーム盤と碁石」「黄金のカップ」などが展示されている。

シュメール美術の傑作といわれる「牡山羊の像」は、当時の人たちの思いが伝わるものである。樹木は「生命の樹」の象徴であり、それに前脚をのせている姿は、復活や再生、豊穣の願いが込められているのであろう。高さ四五・七センチ、幅三〇・五センチの貝殻を素材にして木芯《もくしん》に金箔をかぶせた像は、見る人の心に深く刻むこむものがある。ウーリーはいう。

人間が過去の経験に基づいて言葉を発し、行動する以上、先人たちの経験も現在の自分に影響を与えているはず。古代の人を知ることは、自分自身を理解することにほかならない。

いっぽう、古代都市バビロンにあるジッグラトは、『旧約聖書』創世記にあらわれる「バベルの塔」として知られている。

人々、邑《まち》と塔を建て、その塔の頂きを天にいたらしめんとす。エホバ、天より下りて、これを見たまえり。而して、この企てをやめさせたまえり。（中略）この故にその名をバベル（混乱）と呼ばれたり。

前六〇九年にカルディア人は、メディアと手を組んでアッシリアを滅ぼし、新バビロニアを建国した。二代目のネブカドネザル二世（在位六〇五～五六二年）の時に最盛期を迎え、世界七不思議の一つ「空中庭園」や「バベルの塔」を築いた。それから一世紀半後にここを訪れたヘロドトスは、ジッグラトを八層からなり休息用の腰掛があると記している。

新バビロニアの諸王は、塔を建て崩れると再建を繰り返したが、それに対してユダヤ人は、神を冒瀆《ぼうとく》し世を混

図５　ニムルド宮殿の守護神像浮彫
後期アッシリア時代

乱させる悪魔とみたのであろう。諸王は、垂直に立つ塔に登り権力への希求と神への帰依を願ったにちがいない。

大英博物館には、ウーリー発見のシュメール・コレクションとレイヤード発見のアッシリア・コレクションがあり、それらは、一九世紀に全世界の四分の一を支配した大英帝国時代の強大な力と富があってこそ収集できたものである。

一九八八年に開催した「なら・シルクロード博覧会」では、「シルクロード大文明展」と称して十カ国の文化財六四九点を展示し国内外から注目を集めた。そのうち、イラクから七二点の文化財をお借りしたが、その中には、後期アッシリア時代（前九世紀）の「有翼人面獣神像」や「ニムルド宮殿の守護神像浮彫」、パルティア時代（二～三世紀）の「ネルガル神浮彫板」「ハトラ王像」などがあり、これまで目にすることのできなかったメソポタミア文明の秘宝に筆者の目はくぎ付けになった。

現在、イラク国内の治安は悪く、メソポタミアの遺跡を調査することが出来ないのは残念でならず、メソポタミア関係の遺物は、大英博物館でしか見ることができない。

（児島建次郎）

第三章　大帝国ペルシアの祖キュロス大王
—アレクサンドロス大王も模倣した彼の生涯—

一　興亡盛衰の摂理・キュロス大王の史実と伝説

ヘロドトスの『歴史』にみるメディア王国の征服

インド・イラン系のアーリア人が具体的な文献に記されるのは、前一七六〇年頃のバビロニアであった。イラン・アーリア人（以下ペルシア人）がイラン高原に進出してきたルートの第一は、黒海とカスピ海のコーカサス回廊を通ってきた道である。第二は、中央アジアからアラル海の東にあるソグディアナを通ってきた道で、第三は、アフガニスタンからイラン高原に入ってくる道である。

前八三四年のアッシリアの王シャルマナサル（シャルマネセル）三世の遠征記念碑に、初めてパルスアの名前が出てくることからして、ペルシア人がイラン高原に移り住むようになるのは、前九世紀頃と推知せられる。ペルシア人とメディア人は、ともにインド・ヨーロッパ語族として一〇あまりの部族に分かれ、ゆるやかな連合体をつくっていたらしく、その上にアケメネス朝（筆者は高校の『世界史』の教科書に倣って英語表記を採用）から出た王を戴いていた。

アケメネス朝は、遠祖アケメネスに始まり、その子テイスペス（在位前六七五頃～前六四〇頃）の次の代で二

図１　スーサに残るダレイオス大王の宮殿跡
（撮影・鈴木革）

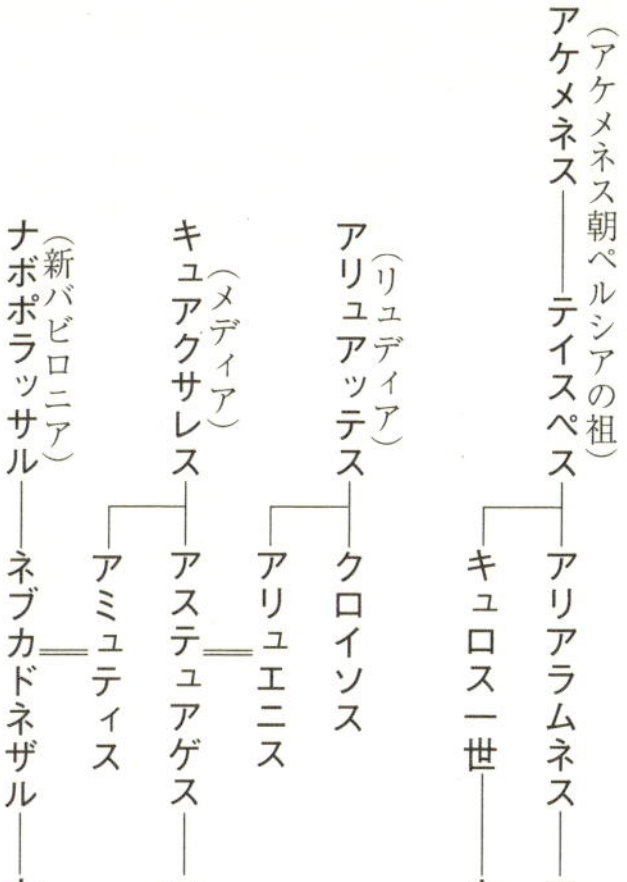

図２　アケメネス朝ペルシア略系図と関係諸国図

系統に分かれる。長子アリアラムネス（前六二〇？～）は、パールサの王位に就き、次子キュロス一世（在位前六四〇～前六〇〇頃）は、アンシャンなどの土地が与えられた。

　アンシャンは、イラン高原にペルシア人が到来する以前のエラム文明が発展したところで、ペルセポリスの西四三キロにあるマリーアーン遺跡が、その地に比定されている。エラム文明は、前三五〇〇年のなかば頃、南メソポタミアのシュメール文明と同時期に生まれた都市文明で、メソポタミアの諸国家と抗争しつつ三〇〇〇年も栄えた。その核をなすのがスーサであり、範囲は二五ヘクタールまでひろがり堂々たる建物が並んでいたという。エラム語の語族は不詳だが、独自の文字を発明するなどメソポタミアと並行して文明を育て、体をかがめた長い角のアイベックス（野生の山羊）の土器などはひときわ目を引く。

エラム王国は、前一一世紀頃に絶頂期を迎えるが、前六四〇年頃アッシリアに遠征し、アッシュル・バニパル王（在位前六六九頃〜前六二七頃）に敗れ、その後アンシャンの地はペルシア人に奪い取られた。

さて、アリアラムネスを継いだのはアルサメス（在位前五八〇〜）、キュロス一世を継いだのはカンビュセス一世（在位前六〇〇〜前五五九）であった。ここで王位をめぐる抗争がおき、カンビュセス一世が従兄のアルサメスを王位から追放して全土の王となり、さらに、メディアの王女マンダネを王妃に迎えてアステュアゲスの婿となった。そして、二人の間に生まれたのがキュロス二世（在位前五五九〜前五三〇＝以下キュロス大王と表記）であり、彼こそはエジプトを除くオリエント世界を征服し、古代史上最大の帝国を築いた王者として大王と称される。

浩瀚《こうかん》な書といえるヘロドトス（前四八四頃〜前四二五頃）の『歴史』は、キュロス大王のリュディア征服から書きおこしている。彼は、小アジアのギリシア・ポリスの一つ、ハリカルナッソスの生まれであることから、『歴史』は現代史であり、ペルシア帝国に勝利した喜びを歴史的事実として後世に残そうという意志があったにちがいない。ヘロドトスが見聞した道を辿ってみよう。

まず、エジプトを訪ね、さらに、ティグリス川とユーフラテス川の中流域のバビロニア、その東よりのザグロス山脈にかかるエラム、小アジアのリュディア、そしてダーダネルス海峡（ヘレスポントス）を渡ってトラキア、バルカン半島を廻ってマケドニアに至る。また、黒海北岸や東岸のスキュティアなどを巡っている。諧謔《かいぎゃく》に溢れ文学性に富む『歴史』の英語表記ヒストリーの語源は、ギリシア語の「探究する＝ヒストレオー」からきており、ヘロドトスは各地を遍歴しながら直接見たり聞いたりした諸国の風習、宗教、立法など驚嘆すべき探究を行なった。

人間界のできごとが時のたつにつれて人びとの間から忘れ去られることのないよう、またギリシア人と異邦人《バルバロイ》によってなされた偉大な驚嘆すべき行為、とりわけ、いかなる原因でおたがいに戦ったのかが分から

図５　メディア王国の都・エクバタナの遺跡
（撮影・鈴木革）

図３　ヘロドトスの像
長澤和俊『シルクロードの文化史』参照

巻１	東西の抗争 リュディアとペルシアの盛衰
巻２	カンビュセスのエジプト遠征 エジプト紀行・ピラミッドの事など
巻３	カンビュセス・エチオピアと リビア遠征で失敗 ダレイオス１世によるペルシア国内の整備
巻４	ダイオレス１世のスキュティア遠征 スキタイ人の習俗
巻５	イオニアの反乱とアテネとの同盟
巻６	マルドニオスによるギリシア本土攻撃 マラトンの戦い（前490年）
巻７	クセルクセスのギリシア遠征 テルモピュライの戦い（前480年）
巻８	サラミスの海戦でペルシア敗れる（前480年） クセルクセス退却する
巻９	プラタイアの戦い（前479年） ペルシア艦隊全滅する

図４　ヘロドトスの『歴史』構成
寺沢精哲『歴史の名著』参照

なくならないようにこの書物を記した（『歴史』序文）。

ヘロドトスは、歴史を動かすような人間の運命には神の手が加わっていることを認めた。神は嫉妬深く、時には破壊的である。彼の叙述の底流には、人間の歴史は神の摂理によって支配されるという考えがあり、神託を信じる記述がみえる。

ペルシア戦争を中心に描いた九巻から成る『歴史』は、多くの国々の興亡や民族の抗争、歴史的背景などが織りまぜて叙述されているものの、歴史資料としては必ずしも正確とはいえない。とはいえ、伝説的な面からみると興味深い内容が多い。

キュロス大王が生まれた頃のオリエントは、大国の興亡が続く激動の時代であった。一世を風靡《ふうび》したアッシリア帝国は、イラン西部のエクバタナに都をおいたインド・ヨーロッパ語族のメディア王国などの攻撃を受け、前六一二年の首都ニネヴェ陥落ののち、滅亡した。

ヘロドトスは、キュロス大王の生涯について詳述しているが、多分に伝説的で資料としては正確ではなく矛盾した内容がみられる。まず、『歴史』の記述からキュロス大王の誕生と祖父のメディア王アステュアゲスの関係をみてみよう。

メディア王アステュアゲスは、娘のマンダネが放尿し、その尿がアジア全土に氾濫したという夢を見る。王は恐れて、この娘を遠ざけるため隷属民族ペルシア人のカンビュセスと云う男に嫁がせる。（中略）そこで妊娠中の娘を呼び戻し子供のキュロスが生まれると重臣ハルパゴスに命じて殺させる。（中略）ハルパゴスは、牛飼ミトラダテスを呼んで殺させる。牧人は、妻が死産したところなので、その死体を嬰児殺害の証拠として示し、キュロスを吾子《わがこ》として育てることになる（藤縄謙三『歴史の父ヘロドトス』）。

九死に一生を得たキュロス大王は、一〇年後にひょんなことから男子のいないアステュアゲスと対面し認知され、王は孫が生きていることを喜んだという。しかし、近臣ハルパゴスは、王命に叛いたことから罰を受ける。王はハルパゴスの息子を殺し、その肉を酒宴に供し食べさせたのである。ハルパゴスは、残忍な仕打ちを恨みながらもアステュアゲスに忠誠を尽し、キュロス大王の成長を待った。

ハルパゴスは、成人したキュロス大王に謀反を説き、メディア人の中から款《かん》を通じる同志を求め、メディア王国覆滅《ふくめつ》への動きを加速させていった。キュロス大王が、ペルシア軍を率いて決起すると、アステュアゲスはメディア軍に武装するよう命じ、人もあろうに反乱鎮圧の指揮官にハルパゴスを任命したのである。

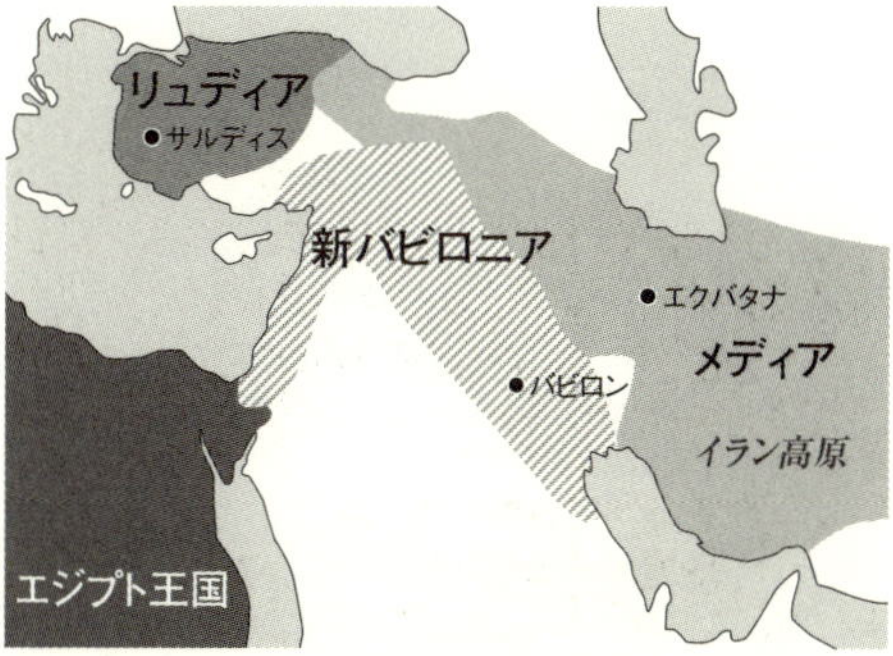

図６　四王国併存時代

復讐の炎に燃えるハルパゴスは、メディアの精鋭部隊をキュロス大王側に寝返らせ、このためメディア軍は混乱に陥りアステュアゲスは捕えられてキュロス大王に引き渡される。キュロス大王は祖父を生け捕りにしたが、王者として手厚く遇《ぐう》し同系のメディア人との一体化をはかって、その戦力を自分の傘下に併合していった。

ヘロドトスの『歴史』に記述されているメディアからペルシアへの支配権の推移には、超自然的な場面が感じられるものの、それらは単純な史実に付着した民話的要素が取り込まれたものであろう。

なお、メディア人の社会は、インド・イラン人の伝統に基づいて、祭司、戦士、農牧民の三階級に分かれ奴隷も存在していた。宗教については、彼らはゾロアスター教徒ではなかったようである（小川英雄『オリエント世界の発展』）。ただ、人名に使われている言語系統からみると、メディア人は、インド・イラン人に共通する神々を信仰していたことが推察できる。

リュディア・新バビロニアの滅亡

リュディア人は、その言語から推測すると、ヒッタイト王国滅亡ののちも小アジア西部の沿海地方に残存していたヒッタイト系の一部族であろう。メディアにたいして寛仁な政策を進め同系のメディア人との一体化を実現させたキュロス大王の次の鉾先《ほこさき》は、エーゲ海との通商路を扼《やく》して富の蓄積をはかるリュディアの王クロイソス（在位前五六〇頃～前五四六頃）にむけられた。

父王アリュアッテスから三五歳で王位を継いだクロイソスの視線は、アルテミス女神の信仰の聖地へと変貌をとげるエフェソスにむけられ、その後もイオニアやイリオン（トロイ）に様々な言い掛りをつけて攻撃した。また、首都サルディスの城塞の近くを流れる川から運び出される金を採掘し、デルフィのアポロン神殿へ数々の黄金を奉納する。

ある時、クロイソスは、わが王権が永続するか否かの神託をデルフィに乞うた。すると巫女《ピュティア》は、

　されど騾馬《らば》がメディアの王になったらば、足柔《あしやわ》のリュディア人よ、その時は礫《こいし》多《さわ》のヘルモス河に沿うて逃れ止まることなかれ、臆病者の名を恥ずることも要らぬぞよ。

と託宣を下した。彼は、騾馬がメディア王になるとは考えられず、子孫が王位を失うことはないと安心した。神の言葉は不可解であり、神託を受け取る側の人間の理解を越えるものであった。神は巫女を通じて「真実」を与え続けたが、クロイソスは卓越した王でありながらデルフィの神託を信じないゆえに、その「罪」から「真実」を見抜くことができず償いを求められることになる（前田耕作『アジアの原像』）。

図7　ギリシア・デルフィの神殿

クロイソスは、ペルシア領に侵入する気配をみせながら、ミレトスなどのイオニア植民市を併合して領土拡大の野望を実行に移していった。これに対してキュロス大王は、シリアと小アジアの接合部をなすキリキアを確保し、新バビロニア軍がリュディア応援に馳せつけるルートを絶ち、クロイソスにペルシアの宗主権を認めさせて臣従王になるよう求めた。

ミレトスの哲学者タレスの建策《けんさく》によってハリュス川を渡ったクロイソス軍は、カッパドキアのプテリアにつき、ここに陣地をかまえペルシア軍を迎え

図８　火刑壇上のクロイソス（ルーブル美術館蔵）

撃った。力と力の対決は激戦となり決着がつかず、冬の訪れが近づいたためクロイソス軍は首都サルディスに引きあげた。彼の誤算は、雪の深い冬にペルシア軍が行動することは不可能と油断したことであった。

戦略家キュロス大王は、いくさ上手と機敏さを示して春の到来を待たずサルディスの王城に迫り、メディア人の側近の武将ハルパゴスの智慧を借り駱駝《らくだ》作戦をとった。

伝説によれば、リュディアの騎馬隊にむかって駱駝の騎兵の戦列を繰り出したため、リュディアの馬は、はじめてその体臭を嗅ぎ、すっかり畏怖して踵《きびす》を返して逃げ去り騎馬隊の武勇は発揮されず、クロイソスの野望は潰《つい》え去ったという。

富強を誇るリュディアは、新バビロニアの援助を待ちつづけるものの、前五四八年にサルディスは陥落し、クロイソスは火刑に処せられそうになった。薪の上に立った彼は、死の迫る悲運に包まれながらアテネの賢者ソロンに「人の運命は変転する。人の幸、不幸は死ぬまでの一生を見なくてはいえぬ」と諭《さと》された言葉を思い出し、三度ソロンの名を呼んだ。

キュロス大王は、クロイソスがソロンの名を呼んだ意味を知り、自分の将来もどう変転するかわからず人の世の無常を感じ、火を消すことを命じるが、火勢を制することができない。その時、

晴れ上がって風のなかった空に、突然雲が集ると見る間に嵐がまき起こり、車軸を流す勢いで雨が降り薪の

火は消えた。

という。神はクロイソスを見捨てず、アポロンに献納した黄金も無駄ではなかったようで、キュロス大王は、彼を許し相談相手にした。アケメネス朝は、ゾロアスター教を信仰しており、火を神聖なものと考えているため、クロイソスを火あぶりすることはなかったと思われ、火刑を選んだのはクロイソス自身ではなかったのか。クロイソスは、始祖ヘラクレスの焚死《ふんし》を自ら選び、焚刑によってヘラクレスと同じように自分の神格化をはかったのかもしれない（前田耕作『アジアの原像』）。

さて、リュディアを滅ぼしたキュロス大王の最後の仕事は、新バビロニアの征服であった。当時、バビロンの人たちの広範な層は、月神シンを信仰し好古趣味に凝り固まって現実世界から遊離していたナボニドス王（在位前五五六〜前五三九）に愛想をつかしていた。

前五三九年にバビロンは戦わずしてキュロス大王の軍門に降り、内城にこもって抵抗を試みた王子ベルシャザルの防戦も数日しか続かなかった。ナボニドス王は、捕虜にされるが、キュロス大王からは王者の礼をもって遇《ぐう》されて寛厚《かんこう》なあつかいを受け、翌年死去し盛大な葬儀が営まれたともいわれている。

このように、リュディアのクロイソスや新バビロニアのナボニドス王に対してキュロス大王は、王の威厳を示すとともに人間としての尊厳を認める寛容な態度をとっており、その行為に対して後世の人たちは賛嘆の辞を贈っている。なお、ナボニドスについては、敗北後カルマニアに追放され死去したという説もある。

バビロンに対してキュロス大王は、国の守護神マルドゥクの神意にかなって選ばれた正当な継承者、かつ神意に従って平和を実現する解放者として臨み、バビロンの宗教を尊重しナボニドス王が首都に集めた他国の神々の像をそれぞれの国に送りかえし、新バビロニアの王として「マルドゥク神」の両手を握り祝福を受けた。

ここにメソポタミア文明は終焉を告げ、世界史に新たなページが刻まれることになる。新バビロニアの滅亡について、ヘロドトスの『歴史』は次のように伝えている。

キュロスは、バビロンを流れるユーフラテス川の水を運河や沼に流し込み、干上がった川床を歩いて市中に攻め込んだ。市があまりに大きかったため、また、この日が祭りで人々が酒に酔い踊り狂っていたため、ペルシア軍の侵入に気付かず、あっという間に陥落した。

いっぽう、『旧約聖書』の「ダニエル書」には、異なった内容が記されている。ナボニドス王が病気になり王子のベルシャザルが摂政をしていた時、金銀の器を使って宴会を開きその酒宴の席で突然、空中に人の手があられ広間の壁に字が書かれた。驚いた王子は、占い師を呼んで解読するよう命じた。側にいた王妃は、「ネブカドネザル王の夢を説いたダニエルを呼んでは」と進言した。呼び出されたダニエルは、「メネ、メネ、テケル、ウパルシン」と読み、「あなたの治世は数えられた。あなたの国はペルシア人に与えられたということです」と解読した。この読み通り、その夜のうちにペルシア軍がバビロンに攻め入り、ベルシャザルは殺されたという。

新バビロニア滅亡についての真偽は明らかでない。ただ『旧約聖書』の内容は、バビロン捕囚という苦渋をなめたユダヤ人が書いたもので、バビロン滅亡は、ユダヤ人が信じるヤハウェの神のおかげだと考えた事が背景にあった。とすれば、ヘロドトスの記述のほうが、より事実に近いと考えるのが自然である。

その後キュロス大王は、辺境の争乱を鎮圧するため勇猛な遊牧民マッサゲタイの領地に攻め込み、女王トミュリスと戦うが敗れ、首を切られて血を満たした革袋に投げ込まれたという。

キュロス大王の遺骸《いがい》は、王都のパサルガダエに運ばれ葬られた。パサルガダエの宮殿は、未完成に終わったものの、アケメネス朝の歴代の王は、この宮殿でキュロス大王の上衣を着て即位式を行なった。

前三三〇年にアレクサンドロス大王はここを訪れてキュロスの遺骸を見たというが、遺体の損傷については触れていないので、マッサゲタイとの戦いで首を取られたというヘロドトスの記述は誤解かもしれない。

キュロス大王の敗者への寛容さや諸民族を尊重するという姿勢は、単に征服した地域を支配する目的の便宜的なものではなく、命を賭して戦場を馳駆《ちく》する彼の人間的な温かさから生れたものと断言してもよく、オリエント世界を疾風のように駆けぬけた彼の生涯は、新たな歴史を刻むことになる。

二　バビロン捕囚と『旧約聖書』

新バビロニアのネブカドネザル二世とユダ王国

アッシリア帝国は、サルゴン二世（在位前七二二～前七〇五）以後、四代九〇年をサルゴン王朝と呼ぶ。サルゴン二世を継いだセンナケリブ（在位前七〇五～前六八一）は、エルサレムを攻撃し前六八九年にはバビロンを破壊してマルドゥク神にかわってアッシリア神を最高神とする宗教改革を行い、エジプト全土をも支配する大国になる。

いっぽう、イスラエルでは王国を統一し強国に仕上げたダビデ（在位前一〇〇〇頃～前九六一）に続いて、ソロモン（在位前九七〇頃～前九三一頃）が即位し栄華を極める。ソロモンは、知恵の王と呼ばれ強大な軍事力をもって周囲の国々と条約を結び、多くの国の王室と婚姻関係を結んでいくが、中でも、シバ（イエメンかエチオピア）の女王とのラブロマンスは、『旧約聖書』「列王記　上」に出てくる伝説として知られている。シバの女王ビルギスは、ソロモンの名声を確かめるため、シバの隆盛を見せつけようと黄金や香料などを持参してエルサレムにやってくる。いざ謁見《えっけん》してみると、機知に富んだソロモンにすっかり魅了され、しばらく滞在し帰途につく。女王は、シバ国の領地エチオピアで男子を出産し、その子がエチオピア建国の祖メネリク一世だという。

ソロモンは、知恵の王として、数多くのエピソードを残しているが「ソロモンの裁き」は、特に有名である。二人の娼婦が一人の赤ん坊をめぐって争う。二人とも自分が母親だと主張して譲らないためソロモンは、赤ん坊を二つに裂いて半分ずつ与えるよう命ずる。一人の女は、赤ん坊を渡すよう願い出、もうひとりの女は、泣きくずれてしまう。ソロモンは、泣きくずれた女こそ実の母親だとして、赤ん坊を渡したという。江戸時代の大岡裁きにも似たような話がある。神から知恵を授かったソロモンの名声は各地に響きわたり、世界中の人々が贈り物を携えてやってきたため「ソロモンの繁栄」と呼ばれるほどエルサレムに巨万の富がもたらされ、町の東にある山に七年がかりで神殿を建設し、ヤハウェの神を祀った。時代は、前九六一年頃である。

ソロモンの知恵とは、霊的な知恵というよりも、実際的、世俗的な事を識別する卓越した能力を持っていたことを意味し、それが裁判の実例としてあげられるのであろう。

ダビデ・ソロモン時代は、数十年しか続かず、ソロモンが死ぬと、北の一〇支族が反乱を起こし内乱が勃発して国は分裂し、北はイスラエル王国、南はユダ王国になり、帝国は八〇年で終焉する。

分裂後、イスラエル王国は前七二二年にアッシリアの支配下に入り、ユダ王国は反アッシリア連合に加担しなかったため独立を保つが存続は困難をきわめた。メソポタミアでは、アッシリア帝国に組み込まれていた新バビロニア（前六二五～前五三九）が台頭し、アッシリアは前六一二年にニネヴェが陥落し、やがて滅亡した。新バビロニアは、ネブカドネザル二世（在位前六〇五～前五六二）の時に全盛期を迎えエジプトに侵入し、これを見たユダ王国は新バビロニアに反旗を翻すものの、ネブカドネザル二世は態勢を立て直しエルサレムを包囲する。

ユダ王国のヨヤキム王は、人質と財宝を差し出し新バビロニアに従属することを決め独立国の体面を保つ。次のヨヤキン王時代の前五九七年に、王族をはじめ上層階級一万人がバビロンに強制連行される。これが第一回バビロン捕囚である。

ヨヤキン王にかわってユダ王国最後の王となったゼデキアは、傀儡《かいらい》王として即位するが、その後エジプトに唆《そそ》のかされてバビロンを攻撃するという策略にのりバビロンに背いた。怒り心頭に発したネブカドネザル二世は、ただちに懲罰の軍隊をユダ王国にさしむけ、エルサレムを包囲して一年半に及ぶ攻防のすえ陥落させる。

宮殿や神殿はことごとく灰燼《かいじん》に帰して、城壁は破壊されゼデキアは脱出に失敗して捕えられ、サウル王にはじまるイスラエル民族の王国の歴史は、ここに終わりを告げ前五八六年に第二回のバビロン捕囚が行われた。

捕囚されたユダヤ人の王族、貴族、庶民たちは、かなりの自由と自治が与えられていたものの、彼らは、高さ四三メートル、七層からなるジッグラト（バベルの塔）の建設に従事させられた。捕囚の身となったユダヤ人たちのエルサレムへの望郷の念は募るばかりで、『旧約聖書』「詩篇」に、捕囚生活の悲哀を詠んだ詩がある。

図9　エルサレム・嘆きの壁
ソロモン王時代の神殿跡

図10　貢ぎものを運ぶユダヤ人（前8世紀）

バベルの流れのほとり
そこでわれわれはすわって泣いた
シオン（エルサレムの丘）を想い出しながら
われらはそのなかのポプラの樹に
われらの琴《こと》をかけたのだった
というのはわれらを捕え移したものが
われらにそこで歌をもとめ
われらを苦しめたものが楽しみをもとめた
ものだ
「われわれのためにシオンの歌を一つ歌え」と。
ヤハウェの歌を歌えようか（関根正雄訳）

新バビロニアの主神マルドゥクの崇拝を強制されても、ユダヤ人は自らのアイデンティティーを失うことなく、やがて神の意志を伝える預言者があらわれ、メシア（救世主）によって救済されると信じた。こうした中で彼らは、割礼《かつれい》を施し安息日を設けるなど他の民族とは異なる「選ばれた民」であることを意識するようになり、信仰は純化されヤハウェを唯一神とするユダヤ教の基礎がつくられていく。

新バビロニアは、ネブカドネザル二世が死に統治が終わると、その栄光は急激に衰えていく。その理由は何であったのか。ローマの繁栄そのものがローマの没落をもたらしたように、バビロンの都が古代世界の通商の中心となり栄華を極めたという、まさにその中にバビロン衰退の原因が胚胎《はいたい》していたといってもよい（岸本通夫『古代オリエント』）。

ユダヤ人を解放し「救世主」と記されたキュロス大王

キュロス大王の軍は「不死身の一万人」と呼ばれ、この軍を率いてメディア・リュディアを倒し、前五三九年に新バビロニアを攻めた。新バビロニアは、バビロン捕囚以降、相つぐ紛争で国内が乱れ敵を迎え撃つ力が衰えていき、キュロス大王は無血入城を果たす。

新バビロニアを滅ぼしたキュロス大王は、驚くべき統治政策を実行する。被征服民族に対して人道的な対応を示し、前五三八年には勅令を発してバビロンに捕囚されていたユダヤ人の帰還を許した。さらに、エルサレムにおける神殿の再建を認め、ネブカドネザル二世が没収した神殿の器物返還を命じ、その費用をペルシアの国庫から支払うよう取り計った。キュロス大王が戦没すると、神殿再建の工事は一時頓挫《とんざ》するが、預言者ハガイたちの激励やユダヤ人の不屈の精神が相まって、ダレイオス大王の治世である前五一五年に第二神殿が完成する。

ユダヤ人による『旧約聖書』の編纂は、アケメネス朝の支配時代と考えてよいだろう。この時代の帝王たちは、他民族の信仰に寛容な政策をとり、帝国内のどこでもユダヤ人は自由に自分たちの神を信じることができた。ただ、ユダヤ民族の不滅の文化遺産といえる『旧約聖書』の神話体系の土台が築かれるのは、バビロン捕囚時代であった。

例えば、「ノアの箱舟」の洪水伝説は、メソポタミアのウルク王の物語「ギルガメシュ叙事詩」からの転用であり、捕囚生活の中で受け継がれたものである。そして、『旧約聖書』には、キュロス大王を「メシア＝救世主」として記憶にとどめている。エルサレムに帰還したユダヤ人は、第二神殿の建設を始めるが、ユダヤ人国家の建設は許されず、民族受難の中で「メシア思想」「選民思想」「戒律の厳格な遵守《じゅんしゅ》」などを特色とするユダヤ教が形成されていった。

図11　キュロス大王の善政を記した粘土板文書
（大英博物館蔵）

一八七九年にバビロンのマルドゥク神殿の遺跡から、キュロス大王の善政を誇示する粘土板文書が発見され、そこに捕囚されたユダヤ人を開放することを記した布告文が刻まれていた。

私は、神々をそれぞれのもとの場所に移し、永久にその住居に住まわせた。私は、すべてそこに住んでいた者たちを集め彼らの原住地に復帰させた。

キュロス大王のユダヤ人開放に関する碑文は、彼が、自らの業績を誇示するプロパガンダを狙ったのかもしれない。いずれにせよ、キュロス大王のユダヤ人に対する寛容さは、ソクラテスの弟子で著作家のクセノフォン（前四三〇頃～前三五五頃）の著書『キュロスの教育』に取り上げられているのをはじめ、後世において理想の君主として称賛の的となったことは間違いなく、この事績は記憶にとどめておかなければならない。

三　アケメネス朝ペルシアの最初の王都パサルガダエ

アレクサンドロス大王も訪れたキュロス大王の墓

パサルガダエは、シーラーズの北東一三〇キロ、ペルセポリスから北へイスファハーンに向かって車で一時間のところにある。私が、この王都に到着し調査に入ったのは、二〇一一年九月五日のこと。しばらく峡谷が続き、やがて前面がひらけ入口で受付けを済ませ中に入ると、直線一〇〇メートル前方にキュロス大王の墓が視野に入る。パサルガダエという名は、ペルセポリスから発見されたアケメネス朝のタブレット（刻板）を基に、多くの学者が **Pathragade**（The Garden of pars＝パースの庭）と名付けたことに由来している。周辺は、水量豊富な川が流れ、平原は矮小《わいしょう》な灌木に蔽《おお》われ遠くに低い山並みが望める。

パサルガダエの遺構は、二キロ四方にわたって点在している。キュロス大王の墓は、「ソロモンの母の廟＝マザル・イ・スレイマン」と呼ばれ、今でも尊崇されており、私が尋ねた時もイラン人観光客が遺跡を散策していた。

墓は、大理石からなる六段の階段の上に、両側ともに傾斜している屋根をもつ家に似た墓室がのっている。ジッグラト状の六層の基壇の高さは、五・三メートル、切り石積みの墳墓で基壇の上の石棺は、切妻家屋式北方系の伝統に拠っている。墳墓の全体の高さは、一〇・八メートル、室内は長さ三・五メートル、幅二・三メートル、高さ二・五メートルの規模である（**口絵写真**）。

室内には、幅一・五メートルの入口があるが、かつては金属製か大理石製の扉で閉められていた。ペルシア文明の研究家で『イランの古代文化』などの著書があるロマン・ギルシュマンは、異民族との戦いで死んだキュロス大王の遺体について、次のように記述している。

遺体はパサルガダエに運ばれ、墓所に葬られた。その墳墓の外観はイラン高原に移住してきた最初のイラン人の墳墓を思い出させるもので、彼らが以前遊牧民であった当時の家屋を想起させる（『イランの古代文化』）。大王の遺体は、黄金でおおわれた石棺におさめられ、室内の壁には、バビロン製の布が掛けられ、黄金の脚を持つ机の上に王剣や盾、首飾りなどの装飾品が置いてあったという。

ヘロドトスの記述によれば、キュロス大王はヤクサテルス（シル・ダリア）川の近くに住むマッサゲタイ族の女王トミュリスに求婚したが拒まれたため侵略を開始した。女王は、機先を制してペルシア兵を襲い勝利をおさめるものの、その美酒に酔い痴れているところをペルシア兵に侵入され女王の息子は捕えられ自殺する。その後、再び女王の軍と戦いがおき、キュロスは前五三〇年に戦死し二九年間にわたる統治は終熄《しゅうそく》した。女王は、復讐のため「汝の血に飽《あ》かさせてやる」といって、キュロスを血の中に浸したという。その真偽はともかく、キュロスの遺骸《いがい》は敵の手に残されることなく、パサルガダエに送られ「ソロモンの墓」に葬られた。巨大な石棺の中に香料を撒いて遺体を安置したと伝えられているが、この葬法はバビロンやエラムの影響を受けたものであろう。

図12　キュロス大王の墓
観光客でにぎわう

アレクサンドロス大王が、前三三〇年にパサルガダエに来た時には、キュロス大王の石棺はそのまま残っていた。大王は東方遠征の往路と復路の途中、尊敬するキュロス大王の墓を詣でており、プルタルコス（後五〇〜一二〇年頃のギリシアの哲学者）が著した『英雄伝』によれば、

汝が何者であろうと、はたいずこより来ようと、汝が来たらんことは、われらの知るところ、われはペルシアを領有せしキュロスなり。われに、このむくろを容れる、いささかの土を惜しむことなかれ。

という銘文が墓に刻まれていたという。切妻屋根の天井裏にキュロスと王妃の遺骸があったという調査結果が報告されているが、これは王妃が殉死したことの証左にちがいない。

荘重な宮殿遺構

パサルガダエの遺構は、ソロモンの母の玉座（the citadel）とその城壁、キュロス大王の私的な宮殿、謁見のための宮殿（levee palace）、翼のある男の門の城、二つの火の祭壇（fire altars）などからなっている。

中央に四角形の宮殿があり、三カ所がバルコニーになっており、宮殿の高さは一三メートル、バルコニーの高さは六メートル（イラン考古学者の調査）で、構造は、ペルセポリスの「謁見の間」につながっていく。

パサルガダエの豪華さは、宮殿とともに壁に仕切られたペルシア式庭園であろう。イランの文献によれば、世界最古の庭園（パラダイス）は、メソポタミアのアッシリア帝国時代のもので、二番目に古いのがこの庭園といわれ、その後二〇〇〇年にわたって世界で造られた庭園の基礎になった。

パイリ・デーザ（Paira daeza）の名で知られる天国の楽園には、近くのポルヴァール川から運んできた切石積みで造られた九〇〇メートルの用水路によって水が引かれ、一四・四メートル間隔に造られた小さな溜池に水が流れ込むように設計されており、あちこちにその石がみえる。

パイリ・デーザの特徴は、幾何学文様のデザインが使われていることで、正方形や長方形の中に、いと杉やバラ、ゆりなどあらゆる植物があり、その構造は現在の公園にもみられる。

遺跡の一つに、切石積み建築の「ソロモン王の牢獄＝センダーネ・ソライマーン」と呼ばれる窓のない立方体の建造物があるが、何のためのものか不明である。ゾロアスター教の宗教儀礼に使われたともいわれている。

キュロス大王の王墓から二キロ北西に正方形の一対の拝火壇があり、梯子形の石段が付属している。ロマン・

ギルシュマンは記す。

この拝火壇には、神殿の中で敬虔《けいけん》に守られた火から移した永遠の火がともされた。

と。つまり、この場所とは異なるところの神殿から聖火が移され、拝火壇で燃え続けていたという。二つの拝火壇のうち、一つはアフラ・マズダのために、もう一つはアナーヒーター女神のためにつくられたのであろう。

宮殿の入口に四枚の翼をもつ精霊が立っている。精霊は、石に刻まれた薄肉の浮彫で、前六世紀頃のものといわれ、かつて、精霊の上に、

アケメネス朝のキュロス、余がこれを造れり。

の銘文があったというが、現在は確認することはできない。鬚《ひげ》をたくわえている像は、エラム王国の王子たちの装束として知られるバラの縁飾りのついた長い房飾りのドレスを身につけている。

図13　パイリ・デーザ

精霊の頭に羊の角をつけた冠がみえるが、アッカド王国のナラム・シン王（在位前二三世紀後半）の王冠にも羊の角がみえる。この王は、自らを神とする王の神格化をめざした人物で「四方世界の王」を名のり、新しい王権像をつくり出した。キュロス大王も、あるいはナラム・シン王を頭の中に描いたのかもしれない。こうした王冠は、メソポタミアの普遍的な意匠で、四枚の翼はニムルドにあるアッシリア時代の宮殿浮彫から得たものである。

前五五〇年にキュロス大王が野心的な土木工事に着手し完成させたのがパサルガダエであり、世界帝国を築くために壮大な都が必要であった。建造物は、様々な土地を征服する過程でみつけた技術を反映させたもので、それぞ

れの土地の文化やアイディアを取り入れた独自のものを造り出した。

何千キロも離れたアッシリアやエジプトの技術を生かすため、石工や土木職人、レリーフ職人などをつれてきたという。墓は、簡素で素朴であるが、創始者の権力と権威を示す威厳に満ちており、キュロス大王の人間性と宿志《しゅくし》を感じとることができる。

大王は、征服した地域の民衆を寛容な態度で統括し、後の為政者の規範となり、アケメネス朝を滅ぼしたアレクサンドロス大王も彼を模倣した。これは、大王の占領地異民族の同化策などコスモポリタニズム（世界市民主義）思想の源流となっており、やがて、オリエント文化とギリシア文化が融合したヘレニズム文化を生み出す。

ダレイオス大王（ダレイオス一世）が新たな都をペルセポリスに移した後は、パサルガダエは帝国の中心から

図14　4枚の翼をもつ精霊
パサルガダエ・前6世紀

図15　荘重なパサルガダエの遺構

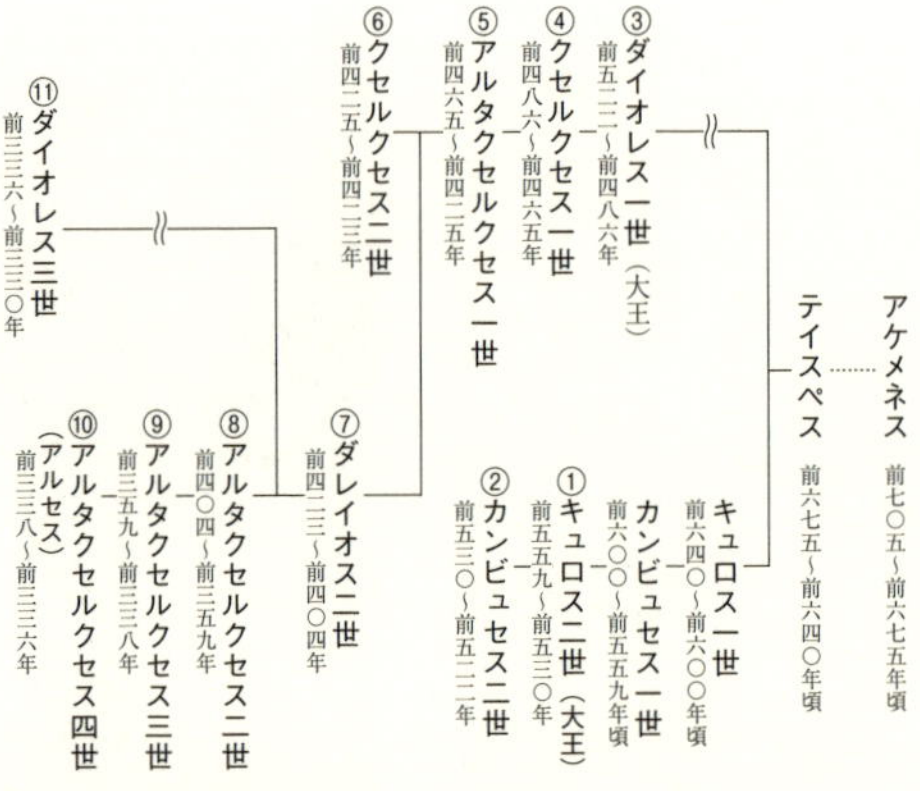

※いずれも在位年。年代については研究者によって若干の相違が出ることがある。

前 550 年頃	キュロス大王　メディアを滅ぼしイラン高原の支配権を握る。
前 548 年	キュロス大王　小アジアのリュディア王国を滅ぼす。
前 539 年	キュロス大王　メソポタミアの新バビロニアを滅ぼす。
前 538 年	キュロス大王　バビロンに捕囚されていたユダヤ人を解放。
前 525 年	カンビュセス 2 世　エジプトを征服し全オリエントを統一。
前 522 年	ダレイオス 1 世が即位し、ペルセポリスの建設にとりかかる。 アケメネス朝　最盛期を迎える。
前 490 ～ 前 479 年	ダレイオス 1 世とクセルクセス 1 世がギリシアを征服しようとするが失敗。
前 330 年	アレクサンドロス大王　ペルセポリスを破壊。 ダレイオス 3 世敗北し、アケメネス朝ペルシア滅亡する。

図 16　アケメネス朝の歴代の王たちと歴史年表
朝日新聞出版『ペルセポリス』参照

外れるが、その後も「諸王の王」の戴冠式をキュロスゆかりのこの地で執り行った。

遺跡の範囲はひろく太陽の日差しは強くてそれを避ける日陰はない。ペルシア帝国発祥の地だけあってイラン人観光客を大勢みかけた。一九七三年にイランは、キュロス大王の墓の前で建国二千五百年の祭典を挙行し、一九七九年のイラン革命以前のイラン紙幣には、キュロス大王の王墓が刷り込まれていた。

（児島建次郎）

主要参考文献（第二章・第三章）

ロマン・ギルシュマン『イランの古代文化』平凡社　一九七八年
足利惇氏『ペルシア帝国』講談社　一九七七年
藤縄謙三『歴史の父ヘロドトス』新潮社　一九八九年
岸本通夫『古代オリエント』河出書房　一九六八年
村田数之亮『ギリシア』河出書房　一九六六年
松本清張『ペルセポリスから飛鳥へ』ＮＨＫ出版　一九七九年
小川英雄『オリエント世界の発展』中央公論社　一九九七年
松本健『四大文明とメソポタミア』ＮＨＫ出版　二〇〇〇年
津本英利『古代オリエントの世界』山川出版社　二〇〇九年
前田耕作『アジアの原像』ＮＨＫ出版　二〇〇三年
Nadereh Nafise, *Persepolis Pearl of Persia*, Gooya Art House, 2007
Abrishami Eng, *Ziggurat of Sialk Kashan*, Ahadrang Printing House, 2009
Farzin Rezaeian, *Persepolis Recreated*, Sunrise Film Productions, 2009
寺沢精哲『歴史の名著』青春出版社　二〇〇四年
近藤二郎『大英博物館』朝日新聞出版　二〇一一年
春田晴朗ほか『シルクロード紀行・ペルセポリス』朝日新聞出版　二〇〇六年

第四章　ダレイオス一世とアカイメネス朝の創出

一　ダレイオス一世の何が問題か

ペルシア帝国の大転換点

ペルシア帝国の基礎を築いたのはキュロス二世である。彼は前五五九年にペルシア王となり、前五五〇年にメディア王国からの独立を果たした。それから大規模な征服活動を敢行し、前五三九年にはメソポタミア最大の都市バビロンを占領する。彼が世を去った前五三〇年のペルシアは、西は小アジアから東は中央アジアに及ぶ空前の大帝国となり、キュロスを継いだカンビュセスはさらにエジプトを征服した。続くダレイオス一世はアカイメネス朝の統治体制を確立し、それはその後二世紀にわたって維持された（アケメネスは英語の発音による表記。本章ではギリシア語形に従ってアカイメネスの表記を採用する）。多様な言語・宗教・文化をもつ諸民族を支配する広大な帝国を、いかに平和的かつ安定的に存続させるか。この問題にダレイオスは見事な答えを与えたのである。[1]

他方でキュロスからカンビュセスの治世における急速な領域拡大は、ペルシア人の従来の政治社会体制を急激に変容させ、帝国内部に大きな矛盾をもたらしたのではないかと思われる。それを示唆するのが、カンビュセスの治世末期に起きた王位の簒奪、そしてダレイオス一世が即位した後に帝国全土で起きた反乱である。ダレイオスが刻ませたビーソトゥーン碑文によると、前五二二年から翌年にかけて九人の人物が王を称して反乱を起

図１　パサルガダイ（パサルガダイはギリシア語形の表記）**のキュロス２世の墓**
高さ 11 m、最下段は一辺 13 mの正方形。墓室にはキュロスの遺体を収めた黄金の棺が安置されていた。

図２　パサルガダイのキュロス２世の宮殿跡
（広さは 76 m × 42 m）

こし、ダレイオスとその部下が彼らとの間で交わした戦闘は計一九回に及ぶ（ビーシトゥーンは英語形の表記。本章では現代イランの表記に従ってビーソトゥーンを採用する）。この時期はペルシア帝国が初めて経験する動乱の時代であり、これをくぐり抜けることで初めてペルシア人は安定した支配体制を確立することができたのである。ダレイオス一世の即位はまさしくペルシア帝国の大転換点であった。これほどの動乱がいかにして生じ、どのように収束されたのか。これが本章の主題である。

基本史料の信憑性

カンビュセスの治世末期からダレイオスの即位に至る時期について、最も重要な史料は二つある。一つは前五世紀のギリシア人歴史家ヘロドトスの『歴史』、もう一つはダレイオス一世のビーソトゥーン碑文である。

ヘロドトス『歴史』第三巻によると、カンビュセスは弟スメルディスによる王位簒奪を恐れ、弟を密かに殺害した。この事実は誰にも知られなかった。ところがスメルディスと同じ名前で容姿もそっくりのマゴス僧が王位を簒奪し、カンビュセスはエジプトから帰還する途中で死んだ。その後ダレイオスを含む少数の貴族が決起して偽スメルディスを倒し、それからダレイオスが王位についたのである（以下、ヘロドトスは適宜Hと略す）。

ビーソトゥーン碑文も、カンビュセスによる秘密裡の弟殺害、マゴス僧

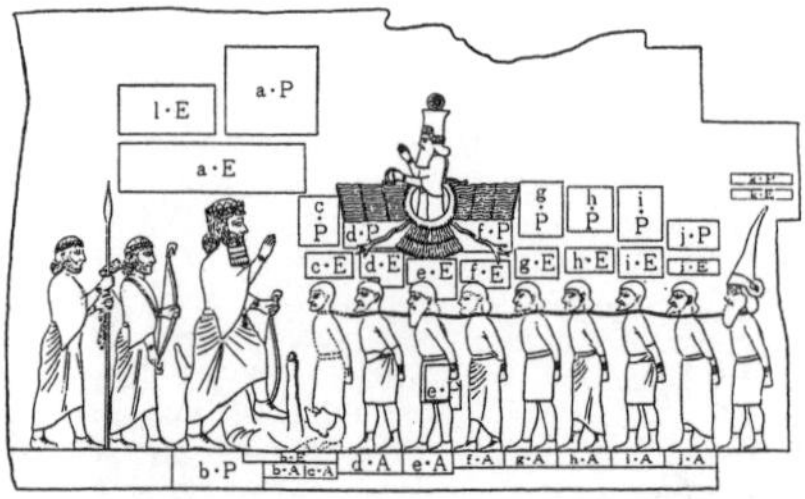

図3　ビーソトゥーンの浮彫り

の王位僭称《せんしょう》、ダレイオスによるマゴス僧の打倒を語っており、大筋においてヘロドトスと一致する。碑文の上部に刻まれた浮彫りでは、玉座のダレイオスの前に反乱者たちが数珠つなぎにされ、ダレイオスの足はマゴス僧を踏みつけにしている。こうして碑文と浮彫りはダレイオスを、王位簒奪者を倒して王権の混乱を収束させた正義の士として強く印象づける（以下、ビーソトゥーン碑文は適宜碑文と略す）。

しかし、これらの史料の真実性は強く疑われている。近年の有力な解釈によれば、カンビュセスの弟を殺害したのはダレイオス自身であり、マゴス僧による王位簒奪の物語はダレイオスの王位獲得を正当化するための創作である。これら一連のプロパガンダの仕上げとして、彼はアカイメネス朝を新たに創始した。ヘロドトスはペルシア帝国を旅行した際に、こうした公式見解に接してこれを記録し、民間伝承や彼自身の潤色を付け加えて『歴史』を記述したというのである。

本章ではこれらの物語を歴史学的に読み解いて、そこに隠されたアカイメネス朝成立の真相を明らかにしていきたい。[2]

二　ヘロドトスの記述の検討

ヘロドトスの記述

まずヘロドトス第三巻の記述を要約する。カッコ内は章を示す。

(1)　カンビュセスはエジプト遠征中に、弟スメルディスに対する嫉妬心から彼を本国に帰した。しかるに弟が玉座につくことを告げる夢を見たため、忠実な家臣プレクサスペスにスメルディス殺害を命じた。プレクサスペスは命令を実行した（三〇）。

(2) スメルディスの死は極秘にされていた。ところが、スメルディスと同名で容姿もそっくりなマゴス僧が、同じくマゴス僧である兄弟に唆されて王位についた。カンビュセスはエジプトから帰国の途中シリアでこれを知り、側近たちに弟殺害の事実を打ち明けた後、その地で病死した。その後プレクサスペスは、スメルディス殺害の事実を否認した（六一〜六七）。

(3) 王位についたマゴス僧は城外には一歩も出ず、ペルシア人の要人とも面会しなかった。ペルシア人貴族オタネスは彼の正体に疑いを抱いた。彼の娘がマゴス僧の妃の一人であったことから、娘を通じてこの人物に耳がないことを確認し、偽者であることを確信した。マゴス僧の耳は、かつて犯した罪のため王の命令で切り落とされていたのである。オタネスはダレイオスを含む六人の同志を集め、彼らは宮殿に侵入してマゴス僧の兄弟を倒した（六八〜七九）。

(4) 七人は会議を開き、今後の国制のあり方について議論した。民主政・寡頭政《かとうせい》・王政の三つの意見が出され、ダレイオスの主張した王政を採用することに決した。オタネスは王位を辞退し、他の六人は城外に騎乗して、日の出とともに最初に嘶《いなな》いた馬の主が王位につくことにした。ダレイオスは馬丁の計略に助けられ、自分の馬を最初に嘶かせることに成功した。こうしてダレイオスが王位についた（八〇〜八二）。

ヘロドトスの内在的矛盾

ヘロドトスの記述が多くの創作を含んでいることは、一見して明らかである。王位簒奪者が王の実弟と名前も同じなら容姿もそっくりであったこと。マゴス僧がペルシア人からさえ姿を隠していたこと。マゴス僧がかつて犯した罪のため、彼の耳は王の命令で切り落とされており、妃が寝床で確認して初めて正体が暴露されたこと。ダレイオスが馬丁の計略によって王位を手に入れたこと。これらはすべて民間説話に由来する創作であろう。

物語に内在する矛盾も明らかである。王の弟が殺害され、ごく僅かな者を除いて誰もそれに気づかないということが、一体どうして起こりえたのか。マゴス僧が偽スメルディスであることをいつ誰が知ったのか。王位にあるのが偽者であることが、なぜ長期にわたって明るみに出なかったのか。マゴス僧が偽スメルディスであることをいつ誰が知ったのか。オタネスが集めた同志のうち、ダレイオスだけは自分から加わったとされているが、ではダレイオスはいつどうやって真相を知ったのか。カンビュセスが初めて王位の簒奪を知ったのはシリアにおいて、簒奪者《さんだつしゃ》が派遣した伝令と面会した時であるが、ではなぜカンビュセスはエジプトを進発したのか。

このようにヘロドトスの物語には、事件の論理的展開に必須となる要素が（おそらく意図的に）排除されており、整合性に欠ける。

そもそもマゴス僧とは、ヘロドトスによればメディア人の一部族（一・一〇一）ないし一カースト（一・一四〇）である。彼らは神官として犠牲や献酒を司った。また予言者としても活動し、宮廷付きのマゴスは王の夢や他の前兆を解釈したという。(3)

マゴス僧の兄弟について、ヘロドトスには明らかに誤解がある。

第一に、カンビュセスの弟とマゴス僧に同じスメルディスという名前を与えていること。ビーソトゥーン碑文ではマゴス僧の名前はガウマタで、彼は王位を奪った後、「私はキュロスの子カンビュセスの弟バルディヤである」（11節）と宣言した（次節参照）。バルディヤのギリシア語形がスメルディスだったのだろう。ヘロドトスが二人に同じ名前を与えたのは、碑文の記述を誤解したためだと思われる。

第二に、偽スメルディスの兄弟としてパティゼイテスというマゴス僧を登場させていること。碑文にはこれに該当する人物は現れない。ヘロドトスは彼について、「カンビュセスが出発に際して王家の面倒を見るように委託して国許に残していった人物」（三・六一、松平千秋訳）と説明している。「王家の面倒を見る」者とは執事、管理人を意味する。これに相当するペルシア語の役職名はパティクシャヤティア pati-khsayathia で、ヘロドトスはこれをパティゼイテスと記したのだろう。(4) すなわちヘロドトスは役職名を固有名詞に置き換え、王位簒奪者を二人に分割したことになる。よって偽スメルディスの兄弟パティゼイテスなる人物は存在しなかったと考えてよい。

三　ビーソトゥーン碑文の検討

碑文の記述

次にビーソトゥーン碑文の関連箇所を引用する。訳出にあたってはケントとカートの英訳(5)を参照し、固有名詞はギリシア語形に改めた。ただしカンビュセスの弟の名前は本文中でもスメルディスでなくバルディヤを採用する。日付はバビロニア文書によって判明したものである。

10　（前略）カンビュセスには、カンビュセスと父母を同じくするバルディヤという弟があった。のちにカンビュセスはこのバルディヤを殺害した。カンビュセスがバルディヤを殺害した時、バルディヤが殺害されたことは人々には知らされなかった。のちにカンビュセスはエジプトに進発した。カンビュセスがエジプトに進発すると、それから人々は不忠となった。それから虚偽が国に、ペルシアにもメディアにも、その他の国々にも多くなった。

11　王ダレイオスは告げる。ガウマタという名のマゴス僧がいた。彼はパイシヤーウワーダーで反乱を起こした。アラカドリという名の山から彼が反乱を起こした時、ウィヤカナの月の一四日が過ぎていた［前五二二年三月一一日」。彼は人々にこう偽った。「私はキュロスの子カンビュセスの弟バルディヤである」。すると人々は皆カンビュセスから離反し、ペルシアもメディアも他の国々も彼になびいた。彼は王権を掌握した。ガルマパダの月の九日が過ぎていた［前五二二年七月一日］。こうして彼は王権を掌握した。それからカンビュセスは自らの死を死んだ。

13　王ダレイオスは告げる。このマゴス僧ガウマタから王権を奪い取ることのできる者は、ペルシア人にもメディア人にも我が一族にも誰一人いなかった。人々は、以前にバルディヤを知っていた多くの者たちを彼が殺害するだろうと考えて、彼を非常に恐れた。「私がキュロスの子バルディヤでないことを、人々が知ることのないように」という理由で、彼は人々を殺害するだろうと考えた。私が来るまで誰一人、マゴス僧ガウマタについて何も語ろうとはしなかった。そこで私はアフラ・マズダを呼び求めた。アフラ・マズダは私に援助を賜わった。バーガヤーディの月の一〇日が過ぎていた［前五二二年九月二九日］。このようにして、私は少数の者たちと共に、かのマゴス僧ガウマタと彼の主要な側近たちを殺害した。メディアのニサーヤという地方のシカヤウワティという城塞、そこにおいて私は彼を殺害した。私は彼から王国を奪い取った。アフラ・マズダの恩恵によって私は王となった。アフラ・マズダは私に王国を授けた。

碑文の内在的矛盾

第一に、カンビュセスが弟を殺害した理由が不明である。次に、カンビュセスがエジプトへ進発した後、なぜ人々が不忠となったのか、またバルディヤを名のったガウマタが反乱を起こした時、なぜ人々がカンビュセスから離反してガウマタになびいたのか、これらの理由も不明である。ガウマタの反乱と王権の掌握、ダレイオスによるガウマタの打倒については明確な日付が与えられているのに、カンビュセスの死亡時期だけは曖昧にされて

いる。さらにカンビュセスの死因も不明である。(6)

第二に、王となったガウマタと人々との関係も不自然きわまりない。バルディヤが殺害されたことは「人々には知らされなかった」のだから、人々はガウマタをまぎれもなくカンビュセスの弟と見なして支持したはずである。にもかかわらず、人々はなぜガウマタを恐れねばならなかったのか。13節では、人々がガウマタを恐れた理由は、ガウマタが「以前にバルディヤを知っていた多くの者たちを彼が殺害するだろう」と考えたからだという。しかし、そもそもバルディヤ殺害を知らされていない以上、人々にとってはガウマタこそ真のバルディヤなのであり、彼らの中に「以前にバルディヤを知っていた多くの者たち」が殺害されるなどという恐怖が生じるはずがない。人々のこの恐怖は、ガウマタが真のバルディヤではないことを人々が知っている場合にのみ成り立つ。これはバルディヤ殺害が「人々には知らされていなかった」とする10節の記述と矛盾する。13節はガウマタによる一種の恐怖政治を強調するのだが、このように恐怖の成り立ち自体に矛盾がある。

第三に、ガウマタ殺害の説明はごく短く、それが城塞においてなされたというだけで、具体的な説明に欠けている。これは反乱者に対するダレイオスの処置の記述とは対照的である。彼は反乱を鎮圧するたびに、首謀者とその側近たちを逮捕し、目や耳、鼻などを切除して晒し者にし、杭刺しの刑に処した（32、33、42、50節）。ところがガウマタ殺害にだけはそうした説明が一切ない。ガウマタの殺害も処刑も、本来ならダレイオスを王位に導く決定的な功績であるはずなのに、あたかも広く知られるのを避けるためそれが秘密裡に行なわれたように描かれている。

そもそもダレイオスがガウマタを打倒したことの正当性は、ガウマタがカンビュセス王の弟バルディヤの偽者だということにあり、ダレイオスは一貫して自身の行動を虚偽に対する真実の擁護として描いている。ところがまさにこの点こそが致命的な内在的矛盾を含んでいるのである。この矛盾はダレイオスの側の正当性を突き崩し、碑文の記述の真実性に根本的な疑いを投げかける。

ヘロドトスでも碑文でも、すべての内在的矛盾は王位簒奪者マゴス僧の存在それ自体に由来する。それゆえマゴス僧を架空の人物と見なして取り除けば、物語ははるかに首尾一貫したものとなろう。すなわちカンビュセスの王位を継いだのは実の弟バルディヤで、ダレイオスが武力でバルディヤを打倒した。ここから導かれる合理的結論は、真の王位簒奪者はダレイオス自身であったということである。

バルディヤの即位とその基盤

次の問題は、バルディヤの即位をめぐる状況である。碑文では彼はまずカンビュセスの在位中に反乱を起こし、それから王位を獲得し、その後カンビュセスが世を去った。バビロニアの商業文書は王の名前によって年代を表記しており、それに基づいてバルサーは事件の経過を次のように再構成している。(7)

前五二二年三月一一日　バルディヤが反乱を起こす
　四月一四日　バビロニア人がバルディヤを王として認知する
　六月　カンビュセスがエジプトを進発
　七月一日　バルディヤが権力を掌握する
　七月　カンビュセスがシリアにおいて死去
　九月二九日　ダレイオスがバルディヤを殺害する

バルディヤの反乱と権力掌握との関係についてブリアンは、バルディヤは数カ月間反乱状態にあった後、カンビュセスの死を待って公式の即位儀礼を挙行したと解釈している。(8)これに従えば、バビロニア人は正式に即位する前のバルディヤをいち早く王として認知したことになる。バルディヤが本国で反乱を起こし、いまだ公式の王位宣言はないにもかかわらず、彼の王権はバビロニアという重要地域でも受け入れられた。こうした事態を知ったカンビュセスは、反乱を鎮圧するためエジプトを発ったのである。しかし彼は帰国の途中シリアのアグバタナで世を去った（H三・六四）。

バルディヤの支持基盤はどこまで広がっていたのか。ビーソトゥーン碑文は彼がペルシア人とメディア人を支配していたと明記している。彼が戦いで倒れたのもメディアにおいてであった。また碑文はダレイオスの即位後に全土で起きた反乱を列挙しているが、そこにはバビロンで二度、エラムで三度、ペルシアで一度、メディアで一度の反乱が含まれる。この事実は、これらの諸地域がダレイオスの即位以前にバルディヤの権力基盤であったことを示している。このようにペルシア・メディア・エラム・バビロニアという帝国の心臓部をなす地域が、こぞってバルディヤを支持したのである。これは何を意味するのか、そもそもバルディヤはなぜカンビュセスに対して反乱を起こしたのか。これを明らかにするには、カンビュセスのエジプト遠征に目を向ける必要がある。

四　バルディヤ反乱の背景と彼の政策

エジプト遠征の実態

カンビュセスは前五二五年にエジプトを征服したが、その模様を伝えるヘロドトスの記述は暗澹たる光景に満ちている。それによると、カンビュセスはエジプト王の息子および彼と同年代の若者二〇〇〇人を処刑し、前王アマシスの遺体を凌辱して焼いた。エジプト人が崇拝する聖牛アピスも殺し、神官を鞭打ちの刑に処した。さらに高位のペルシア人十二人を罪もないのに生き埋めにした。これらを縷々《るる》述べた上で、ヘロドトスはこう結論する。彼は「もともと気違いじみた性格で、冷静さを欠く人物であった」（三・二五、松平千秋訳）、「あらゆる点から見て、カンビュセスの精神が極度に錯乱していたことは明白である」(三・三八、同)。

こうした否定的なカンビュセス像は近年の研究で拒否されているが、[9] 本章との関連で問題になるのは、彼が敢行したエチオピアとリビア砂漠への遠征である。ヘロドトスによればエチオピア遠征軍は極度の食料不足のため退却を余儀なくされ、リビア遠征軍は激しい砂嵐に遭って消滅し、いずれも大失敗に終わった(三・二五―二六)。しかし近年の考古学的研究は、ペルシア人がどちらの地域の支配にも成功したことを明らかにしている。

ローマ時代の地理学者ストラボン(一七・一・五)によれば、カンビュセスはヌビア王国のメロエ地方に達したが、メロエという名は彼自身が命名したのだという。また前一世紀の歴史家ディオドロス(一・三四・七)も、彼がエチオピアを征服したと述べている。古代作家の言うエチオピアとは、アスワンの南に広がるヌビア地方を指し、現在のエジプトとスーダンにまたがる。前八～七世紀にはクシュ王国が強大となり、エジプトにも勢力を広げた。前六世紀には後退したが、下ヌビア(第一～第二急流域)をめぐってサイス朝(第二六王朝)との抗争が続いた。したがってカンビュセスのヌビア遠征は、サイス朝の政策の延長上に位置付けることができる。メロエは上ヌビアの第五急流と第六急流の間に位置し、金を始めとする鉱物資源が豊富であった。[10]

さらにカンビュセスは海軍力をも手に入れた。フェニキア人とキプロス人はペルシアに臣従し、大規模な艦隊をもってエジプト遠征に従軍したのである(H三・一九)。ペルシア人の間におけるカンビュセスの名声は、彼が海を支配下に収めたことにあったと伝えられる(H三・三四)。こうしてカンビュセスは、強力な海軍をもって東地中海の制海権を手に入れた上、南はナイル川第六急流まで、西はシーワ・オアシスまでの広大な領域を帝国に加えたのである。

征服活動の否定的影響

こうした大規模な遠征の遂行と海軍力の維持が、巨額の資金を必要としたことは疑いない。その資金を確保するため、カンビュセスは帝国内で重税を課したであろう。それを示唆するのが、簒奪者のマゴス僧が支配下の諸民族に三年間の兵役と納税の免除を布告したというヘロドトスの記述である（三・六七）。しかもマゴス僧が仁政を行なった結果、ペルシア人以外の諸民族は彼の死を惜しんだとさえ述べている。三年間にもわたる免税は、帝国収入を大幅に減少させることになる。にもかかわらず、彼がこれほど大胆な施策に踏み切ったのは、それまで諸民族に課せられた負担があまりに重く、これ以上堪えられないほどであったことを強く示唆する。すなわちカンビュセスの相次ぐ軍事遠征の遂行は重税という形で諸民族を圧迫し、貴族や民衆の間の不満を高めた。反乱者はこうした状況を背景に王位を掌握したと考えられるのである。バルディヤの支持基盤の広がりから見て、カンビュセスの側近の中にも彼の政策に対する不満が募っていたと推測しても的外れではないだろう。ヘロドトスが語るカンビュセスのペルシア人に対する非道な振舞いも、反対派の排除と解すれば辻褄が合う[11]。

バルディヤの政策

ビーソトゥーン碑文は、ダレイオスの立場から見たバルディヤの政策に言及している。

14　王ダレイオスは告げる。我が一族から奪われていた王権を、私は元の場所に回復し、安定させた。マゴス僧ガウマタが破壊した聖所を、元の通りに再建した。マゴス僧ガウマタが人々から奪った牧草地と家畜と奴隷と所領を、私は彼らに取り戻してやった。私はペルシアでもメディアでもその他の国々でも、人々を元の場所に安住させた。奪い取られたものを、私は元通りに取り戻した。アフラ・マズダの恩恵によって、私はそれを為したのである。

王位簒奪者は聖所[12]を破壊し、牧草地と家畜と奴隷と所領を奪ったが、ダレイオスはこれらを元通りにし、ペルシア人、メディア人その他の人々を安泰にしたというのである。ここで重要なのは「所領」と訳したvithで、この語には家／所領と家族／氏族の二通りの意味がある。これを奪ったとは何を意味するのか。

ヤングは次のように解釈する。家とはbow-housesで、税と兵役の見返りとして王が臣下に割り当てた封土fiefである。人々とは国から土地の贈与を受けた者で、支配階級だけでなく、軍役奉仕によって報酬を得た職人や一般兵士をも含んでいた。彼らはマゴス僧の改革によって排除された。よってこの内乱は、ガウマタ以前に社会経済的に優位にあった者たちと、ガウマタの下で既存の社会秩序を転覆させた者たちとの闘争である。[13]

ブリアン説は次のようである。バルディヤは自分に対する反対派の貴族たちから土地を没収した。その土地は王から贈与されたbow-estateで、軍事力も含む借地権である。受け手が服従しない場合、王はその贈与を取戻し、忠実な別の貴族に再配分することができた。こうしてバルディヤは反対派の社会経済的基盤を奪い取ったのである。[14]

両者の解釈には若干の相違はあるが、所領とは王から貴族に贈与された土地で、支配階級の経済的・軍事的基盤をなしていたとする点で共通している。即位したバルディヤは、カンビュセスによる大規模な征服活動という方針を転換すると同時に、カンビュセス派の貴族を排除するため、彼らの土地を没収したと考えられる。

バルディヤ治世の再構成

以上から、カンビュセスの治世末期からバルディヤ王権に至る時期は、次のように再構成することができる。

前五二五年にエジプトを征服したカンビュセスは、海軍力を維持する一方でエジプト周辺地域を征服するために、諸民族から大規模な貢納を取り立て、新たな軍隊を招集した。そしてヌビア地方およびリビア砂漠方面への大規模な遠征を行なった。それらは成功を収めたものの、重税に対する諸民族の不満が高まり、ペルシア人支配層も王を支持する党派と反カンビュセスの立場をとる党派に分裂した。このような状況下、ペルシアでカンビュセスの実弟バルディヤが反乱を起こし、メディア、バビロニア、エラムの支配層も彼を支持した。これを知ったカンビュセスは、エジプトで反対派のペルシア人を排除してから本国に向かったが、帰国の途中で世を去った。(15)バルディヤは、カンビュセスが課した巨額の貢納と過酷な兵役から諸民族を解放し、三年間の納税と兵役の免除を布告して、帝国の秩序を回復しようとした。これに対してダレイオスを含む反バルディヤ派が結束し、王権に反抗したため、バルディヤは彼らの土地と財産を没収した。ダレイオスたちは決起して武力でバルディヤを倒し、王位についたダレイオスは奪われた財産を取り戻したのである。

五　反乱の鎮圧とアカイメネス朝の創出

全土に広がる反乱

ダレイオスの即位と共に各地で次々と反乱が勃発し、帝国全土を巻き込む動乱は二年余に及んだ。反乱の首謀者たちはいずれも王を称し、ダレイオス王権に正面から挑戦した。

ビーソトゥーンの浮彫りには捕われた一〇人の反乱者が描かれているが、碑文は計一一人の反乱とその鎮圧について述べている。彼らの名前、反乱の年代と地域は次の通りである(16)（＝の次の名前は彼らの自称、カッコ内は反乱地域を示す）。

前五二二年

九月　マゴス僧ガウマタ＝キュロスの子バルディヤ（ペルシス）

一〇月　バビロニア人ナディンタバイラ＝ネブカドネザル［三世］（バビロニア）

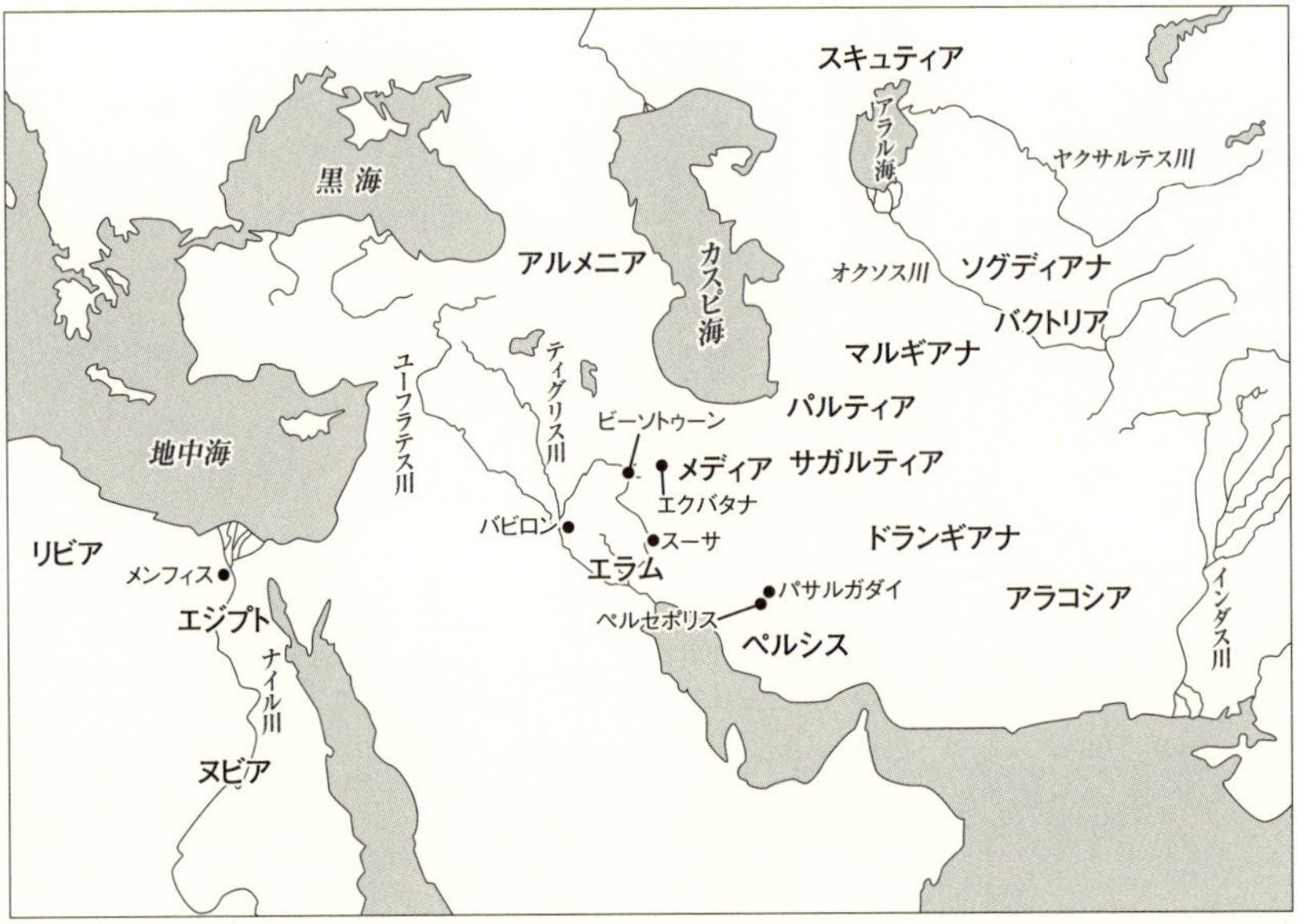

図４　ペルシア帝国

エラム人アキナ（エラム）
一二月　ペルシア人マルティヤ（エラム）
メディア人フラワルティシュ（メディア）
ペルシア人ワフヤズダータ＝キュロスの子
バルディヤ（ペルシス）
マルギアナ人フラダ（マルギアナ）
前五二一年
？　サガルティア人キカンタクマ（サガルティア）
八月　アルメニア人アラカ
＝ネブカドネザル［四世］（バビロニア）
前五二〇年
春　エラム人アタマイタ（エラム）
前五一九年
？　スキュティア人スクンカ（スキュティア）

ペルシア人の本拠たるペルシスとメディアでも反乱が起きたほか、エラムの反乱は計三回、バビロニアのそれは二回に及ぶ。帝国の心臓部が動乱の中心でもあったのである。右に挙げた以外の地域でも連動して反乱が起きている。前五二二年末にはアルメニア人が反乱を起こした。ペルシア人ワフヤズダータの反乱には、宮殿にいたペルシア軍もつき従い、彼はさらにアラコシア地方に軍隊を派遣してこの地域を離反させた（40、45節）。パルティア人とヒュルカニア人はメディア人フラワルティシュを支持して離反した（35節）。こうしてダレイオスに対する反乱は、文字通りペルシア帝国全土に広がったのである。ダレイオスと彼の将軍たちが交わした戦闘は、碑文によれば一九回に及ぶ（52節）。

ダレイオス一世の支持基盤

ダレイオスはいくつかの反乱には自ら対応した。まずエラムに赴き、反乱者アキナを捉えて処刑した（17節）。次いでバビロンに向かい、前五二二年一二月に二度の戦闘で反乱軍を破ってバビロンを占領し、反乱者ナディンタバイラを捕えて処刑した（18―20節）。それからメディアに進み、前五二一年五月七日にフラワルティシュを破った。逃走した彼を捕えると、鼻、両耳、舌を切り取り、片目を刳り抜き、足枷《あしかせ》をかけて宮殿の入口に晒してから、エクバタナで杭刺《くいざ》しの刑に処した。彼の側近たちもエクバタナの城塞に吊るした（31―32節）。

これ以外の反乱に対しては、ダレイオスは多くの貴族たちの支援を受けた。ビーソトゥーン碑文の末尾近くには、特に重要な協力者として次の六人の名前が列挙されている（68節、父称は省略する）。

①ウィンダファルナ
②フタナ
③ガウバルウァ
④ウィダルナ
⑤バガブクシャ
⑥アルドゥマニシュ

このうち①ウィンダファルナは、前五二一年一一月二七日にバビロニア軍を破って第二回反乱を鎮圧し、王を名のったアラカを捕えた（50節）。③ガウバルウァは前五二〇年にエラムの第三回反乱を鎮圧して、首謀者のアタマイタを捕えた（71節）。④ウィダルナは前五二一年一月一二日にメディアでフラワルティシュに勝利した（25節）。

これ以外にもダレイオスは、マルギアナ人に対してバクトリア総督ダダルシを（38節）、アラコシア人にはアラコシア総督のウィワナを派遣して（45節）、いずれも勝利を収めた。またペルシアに送った将軍アルタワルディヤは、反乱者ワフヤズダータを破って彼を捕えた（41—43節）。アルメニアにはワウミサとダダルシの二人を（16—30節）、サガルティアにはタクマスパダを派遣した（33節）。さらにダレイオスの父ウィシュタスパ（ヒュスタスペス）は当時パルティアにおり、彼はダレイオスから送られた軍隊を率いてパルティア人に勝利した（35—36節）。

このようにダレイオスの周囲には貴族身分の多くの支持者が集まり、帝国各地に同時に派遣するに十分な軍隊を保持していた。こうした支持基盤を十全に活用し、軍事的勝利を重ねることで、彼は自らの王権の危機を乗り越えて勝利を収めることができたのだった。次に勝利した後の彼の活動を見ていこう。

アカイメネス家の創造

そもそもダレイオスとは何者なのか。ビーソトゥーン碑文の冒頭でダレイオスは次のように語っている（人名はすべてギリシア語形に置き換えた）。

1　私はダレイオス、偉大なる王、諸王の王、ペルシアの王にして諸国の王である。ヒュスタスペスの子、アルサメスの孫であり、アカイメネスの血統である。

2　王ダレイオスは告げる。私の父はヒュスタスペス、ヒュスタスペスの父はアルサメス、アルサメスの父はアリアラムネス、アリアラムネスの父はテイスペス、テイスペスの父はアカイメネスである。

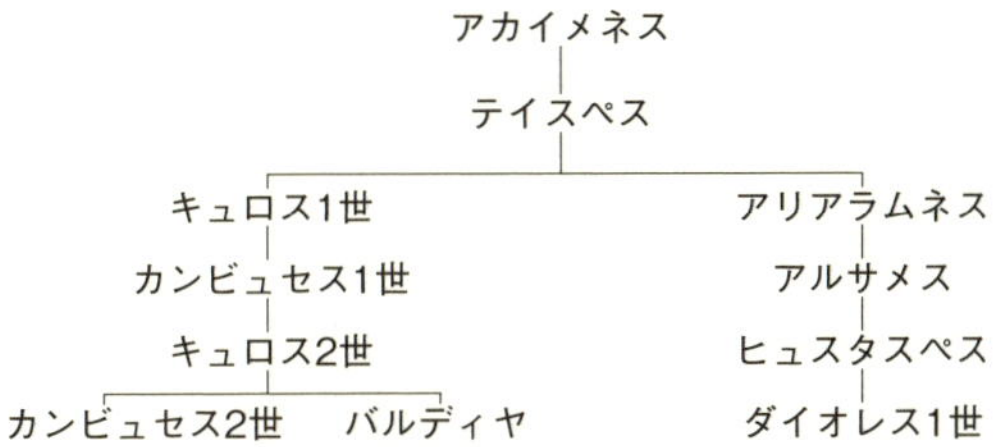

図5　アカイメネス王家

右の記述にはいくつかの問題がある。

第一に、ダレイオスの家系には王の名前が一人も出てこない。テイスペスはキュロス一世（キュロス二世の祖父）の父なので、テイスペスに至って初めてダレイオスはキュロスの家系とつながる。ダレイオスは王族の一人であったとはいえ、キュロスの家系からは遠い血縁だったと思われる。このことが、彼の即位後になぜあれほど多数の反乱が起きたのかを説明するだろう。カンビュセスには男女いずれの子供もいなかったので（H三・六六）、彼が死ねば実の弟バルディヤが唯一の王位継承者となる。そのバルディヤを倒して王位についたのがキュロスの家系からは遠いダレイオスだったとすれば、彼と対等ないしそれ以上の立場で王位を要求することのできる人物は少なくなかったであろう。ダレイオスの正統性の根拠は実はきわめて脆弱だったのである。

第二に、そのテイスペスの父がアカイメネスとされ、この碑文において初めてアカイメネスが王家の祖として登場する。このことの特異性は、キュロス二世の称号を見れば明らかである。キュロスの円筒印章では、彼は三人称で「アンシャンの王キュロス」（12節）と呼ばれ、一人称では「私はキュロス、偉大なる王、アンシャンの王カンビュセスの子、偉大なる王、アンシャンの王キュロスの孫、テイスペスの裔《すえ》」（20、21節）と名のっている。[17] ウル出土のアッカド語粘土板文書でも「世界の王、アンシャンの王キュロス」とある。[18] アンシャンとはペルセポリス西方の平原に位置する現マルヤンで、アカイメネス朝以前にはエラム王国の首都が置かれていた。キュロス二世はこのアンシャンの王なのであり、彼は自分をアカイメネス朝の王と名のったことは一度もない。アカイメネスという人物はダレイオス一世と共に登場する。アカイメネス朝は文字通りダレイオス一世によって新たに創造されたのである。

王権の正統化

アカイメネス朝を創始したダレイオス一世は、自己の王権を正統化するためにいくつかの方策を取った。

第一に、ペルシア帝国の創建者キュロス二世をアカイメネス朝の中に位置づけた。キュロスが建設したパサルガダイ（パサルガダエは英語の発音による表記。本章ではギリシア語形に従ってパサルガダイの表記を採用する）の都において、宮殿の柱あるいは人物像の浮彫りの上に、ダレイオスは次のような碑文を刻んだ。[19]

「私はキュロス、アカイメネス家の王」

「偉大なる王キュロス、アカイメネス家の王カンビュセスの子」

「偉大なる王、アカイメネス家のキュロス」

こうしてダレイオスは、キュロス二世と彼自身との血統上のつながりを明確なものとしたのである。その上、かつてキュロスの夢の中でダレイオスの王位が予言されていたとの物語まで創作した（H一・二〇九―一〇）。

第二に、先代の王たちの妃と娘の全員と結婚した。ダレイオスは生涯に六人の妻を娶ったが、キュロス二世とその息子たちに直接関係するのは次の四人で、いずれもダレイオスが王に即位した後に彼の妻となった（H三・八八）。

アトッサ（キュロスの娘、カンビュセスの妻、次いでバルディヤの妻）

アルテュストネ（キュロスの娘）

パルミュス（カンビュセスの弟バルディヤの娘）

パイデュメ（貴族オタネスの娘、カンビュセスの妻、

図６　ダレイオス１世の立像
スーサ出土。ペルシア王の丸彫り彫刻としては唯一の作品
（イラン考古学博物館）

図７　ビーソトゥーンの断崖
エクバタナ（現ハマダン）から西へ120キロの地点（撮影・鈴木革）

図８　ビーソトゥーンの浮彫り（撮影・鈴木革）

図９　ビーソトゥーンの断崖の南に広がる平原は、ペルシア帝国領の東西を結ぶ交通路であった。

次いでバルディヤの妻）

ダレイオスの狙いは何よりも、婚姻によってキュロスと直接の血縁関係に入り、王位を固めることにあった。それと同時に王家の女性を独占することで、他の王族や貴族が彼女たちの一人を娶って王位への権利を主張するのを防ぐことができた。ローマ時代の作家ユスティヌスは「始めに彼は王族内の結婚によって王位を固めようとして、キュロスの娘を娶ったが、それは王権が部外者の手に移るよりは、むしろキュロスの家系に帰ることになったと思われるように、と願ったからである」と述べている（一・一〇・一三―一四、合阪學訳）。残る二人の妻のうち、ゴブリュアスの娘（名前不詳）はダレイオスが王になる前に結婚していた（H七・二）。最後にフラタグネはダレイオスの弟アルタネスの娘である（H七・二二四）。

第三に、王位獲得までの経過を碑文にまとめ、ビーソトゥーンの断崖に浮彫りと共に刻ませた。その記述はカンビュセスの治世末期からの王権の混乱を偽バルディヤによるものとし、偽の王を倒した正義の士として自分を描いた。またダレイオスは、アフラ・マズダが自分に恩恵を与えたことを繰り返し語り、自己の王権が神に由来することを幾度も強調した。碑文は古ペルシア語、エラム語、アッカド（古バビロニア）語の三カ国語で書かれ、浮彫りと共に多数の写しが作られて、ダレイオスの公式発表は帝国中に流布していった。後にそれはギリシア人歴史家ヘロドトスによって精彩に富んだ物語に仕上げられ、彼の歴史書を通じてギリシア人読者にも広く知られるようになったのである。

帝国の再生

最後にあらためて、古代ペルシア史におけるダレイオス一世の位置を考察しよう。[20]

すでに述べたように、彼の周囲には多くの貴族が結集して彼の勝利に貢献した。このことと全土で起きた反乱を考え合わせると、この時期のペルシア帝国支配層がいかに深刻な内部分裂をきたしていたかが明らかとなる。ここに露わになった帝国の亀裂は、カンビュセスのエジプト遠征だけがもたらした結果ではないだろう。それはキュロス二世以来わずか三〇年にも満たない期間でペルシア人が急激な膨張を遂げたことの必然的な結果と見ることができる。キュロス以前のペルシアの政治と社会についてはほとんど不明であるが、キュロスに始まる大征服活動が伝統的なペルシアの体制自体に大変動をもたらし、旧来の政治的社会的組織を極度に不安定なものに変容させ、ペルシア人支配層の内部における勢力関係すら覆してしまうほどの衝撃を与えたことは想像に難くない。それは支配下の諸民族ばかりかペルシア人自身をも存立の危機に立たせるほど深刻なものであったろう。帝国自体のはらむこうした脆弱性《ぜいじゃくせい》が一気に噴出したのが、ダレイオスの王位簒奪とそれに対する反乱だったのである。そしてこの危機がダレイオスの最終的勝利によって克服されることで初めて、ペルシア王権はアカイメネスの血統に連なるものとして再定義され、ペルシアは真に安定した帝国へと変貌を遂げることができたのだ。ビーソトゥーン碑文に繰り返し語られる邪悪と虚偽、真実と正義の対比は、勝利者にしてペルシアの再創造者たるダレイオスが、ペルシア帝国のよみがえりに与えた威厳に満ちた表現なのである。

（森谷公俊）

註

（1）ダレイオス一世の統治政策とその意義については、川瀬豊子（一九九八）を参照されたい。

（2）この主題に関連する最近の研究としては、Balcer（1987）; Young（1988）; Briant（2002）; Asheri/Lloyd/Corcella（2007）; Kuhrt（2007）がある。

（3）Asheri/Lloyd/Corcella（2007）pp.171-172

（4）Balcer（1987）p.103; Asheri/Lloyd/Corcella（2007）p.460

（5）Kent（1953）pp.119-120; Kuhrt（2007）p.143　日本語訳は伊藤義教（一九七四）二二一—五〇頁。

（6）Kent（1953）p.120 の訳は "Cambyses died by his own hand" だが、原文には自殺を示す語句はなく、近年では自殺説は否定されている。Kuhrt（2007）p.143 の訳は "Cambyses died his own death" である。

（7）Balcer（1987）p.107　バビロニアの商業文書がカンビュセスに最後に言及するのは前五二二年四月一八日である。一方バルディヤは少なくとも同年四月一四日から九月二〇日まで、バビロンで王として認知されていた。cf. Asheri/Lloyd/Corcella（2007）pp.463f

（8）Briant（2002）p.102

（9）エジプト人高官でカンビュセスに任用されたウジャホルレスネトの碑文によると、カンビュセスは「上下エジプトの王」の称号を得て正式にファラオとして即位し、祭典行列やネイト神への奉納も慣習通りに執り行った。また聖牛アピスの墓碑銘は、聖牛がカンビュセスの治世に正式に埋葬されたことを証明する。エジプト側の史料は Posener（1936）pp.1-26, 30-36. cf. Kuhrt（2007）p117-124　ヘロドトスの悪意に満ちた記述の背後には、カンビュセスの財政政策に対するエジプト人神官たちの敵意や、ダレイオス一世による反カンビュセス宣伝があると考えられている。Posener（1936）pp.164-175; Balcer（1987）pp.86-90; Asheri / Lloyd / Corcella（2007）p.427, pp.433f

（10）Kuhrt（2007）pp.115-117

（11）Balcer（1987）p.90; Briant（2002）pp.97-106

（12）聖所と訳した古ペルシア語 ayadana はここ以外には知られず、正確な意味も不明で、これを sanctuaries/cult-centers と解するのはバビロニア語版からの類推による。Kuhrt（2007）p.153

（13）Young（1988）p.56

（14）Briant（2002）pp.104f

（15）ダレイオスはカンビュセスに従ってエジプトに行っていた（H三・一三九）。Balcer（1987）p.100 は、ダレイオスが刺客を使ってカンビュセスを殺害した可能性を指摘している。

（16）各反乱の詳しい記述は Balcer（1987）pp.131-145　人名表記は Kuhrt（2007）による。年代は Kuhrt（2007）pp.140f. cf. Briant（2002）pp.114-122

（17）Kuhrt（2007）p.71

（18）Kuhrt（2007）p.75

（19）Kuhrt（2007）p.177

（20）以下の記述は Kuhrt（2007）pp.135-138 から多くの示唆を得ている。

参考文献

ヘロドトス『歴史（上）』（松平千秋訳）岩波文庫
ポンペイウス・トログス／ユニアヌス・ユスティヌス抄録『地中海世界史』（合阪學訳）京都大学学術出版会、一九九八年
伊藤義教（一九七四）『古代ペルシア』岩波書店

川瀬豊子（一九九八）「ハカーマニシュ朝ペルシアの交通・通信システム」『岩波講座世界歴史2オリエント世界』岩波書店、三〇一—三二八頁

Asheri, D./Lloyd, A./Corcella, A.（2007）*A Commentary on Herodotus Books I-IV*, Oxford.

Balcer, J.K.（1987）*Herodotus & Bisitun; Problems in Ancient Persian Historiography*, Historia Einzelschriften 49, Stuttgart.

Briant,P.（2002）*From Cyrus to Alexander; A History of the Persian Empire*, Indiana.

Kent, R.G. (1953) *Old Persian:Grammer, Texts, Lexicon*, New Haven.

Kuhrt, A.（2007）*The Persian Empire; A Corpus of Sources from the Achaemenid Period*, Volume 1, London and New York.

Posener, G.（1936）*La première domination perse en Égypte; Recueile d'inscriptions hiérogriphiques*, Cairo.

Young, T.C.Jr,（1988）"Darius and the Re-establishment of Achaemenid Power", in *Cambridge Ancient History* IV（2nd ed.）

第五章
アレクサンドロス遠征路の実地調査——ペルシア門の戦い

歴史研究の醍醐味の一つは、机上で史料を読解するだけでなく、現地調査と照らし合わせて史料を再解釈し、ある歴史事象を再構成することである。アレクサンドロス研究にもこれは当てはまる。何しろ彼の遠征範囲は広大で、ギリシアからトルコ、中東を経て中央アジアからパキスタンにまで及ぶのだ。大王伝を著した古代の作家たちもメソポタミア以東の地理には不案内で、遠征が東に進むにつれて曖昧な記述が増えていく。それゆえアレクサンドロスの東方遠征を正確に復元するには、現地調査が不可欠となる。というより現地調査を踏まえて初めて、史料の正確な解釈が可能となるのである。本章でその一例を提示したい。

一　ペルシア門はどこか

スーサからペルセポリスへ

前三三一年一〇月一日、ガウガメラの会戦でアレクサンドロスはダレイオス三世率いるペルシア軍を破り、ダレイオスはエクバタナの都に逃走した。アレクサンドロスはバビロンとスーサを平和的に占領した後、一二月末にスーサを発ち、ザグロス山脈を越えてペルセポリスへ向かった。彼はまず山岳部族のウクシオイ人と戦ってこれを制圧し、それから副将パルメニオンに輜重《しちょう》部隊を委ねて平坦な道を進ませた。アレクサンドロス自身はペルシア門と呼ばれる隘路《あいろ》でペルシア人総督アリオバルザネスの軍勢を破り、前三三〇年一月末にペルセポリスを占

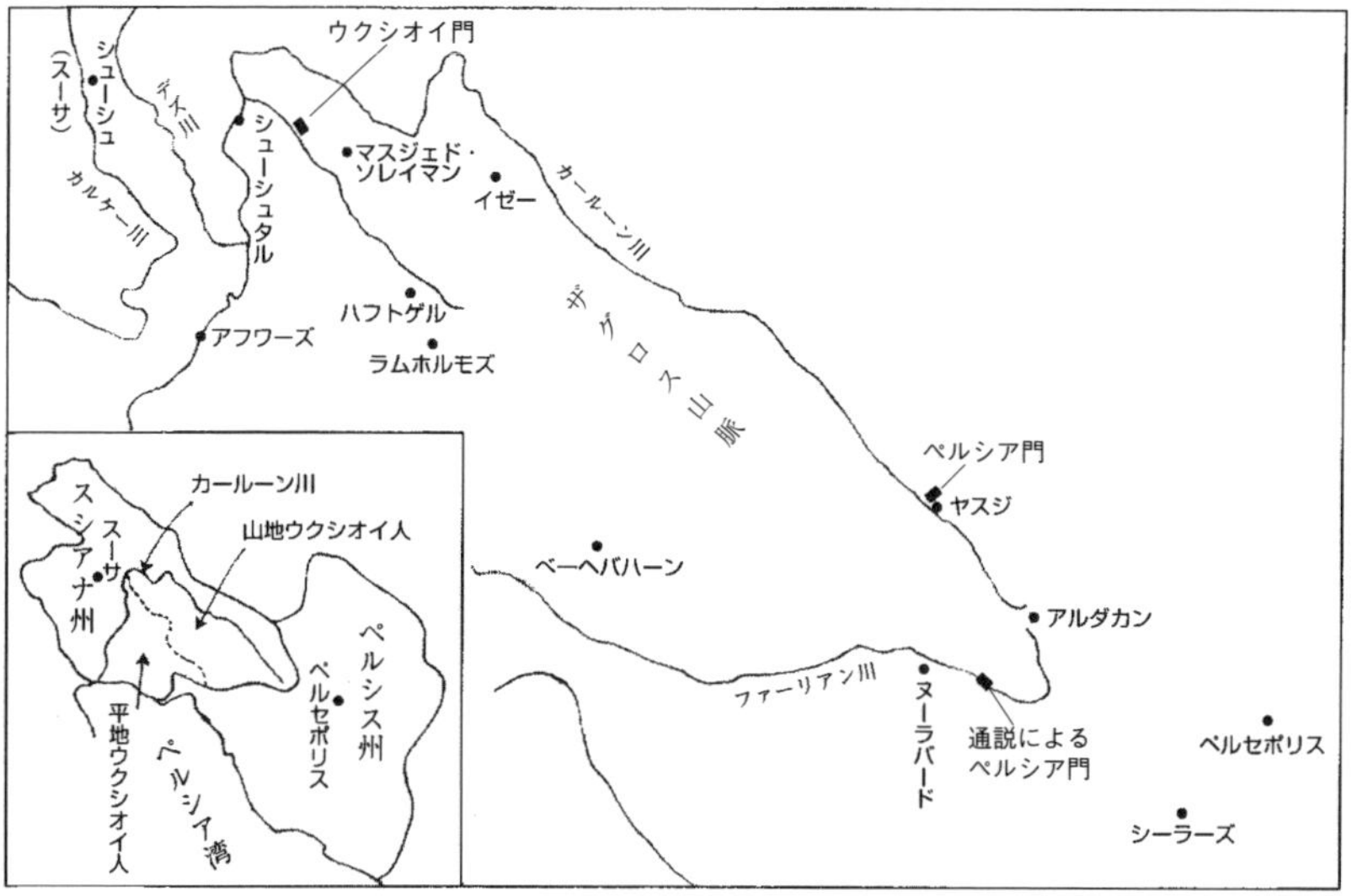

図1　スーサからペルセポリスへ（地名は現代のもの）

領した。

スーサは平地に、ペルセポリスは標高一六〇〇メートルの高原にあり、二つの都の間にはザグロス山脈が北西から東南へと走っている。マケドニア軍はどのような経路をたどってザグロス山脈を踏破したのか、これについて古代の史料は非常に曖昧である。筆者は二〇一一～一三年の三年間イランで実地調査を行ない、スーサからペルセポリスに至るアレクサンドロスの経路と戦闘の復元を試みた。[1] 本章ではそのうちペルシア門における戦闘を取り上げ、史料の記述と実地調査の結果を突き合わせて戦闘経過を復元し、東方遠征全体におけるその意義を明らかにしたい。

なお本章では以下の略号を適宜使用する。A＝アリアノス（後二世紀ローマの政治家・著作家）『アレクサンドロス大王東征記』、C＝クルティウス（後一世紀ローマの元老院議員）『アレクサンドロス大王伝』、D＝ディオドロス（前一世紀のギリシア人歴史家）『世界史』

スペックの新説

そもそもペルシア門とはどこなのか。大半の研究者は一九三五年にシュタインが行なった調査[2]に依拠して、ペルシア門をファーリアン川上流の渓谷に同定してきた(図1、口絵写真)。これに対してスペックは、シーラーズ大学教授であった一九七八年にザグロス山中を実地調査し、ペルシア門をシーラーズの北西約一五〇キロに位置するヤスジの近郊、メーリアン渓谷に同定した。[3]スペックの成果は他の専門家からは何故かほとんど無視された。しかし彼の研究は古典史料を現地の地形と照合しながら徹底的に読み直し、シュタイン以来の通説を完全に覆して、戦闘経過を新たに復元した点で、画期的な意義を持っている。筆者が行なった現地調査の結果、通説は誤りであること、ペルシア門の同定についてはスペック説が正しいことを確認できた。

ペルシア門特定の手がかり

史料から復元できるペルシア門での戦闘経過は、およそ次の通りである。アレクサンドロスがペルシア門に到着すると、そこにはペルシス州総督アリオバルザネスが大軍を率いて陣取り、マケドニア軍の侵攻を阻止すべく待ち構えていた。[4]マケドニア軍が渓谷を進むと、高みからペルシア兵が石を落とし、また飛び道具で攻撃したので、やむなく退却した。その夜、アレクサンドロスは捕虜の一人を案内人にして山中の迂回路を進み、途中で別動隊を分離した後、ペルシア軍の背後に出た。本隊がペルシア軍の後衛部隊を突破してアリオバルザネスの本陣を攻撃すると、陣地に残っていたクラテロスの部隊も隘路を進撃し、さらに別動隊も参戦した。こうしてペルシア軍は挟み撃ちにあって敗走した(A三・一八、C五・三・一七～四・三三、D一七・六八)。

次にペルシア門を特定するための具体的な手がかりを史料から取り上げる。

①関門におけるペルシア軍の陣地

ペルシア軍は関門に防壁を築き、その外側、つまり関門の入口に近い方にも構築物を置いた。防壁の背後に本陣を置き、後衛部隊を三列に配置していた。

②アレクサンドロスの陣地

陣地は「四方に開けた場所」（C五・四・一）に作られた。隘路で退却を始めた地点から陣地までの距離は三〇スタディオン＝約五・四キロだった（C五・三・二三）。

③隘路でのペルシア軍の攻撃

マケドニア軍が隘路を前進していくと、ペルシア軍は「わざと静かに怯えているふりをし」（C五・三・一七）、敵軍が「峠道の中ほどに達した時、突如として攻撃を開始した」（D一七・六八・二）。高みから大きな石を大量に転がり落とした上、崖の上から投槍を投げ、さらに投石器で石を放ち、矢を射かけた。このためマケドニア軍は大きな被害を受け、アレクサンドロスは退却を命じた。

以上から、ペルシア門を特定するための手がかりは次の三点である。

第一に、ペルシア軍が隘路に防壁を築いた上、大軍を擁して陣地に立てこもったこと。

第二に、隘路の先に上から巨石を落とせる崖の高みがあること（これを「岩落としの崖」と呼ぶことにする）。

第三に、岩落としの崖から五キロ余り離れた開けた土地にマケドニア軍が陣地を設けたこと。

さらに大前提がある。すなわちペルシア門は、この地方を熟知していたアリオバルザネスが、マケドニア軍の侵攻を阻止するために自ら選び待ち構えていた場所であったということ。さらにペルシア門を正面から強行突破することは不可能であるばかりか、付近の地形は迂回行動による攻撃を想定する必要もないほど峻険であったということである。要するにペルシア門は、アリオバルザネスが防衛に絶対の自信が持てるほどの卓越した条件を

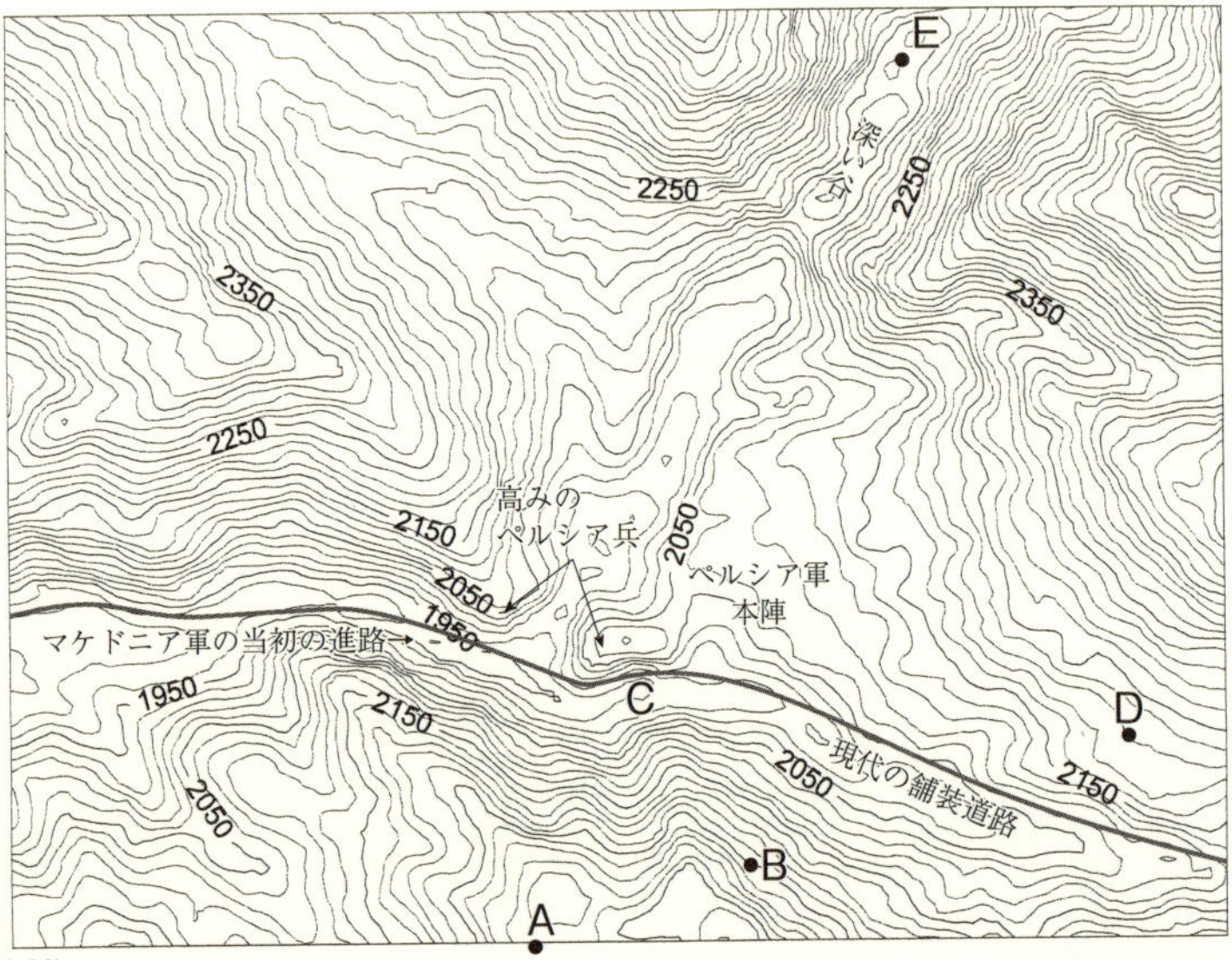

A　口絵２頁下の撮影地点（東方向を望む）　D　チェシュメチェナル村
B　図４の撮影地点（北方向を望む）　E　図５の岩の亀裂の推定地点（北側から撮影）
C　図３の隘路（東から撮影）

図２　ペルシア門＝メーリアン渓谷

備えていなければならない。

メーリアン渓谷

スペックがペルシア門に同定するのは、ヤスジから三キロほど北のメーリアン渓谷である。ヤスジは直線距離でシーラーズの北西約一五〇キロに位置する。筆者の調査で、その地形がまさしく史料の記述と一致することが確認できた。その要点は次の通りである（図2）。

第一に、メーリアン渓谷は渓流の両側に山の尾根が長く連なり、文字通り関門と呼ぶにふさわしい形状をなしている（口絵2頁下）。渓谷の入口から約五キロの地点に両側を絶壁に挟まれた隘路がある。これこそペルシア兵がマケドニア軍目がけて岩を落とした崖であろう（図3）。マケドニア軍が通り抜けできる隘路は極端に狭く、ここで頭上から攻撃を受ければ立ち往生するしかない。

第二に、マケドニア軍の本陣と思われる平野

図３　岩落としの崖（撮影・鈴木革）

部から岩落としの崖までは、クルティウスによれば三〇スタディオン＝五・四キロで、これは実際に車で走行した距離とほぼ一致する。渓谷の入口に面した平野は川に沿って広がり、数万規模の大軍でも容易に宿営することができる。

第三に、岩落しの崖から少し奥に進むと、山の中腹が平坦な地形をなしている（図４）。現在はチェシュメチェナル村があり、この村を抜けて西へ進むと開けた土地に出る。ここにペルシア軍が本陣を敷いたと考えられる。

図４　ペルシア軍本陣は写真右手の丘の平坦な場所にあった（撮影・鈴木革）

図５　ペルシア軍本陣の背後の岩の亀裂（撮影・鈴木革）

第四に、ペルシア軍本陣のすぐ前には深い谷が走り、それは背後の山の奥に向かって伸びている。谷の奥には巨大な岩の亀裂がある（図５）。アリオバルザネスは、マケドニア軍がこの谷底を越えて攻撃してくるのは不可能だと思ったに違いない。だからこそ彼は敵軍の侵攻を必ずこの隘路で阻止できると確信していたのである。マケドニア軍が迂回する可能性を彼が考慮しなかった理由は、まさしくこの深い峡谷の存在であった。

以上により、ペルシア門はメーリアン渓谷であったと結論できる。

二　アレクサンドロスの迂回攻撃

迂回行動から最終攻撃へ

次の課題はアレクサンドロスの迂回路を復元することである。迂回の開始からペルシア軍への最終攻撃に至るまでの各局面を、史料に即して見てみよう。

①迂回路の困難さ

陣地に戻ったアレクサンドロスは、捕虜から迂回路の存在を知らされる。捕虜は、「別の抜け道は一つもなく、迂回するには何日もかかる」（D一七・六八・四）などと言い、迂回路がいかに困難であるかを力説した。アレクサンドロスは兵士たちに三日分の食糧を持たせて夜間に出発した（C五・四・一七）。

②クラテロス部隊の残留

アレクサンドロスはクラテロスらの部隊を陣地に残し、本隊の攻撃が始まったらクラテロスも出撃して防壁を攻撃するよう命じた（A三・一八・四―五、C五・四・一四―一六）。また多くのかがり火をたいて、王自身が陣地にいるように見せかけた（C五・四・一四）。

③迂回行動

出発と行軍が夜間であったことはすべての史料が一致するが、その日程は異なる。アリアノスによれば、マケドニア軍は「険しく困難な道を進み、それも大方は全速力で踏破し」、翌日の夜明け前にペルシア軍の後衛を攻撃した（三・一八・六）。しかし夜間に、それも積雪のある険しい山中を「全速力」で進めるはずがなく、この記述は信用し難い。ディオドロスでも、行軍は一晩であったように読める（一七・六八・六）。これに対してクルティウスは、夜間の行軍、翌日昼間の休息、二日目夜の再出発の順に詳しく記述し、二日目の日中に攻撃を開始したとする（五・四・一七～二七）。捕虜が強調した迂回路の困難さを前提とすれば、出発から攻撃まで二日を要したと見るのが妥当であろう。

④別動隊の分離

迂回の途中でアレクサンドロスは軍の一部を分離した。アリアノスによれば、フィロータスら三人の部隊がペルセポリスへ向かう途中の川の架橋に派遣され（三・一八・九）、戦闘にはプトレマイオスの部隊が参加した。他方クルティウスによれば、フィロータスら四人が指揮する歩兵・騎兵の混成部隊が分離され、ゆっくり進むよう命じられ（五・四・三〇）、戦闘にも参加した。二つの記述は大きく食い違う。別動隊については次節で検討する。

⑤ペルシア軍への最終攻撃

アレクサンドロスの本隊はペルシア軍の背後に現われ、三列の後衛部隊を突破してから本陣を攻撃した。これに呼応してクラテロスの残留部隊も陣地から出撃した。その合図はラッパの音（A三・一八・七）、またはペルシア軍のどよめき（C五・四・二九）によって与えられた。さらに別動隊が異なる方向から攻撃したため、ペルシア軍は四方から囲まれて壊滅し、アリオバルザネスは少数の部下と共に逃走した。

迂回路の実地調査

アレクサンドロスの迂回路を特定するのは実地調査によるしかない。筆者は二〇一二年九月三日～五日に、二泊三日で迂回路の踏破を試みた[5]（図6）。おそらくこれはペルシア門の迂回路に関する世界初の学術調査である。筆者のチームは、研究協力者で写真家の鈴木革氏、マルヴダシュト大学でイラン考古学専攻のラジャビ教授、彼の友人で山岳ガイドのアフマディ氏およびポーターのサラミ氏の計五人であった（図7）。

調査の起点はスペックの案に従って、マケドニア軍本陣の北三キロに位置する現ガンジェー村（A）とし、ま

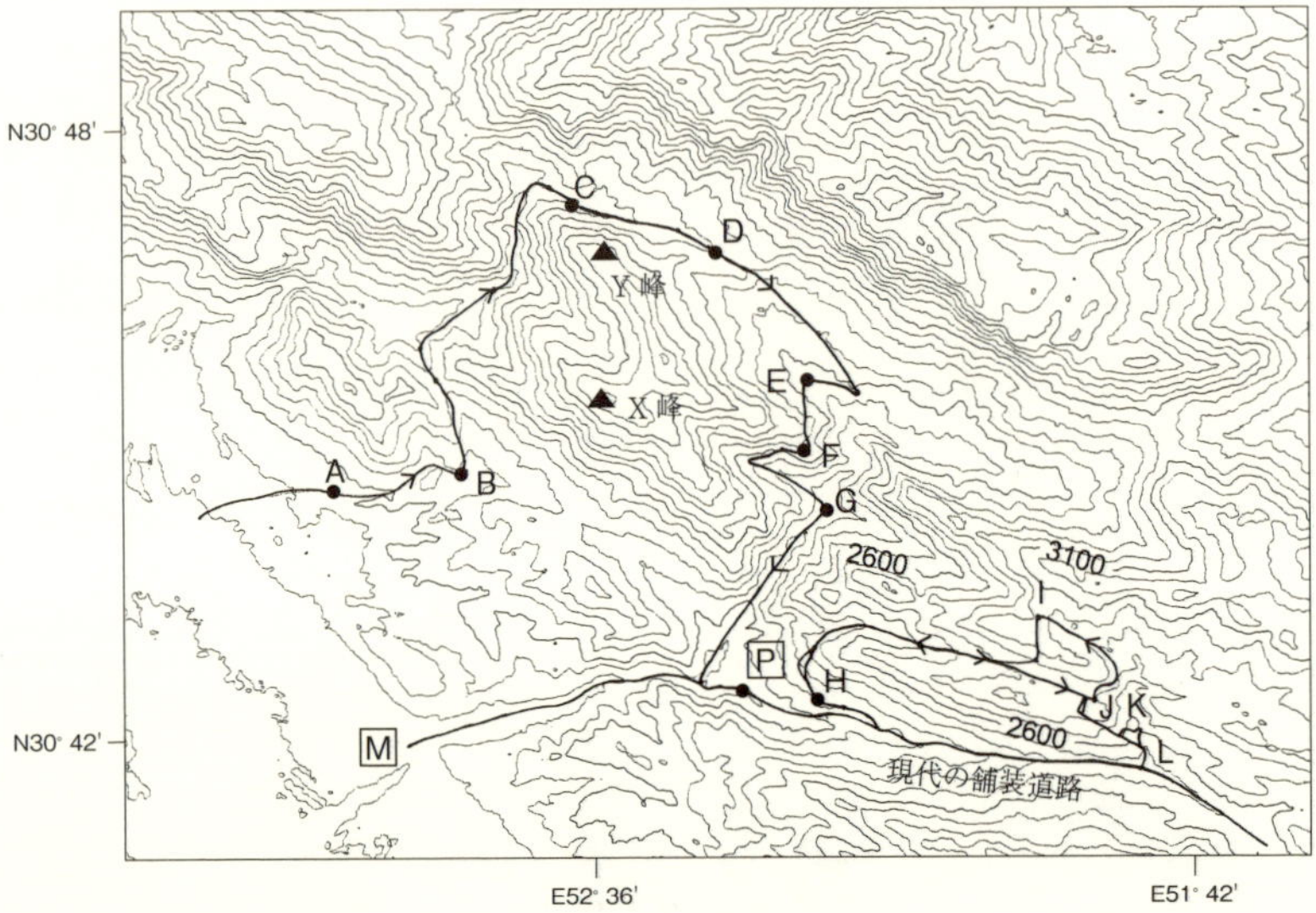

M　マケドニア軍本陣
P　ペルシア軍本陣
A　ガンジェー村
B　高台＝トレッキングの出発点
C　第１キャンプ
D　分水嶺
E　２日目昼食地点
F　図８の撮影地点（南方向）
G　第２キャンプ
H　チェシュメチェナル村
I　「馬の背」
K　図10の撮影地点（南東方向）
L　図９の撮影地点（北北西方向）

等高線間隔 100m

図6　アレクサンドロス迂回路の実地調査

ず四輪駆動車を借りて七キロ走り、高台（B）に出た。北東には三三〇〇メートル級の峰（以下X峰と称する）と、三四〇〇メートル級の峰（以下Y峰と称する）が聳えている。我々はその山裾に沿ってガンジェー渓谷を北へ進み、Y峰北側の山麓の渓流そばでキャンプした（C）。第1キャンプは標高二六九五メートル、高台からの歩行距離は七キロであった。二日目には平原を東へ進み、二九六四メートルの分水嶺（D）を越えた。分水嶺は第1キャンプから約三キロ、緩やかな丘の形状をなし、その南東には平原が広がっている。この平原を分水嶺から六キロ歩き、Y峰から延びる尾根（F）に立ち、そこから南方向にペルシア軍陣地を望むことができた（図8）。すぐ前にはX峰から延びる尾根が、我々の立つ尾根と並行に走っている。二つの尾根の間の谷に下り

図7　調査チーム。左端が筆者、他の３人はイラン人協力者（撮影・鈴木革）

図8　迂回路から遠望したペルシア軍本陣
撮影地点は標高 2753 m（撮影・鈴木革）

図9　マケドニア軍の下山地点。標高約 2450 メートル（撮影・アフマディ）

図10　ペルシア軍後衛部隊の背後に通じる下り道

てこれを降り、渓流の渡河点（G）に到着し、そこで二日目のキャンプをした（標高二二三〇メートル）。渓流は南のペルシア陣地の方へと続いていた。渡河点を越えて正面の谷を東南東へ進めば、ペルシア陣地のある山の後方で、登山用語で「馬の背」と呼ばれる弓なりの尾根（I）に到達できることが見て取れた。しかしこの経路をたどるにはもう一泊キャンプが必要になるため、これは断念した。三日目、我々は渓流に沿ってペルシア陣地の方向へ進み、メーリアン渓谷に出た。途中険しい崖や急斜面を越えねばならず、現代の道路に出るまでの歩行距離は六キロであった。

この結果をふまえて、ペルシア軍陣地を起点に背後の山を登り、「馬の背」に出て渡河点を遠望できれば、マケドニア軍の経路がつながると考えた。そこで九月一三日、ペルシア軍陣地のすぐ東にあるチェシュメチェナル村から日帰り登山を行なった（図6　H→J→I→H）。

途中で道を間違え遠回りしたが、無事に「馬の背」（I）に到達し、そこから渡河点（G）を望むことができた。こうしてマケドニア軍の迂回路がつながった。

残る問題は、アレクサンドロスが山を降りてペルシア軍後衛部隊の背後に出た経路である。手がかりが一つあった。二〇一二年九月一三日の調査で、「馬の背」に到達する前に道を間違えて崖の上（J）に出たが、そこから現代の舗装道路を見下ろして写真を撮っていたのである。したがって道路側から山の東側斜面を登り、撮影地点に到達できれば迂回路の最終経路が証明できるであろう。こうして二〇一三年九月二日、舗装道路の側から登山を試みた（図9）。出発地点（L）は標高二四五〇メートルである。ガイドのアフマディ氏は私を斜面ではなく、正面の岩山（K）に案内したが、そのおかげで岩山の尾根（標高約二七〇〇メートル）から、下の斜面に延びる羊飼いの道を見ることができた。これこそペルシア軍の背後への下り道であろう（図10）。岩場を降りてこのゆるやかな斜面を西へ登ると、北側の山の稜線に一カ所切れ目が見えた。アフマディ氏のGPSによると、この切れ目こそ前年に道路を見下ろした撮影地点（J）だという。筆者は疲労のためにそれ以上進めなかったが、アフマディ氏は一人で切れ目のすぐ手前まで進んだ。こうしてこの年の調査経路が前年のそれにつながった。

迂回路の復元

以上の結果をふまえて、迂回路は次のように復元できる（図6）。

夜間に陣地を出発したマケドニア軍は、ガンジェー渓谷を北へ進み、山裾を迂回してから東へ進んだ（B↓C）。この道はそれほど困難ではなく、小さな川も流れている。翌日の昼ごろに分水嶺（D）を越え、山の北麓に広がる平原で休息した。この平原は一万を超える大部隊が一斉に休息できるに十分な広さがある。分水嶺は緩やかな丘の形状をしており、馬の歩行にも問題はない。二日目の夜にマケドニア軍は行進を再開し、Y峰から延びる尾根を越えてから谷へ下って渓流を渡った（F→G）。それから正面のゆるやかな谷を東南東方向へ上り（G→I）、ペルシア軍陣地のある山の背後へ入った。こうして夜明け頃に「馬の背」を越えて山の東斜面を降り、ペルシア軍後衛の背後（L）に現われたのである。

三　別動隊とその任務

マケドニア軍の兵力

戦闘の全容を復元するには、別動隊の動きを明らかにしなければならない。手がかりはその兵力である。陣地に残されたのはクラテロスとメレアグロスが指揮する密集歩兵部隊（各一五〇〇）で、計三〇〇〇。これに加えて少数の弓兵と五〇〇の騎兵（A三・一八・四）、または一〇〇〇の騎馬弓兵（C五・四・一四）がいた。合計で四〇〇〇程度である。

迂回路の途中で別動隊を分離した後のアレクサンドロスの本隊は、まず近衛歩兵部隊三〇〇〇、ペルディッカスの密集歩兵部隊一五〇〇。これ以外の兵力は推定で、弓兵五〇〇、アグリアネス人一〇〇〇、親衛騎兵部隊二〇〇、四個中隊の騎兵一隊四〇〇（A三・一八・五）。合計で六六〇〇となる。

別動隊の兵力と指揮官については、アリアノスとクルティウスで大きく食い違う。クルティウス（五・四・二〇）に従えば、フィロータスら四人が率いる歩兵と騎兵の混成部隊である。フィロータス以外の三人が率いたのは密集歩兵部隊の三隊で計四五〇〇、フィロータスが率いたのはマケドニア騎兵部隊一八〇〇から本隊の親衛騎兵と四個中隊を除いた一二〇〇であろう。合計で五七〇〇である。アレクサンドロス本隊の攻撃が始まると、彼らも別の方向から進撃して戦闘に参加した（五・四・三〇）。

これに対してアリアノス（三・一八・六）では、出発から約一〇〇スタディオン（約一八キロ）の地点で、フィロータスら三人の部隊がペルセポリス侵攻時に必要な川の架橋のために派遣された。兵力は、コイノスとアミュンタス指揮下の密集歩兵が二隊で三〇〇〇、フィロータス指揮下の騎兵が一二〇〇、計四二〇〇である。これとは別にプトレマイオス率いる三〇〇〇の部隊が参戦し、防壁を占領した（三・一八・八～九）。よって別動隊の総兵力は七二〇〇となる。

架橋部隊の派遣とプトレマイオス

検討すべき問題点は、架橋部隊の派遣の有無とプトレマイオスの役割である。ペルシア軍との決戦を目前にした迂回の途中で、本当にアレクサンドロスは三隊もの部隊を割いたのか。結論から言うと、第一に、フィロータスらの先発部隊が派遣されたのは事実だが、その目的は架橋ではなくパルメニオン部隊を援護することであった。第二に、プトレマイオスが率いた三〇〇〇の部隊は実在せず、攻撃に参加した別動隊は少数で、プトレマイオスは自分の役割を誇張している。

第一の結論は、軍事史家フュラーの解釈(6)に基づくものである。アレクサンドロスは隘路で高みから攻撃されて退却した経験から、この隘路を突破することの困難さを十分に思い知らされただろう。迂回路をたどって予定通り奇襲ができたとしても、ペルシア軍の撃滅に成功するかどうかはわからない。彼が危惧したのは、ペルシア門を直ちに突破できない場合、別の経路を進んでいるパルメニオン部隊が危険にさらされることだった。本隊が関門にくぎ付けにされれば、その間にアリオバルザネスの軍勢が南下してパルメニオンを襲う可能性がある。そこで迂回路から先発部隊をペルセポリス方面に送り、万一本隊がペルシア門で足止めされたら、この先発部隊をアリオバルザネスに対抗させ、パルメニオン部隊を守らせる。このように計算したのではないか。それゆえ本隊に匹敵する規模の部隊を派遣したのである。

第二の結論の根拠は、参戦した別動隊の規模が、クルティウスとアリアノスのどちらにおいても大きすぎることである。実際の戦闘における別動隊の任務は、後述するように、高みのペルシア兵を排除してクラテロス部隊の前進を助けるという限定的なものであった。それには密集歩兵の一隊一五〇〇と若干の騎兵で十分であったろう。

プトレマイオスは大王の側近であったが、それまで単独で部隊の指揮をとった経歴はない。[7] その彼がペルシア門でいきなり三〇〇〇もの部隊を指揮するのは不自然である。アリアノスは、プトレマイオスが晩年に執筆した大王伝を最も信頼できる典拠とし、とりわけ戦闘の記述で大いに活用した。しかしプトレマイオスの大王伝が彼自身の手柄を誇張する一方、ライバルの功績を貶めるための創作を幾つも含んでいることは、従来から指摘されている通りである。[8] よってアリアノスが伝える三〇〇〇人の別動隊も、彼の誇張によるものと考えられる。

それでは別動隊を率いて参戦したのは誰か。クルティウスが列挙した四人の別動隊指揮官のうち三人は、アリアノスにおいて架橋のための先発部隊の指揮官とされている。残る一人はポリュペルコンで、参戦した別動隊の指揮官は彼であったろう。プトレマイオスは、このポリュペルコンの下で部隊の一部を指揮していたと思われる。

参戦した別動隊

別動隊の参戦を再現してみよう。クルティウスによれば、頂上に着いた時、「右手にはアリオバルザネスのいる所に通じる道があった」（五・四・二〇）。しかしペルシア軍本陣との間には渓谷があり、道は直接通じていないので、正確には本陣西側の高みに陣取るペルシア部隊に通じる道と解しなければならない。この道はX峰から連なる尾根の南斜面を下っていく。ただしこの斜面はペルシア本陣から丸見えなので、彼らは戦闘開始まで尾根の背後に待機していたであろう。いよいよ本隊がペルシア軍の背後から攻撃を開始すると、ポリュペルコン部隊は南

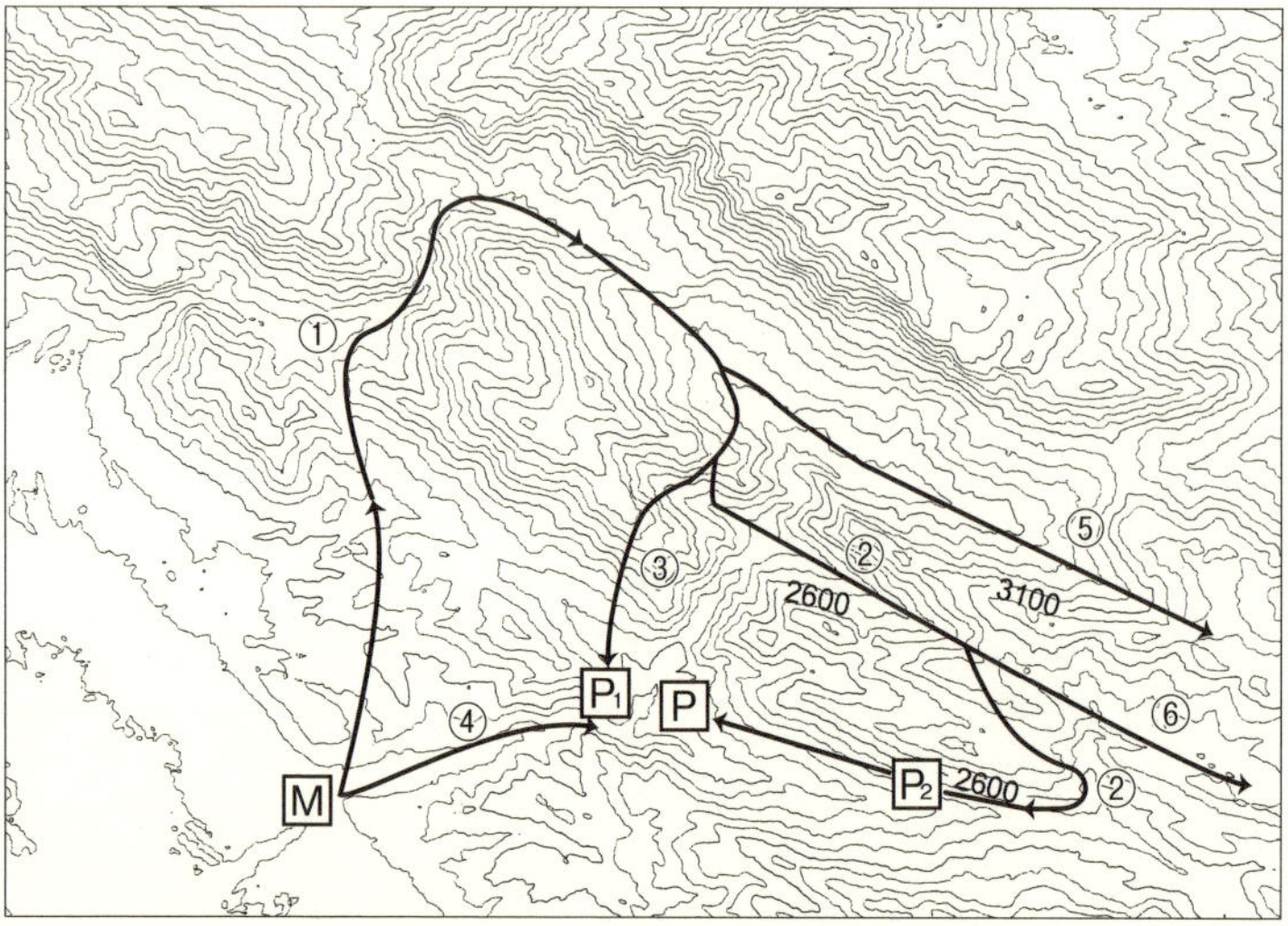

M　マケドニア軍本陣
P　ペルシア軍本陣
P_1　高みのペルシア兵
P_2　ペルシア軍後衛部隊
①　迂回するマケドニア軍
②　アレクサンドロス本隊
③　ポリュペルコン部隊
④　クラテロス部隊
⑤　フィロータス部隊（第１案）
⑥　フィロータス部隊（第２案）

図11　ペルシア門の戦闘復元図

斜面を急ぎ下って進撃したに違いない。彼らが隘路の防壁および高みのペルシア兵を排除すれば、本陣を出発したクラテロス隊はたやすく隘路を抜けられる。こうしてマケドニア軍はアレクサンドロスの本隊、ポリュペルコンの別動隊、陣地からのクラテロス隊、計三つの部隊でペルシア軍を包囲し、撃破したのである（図11）。

四　ペルシア側の戦略

総督アリオバルザネス

ここでペルシア門の戦闘をペルシア側から見てみよう。ペルシア門に陣取ったアリオバルザネスはペルシス州の総督で（A三・一八・二）、ガウガメラの会戦にはペルシア人およびマルドイ人を率いて参戦した（A三・八・五、C四・一二・七）。ペルシア門から敗走した後、彼はペルセポリスに急行したが、守備隊に閉め出され、追撃してきたマケドニア軍と戦って戦死した（C五・五・三三―三四）。

これに対してアリアノス（三・二三・七）では、前三三〇年夏にダレイオス三世が死んだ後、名門貴族のアルタバゾスがアレクサンドロスに投降した際、彼に同行した息子の一人にアリオバルザネスがいた。このアリオバルザネスとペルシス総督を同一人物と見なすなら、彼はペルシア門から生き延びて、父親と共にダレイオス三世の逃避行に従ったことになる。通説は総督アリオバルザネスをアルタバゾスの息子と見なす。しかしアルタバゾスには一一人もの息子がいたし、ペルシア人貴族に同一の名前が現れるのは珍しくない。ペルシス総督とアルタバゾスの息子とは別人と見るのが妥当であろう。(9)

ペルシア門への誘導

アレクサンドロスを迎え撃つにあたって、アリオバルザネスは如何なる戦略を採ったのか。ダレイオス三世がエクバタナに滞在している以上、ペルセポリスを守り抜く責任は今や彼一人の肩にかかっていた。マケドニア軍の侵攻を阻止するための最も確実な方法は、大軍を食い止めるのに絶好の地形であるペルシア門に布陣することである。そのためにはマケドニア軍が確実にそこへ向かうよう誘導せねばならない。アレクサンドロスは地元住民からザグロス山中の道に関する情報を得ていたはずだから、アリオバルザネスは密使を派遣し、その密使あるいは彼を通じて地元住民から、ペルシア門がペルセポリスへの最短の道であるとか、総督の正規軍がそこで待ち構えているといった情報がアレクサンドロスに伝わるよう工作したであろう。(10) マケドニア軍がスーサを出発したとの知らせを受けた時点で、彼はこの工作に着手していたと思われる。よってアレクサンドロスが軍を二手に分け、自ら山中の道を取ってペルシア門に向かったことは、アリオバルザネスの予定した通りであった。

パルメニオン部隊への対応

問題はパルメニオンの別動隊である。これが南のルートからペルセポリスに向かっている以上、アリオバルザネスは全軍をペルシア門に集結させるわけにはいかず、パルメニオンに対抗するための部隊を幹線道路に配置したであろう。ペルセポリス到着までのパルメニオン部隊に何が起きたのかは一切不明である。唯一の手がかりは、ポリュアイノス『戦術書』の「ダレイオスの親族であるフラサオルテスが大軍を率いてスシア［ペルシア］門を守っていた」（四・三・二七）という一節である。後にアレクサンドロスはこのフラサオルテスをペルシス総督に任命した（A 三・一八・一一）。ポリュアイノスの記述は明らかに彼をアリオバルザネスと混同している。しかしこれは単なる名前の取り違えではなく、ペルシア門の部隊とは別の部隊の指揮官の名前がここに紛れ込んだと見ることが可能である。つまりフラサオルテスはアリオバルザネスから別動隊の指揮官に任命され、パルメニオン部隊の前進を阻止すべく南の幹線道路に配備されたと考えられる。(11) さらに戦闘後、敗走したアリオバルザネス自身がペルセポリスの守備隊によって閉め出されたことから、彼はペルセポリスにも最小限の守備隊を残していたことがわかる。

アカイメネス朝最後の戦い

こうしてアリオバルザネスはペルシア門に主力部隊を配備し、密使を送ってアレクサンドロスをペルシア門へと誘導する一方、パルメニオンの別動隊にはフラサオルテスの部隊を配置し、ペルセポリスにも少数の守備隊を残していた。これが彼の戦略の全容である。従来のアレクサンドロス研究は、ガウガメラの会戦によってアカイメネス朝は事実上瓦解したと見なし、ペルシア門の戦闘を大王のペルセポリス占領に付随する一つのエピソードのように扱って、必ずしも正当な意義を与えてこなかった。しかしこの戦闘は、ダレイオス三世不在のもとで侵

図 12　ヤスジの町の入口に立つアリオバルザネスの銅像（撮影・鈴木革）

略者の前進を阻止するため、総督アリオバルザネスが熟慮の末に選んだ戦略的要衝において行われた。ペルシア人の精神的支柱であったペルセポリスの都を何としても守ろうと、彼は全精力を注いだのである。これ以降、アカイメネス朝による組織的な抗戦は終息した。敗北に終わったといえ、ペルシア門の戦闘はアカイメネス朝最後の戦いとして再評価されねばならない。

ちなみに今日のイランにおいてアリオバルザネス（現代ペルシア語でアリオバルザン）は、侵略者アレクサンドロスに対抗して最期まで英雄的に戦った、最も偉大で勇敢な将軍として称えられている（図12）。

五　東方遠征におけるペルシア門の戦闘の意義

最後にアレクサンドロスの遠征の中でペルシア門の戦闘が占める意義について、二つの面から考察する。第一は迂回攻撃にかかわる戦術および戦略の面から、第二は大王と将兵との関係の面からである。

迂回攻撃の完全な成功

隘路の迂回攻撃における完全な成功という点で、ペルシア門の戦闘は東方遠征全体の中で卓越した位置を占めている。それまでに隘路を突破した事例としては、小アジアのキリキア門、スーサ東方のウクシオイ門の二つがある。キリキア門はタウロス山脈からキリキア地方の平地に降りる途中にあり、最も狭い個所では、高さ一五〇メートルの断崖に挟まれた隘路が一〇〇メートルほど続く。少数の兵で大軍を阻止することができ、ペルシア側にとって守りの要である。前三三三年初夏、内陸のゴルディオンを出発したマケドニア軍もここを通過しなければならなかった。ところがペルシア軍が隘路の守備を放棄したため、マケドニア軍は難なく関門を通過できた。[12] 結果的に戦闘は起こらなかったので、比較の事例にはならない。

ウクシオイ門はスーサの東九〇キロ、ザグロス山脈の入口にある渓谷である（図1）。この一帯にはウクシオイ人という部族が住んでおり、この関門が平地ウクシオイ地域と山地ウクシオイ地域とを隔てていた。前三三一年末、山地ウクシオイ人はアレクサンドロスへの服属を拒否し、関門の入口を占拠した。アレクサンドロスは正面から攻撃する一方、別動隊が隣の山を迂回して彼らを攻撃し、ウクシオイ人は撃退されて渓谷の奥へと退却した。[13] これはまさに迂回攻撃の成功であるが、きわめて規模が小さく、相手もペルシア正規軍ではなかった。

これに比べるとペルシア門の戦闘は、その規模、迂回攻撃の完成度、戦略的意義のいずれにおいても際立っている。第一に、関門の地形は守備側にとって理想的で、正面からの突破はほとんど不可能であった。第二に、守備隊は総督が率いるペルシア正規軍の大部隊であった。第三に、ペルシア門とペルセポリスの間には遮るものは何もなく、ペルシア門は都を守るための文字通り最後の砦であった。第四に、アレクサンドロスの迂回はペルシア側も予想しなかった経路をたどり、二昼夜かけて実行された。第五に、迂回した本隊も含めて三つの部隊が同時に最終攻撃を行ない、戦闘はマケドニア軍の圧倒的な勝利に終わった。第六に、結果的にこの戦闘をもってアカイメネス朝の組織的な抗戦は終息した。またこれ以降、隘路の突破という形の戦闘は二度と起こらなかった。このようにペルシア門の戦闘は、アレクサンドロスの数ある戦闘の中でも、大規模な迂回攻撃の見事な成功例として特筆すべきものである。

なぜ真冬の行軍だったのか

本章の冒頭でも述べたように、マケドニア軍のスーサ出発は前三三一年一二月末、ペルセポリス到着は前三三〇年一月末で、真冬のことだった。イラン人協力者によると、ペルシア門一帯では冬には二メートルの積雪があるという。事実、付近の山にはスキーリフトがあり、冬のヤスジはスキー客で賑わう。ではなぜアレクサンドロスは厳しい冬の最中に、雪に覆われたザグロス山脈を越えたのか。スーサで冬を越し、春を待ってペルセポリスに侵攻するという方策をなぜ採用しなかったのか。

一つの説明は、スーサ周辺では補給が不十分なため、越冬のために部隊を分散させる必要があったというものだ。しかしアレクサンドロスは輜重部隊も含めてほぼ全軍をペルセポリスに移動させたのだから、部隊を分散したとは言えない。(14) スーサの位置するフーゼスターン平野は、農産物がとりわけ豊かであった（D一七・六七・三）。

補給に問題がなかったとすれば、アレクサンドロスにはペルセポリス到着を急ぐ理由があったことになる。筆者の推測では、その理由とは兵士の略奪欲である。古代の戦争において、略奪は勝利者の権利であり、兵士にとっては致富の手段であった。略奪こそ、一般の兵士が戦争に参加する大きな動機だったのである。しかるに東方遠征においては、ペルセポリス占領まで大王は略奪を許してこなかった。遠征の大義名分が「ペルシア支配からのギリシア都市の解放」である以上、ギリシア諸都市は略奪の対象にはなり得ない。テュロス陥落時には大規模な殺戮があったが、どの史料も略奪には言及していない。エジプトもバビロンもスーサも平和的に占領され、略奪は行われなかった。バビロンでの三四日間の滞在中、マケドニア人将兵は歓楽に耽って遠征の疲れを癒した。しかしながら、兵士の間には略奪への欲求がかつてなく高まっており、スーサ到着時にそれは抑え難いところまで膨らんでいたのではなかろうか。

事実としてペルセポリス占領直後、アレクサンドロスは兵士に王宮周辺の都市部における略奪を許した。そこには貴族や役人の邸宅が立ち並び、豊かな富が蓄えられていた。大王伝は、欲望を一気に爆発させたマケドニア兵の凄まじい略奪ぶりを描いている（D一七・七〇・一—六、C五・六・四—八）。その凄惨な様子は、明らかに誇張があるものの、それまで彼らの欲求がどれほど封じられていたかを物語る。こうして兵士の抑え難い欲求を一刻も早く解き放つため、アレクサンドロスは敢えて真冬のペルセポリス占領を企てたと考えられるのである。

もとより大王が兵士に動かされたという説明だけでは不十分であろう。ペルシアへの報復を遠征の大義に掲げる以上、最も重要な都の占領を先延ばしにすることは、目の前の標的に向かって一気に突き進むという大王の性格に合わない。また冬にペルセポリスを占領しておけば、春の訪れと同時にメディア地方へ進撃し、ダレイオスに再度の決戦を挑むことができる。そうした戦略的な考慮もあったに違いない。

大王と将兵の緊張関係とその克服

右の考察が正しいとすると、東方遠征における興味深い一面が垣間見えてくる。それはアレクサンドロスと将兵との間には時に緊張関係が生じたということだ。略奪を抑えるという大王の政策が将兵の欲求不満を高め、彼らの欲望に突き動かされる形で大王は次の行軍に乗り出さざるを得ない。真冬のペルセポリス侵攻が示唆するのは、両者のそうした見えざる関係である。同様な事例は他にも見出せる。

第一に、前三三〇年の冬、マケドニア軍はヒンドゥークシュ山脈を縦断し、カブールで冬を越した。ヒンドゥークシュはザグロス山脈より高く険しい。初めて経験する酷寒の中で、兵士の足は凍傷にかかり、雪の反射で目を潰された。なぜそこまで無理な行軍をする必要があったのか。同年秋、アフガニスタン西部のフラダ（現ファラー）において、フィロータス事件が発生した。とある朋友のグループによる王暗殺の陰謀が発覚し、側近のフィロータスがそれに関与したと疑われて処刑されたのである。エクバタナに滞在中だった彼の父パルメニオンも王の命令で謀殺された。(15) パルメニオンはフィリッポス二世の治世から王国を支えてきた重臣で、遠征軍の副将だった。その長男フィロータスはマケドニア騎兵隊指揮官で、大王の側近の中でも中枢に位置する最重要人物である。この二人が同時に粛清《しゅくせい》されたことは、遠征軍全体に大きな動揺を引き起こした。アレクサンドロスはこれ以上の軍の動揺を避けるため、フラダ滞在を切り上げて真冬の山脈踏破を敢行したのではないかと推測される。大王の動機を直接示す史料はないが、フィロータス事件が引き起こした危機を封じ込めるという方策には十分な根拠がある。

第二に、前三二五年、インダス川を河口まで下ったマケドニア軍は西へ向かい、ゲドロシア砂漠を二ヵ月かけて横断した。猛烈な暑熱と焼けるような渇き、砂丘では足が砂にめり込んで体力を消耗させる。脱落した兵士は船から海に転落したように砂の中で息絶えた。それは遠征全体の中で最も苦難に満ちた、死の行進だった。現マクラン山脈の北側を通過する別の経路もあったにもかかわらず（部下のレオンナトスはこの経路で帰還した）、なぜ砂漠の真っただ中を突き進むという無謀な策を採ったのか。あり得る説明の一つは、遠征の反転を余儀なくさせた兵士への懲罰、報復であるというものだ。

前三二六年、マケドニア軍はインダス川を渡ってさらに東へ進み、ヒュファシス（現ベアス）川に達した。その先にはガンジス川と豊かな国土があることを聞き、アレクサンドロスの心は逸《はや》り立つ。しかし兵士たちが遂にこれ以上の前進を拒否した。側近たちの会議でも、コイノスがここは一旦国に帰るべきだと進言した。大王は怒り、天幕に三日間ひきこもった。しかし犠牲も吉兆を示さず、彼も帰国を決意せざるを得なかった。これは彼にとって初めての挫折であった。しかも他ならぬ自分の軍隊に反抗され、自分が屈服させられたのである。人一倍強い彼の自尊心がどれほど傷ついたかは、想像に難くない。自己の名誉を回復するための一つの方策が、自分に逆らった兵士たちへの報復であり、それが砂漠の横断として現れたのかもしれない。(16)

以上のように、東方遠征中には時に大王と将兵の間に何らかの緊張関係あるいは衝突が生じることがあり、それを放置すれば遠征軍の一体性を失わせるほどの危機に発展する恐れがあったと考えられる。大王はそうした危機を克服するために、あるいは自己の傷つけられた名誉を回復するために、真冬の山脈越えや砂漠の横断といった一見非常識な行軍に打って出た可能性があるのである。

［付記］
本章は二〇一一～一三年科学研究費補助金基盤研究（C）「イランにおけるアレクサンドロス遠征の経路と実態に関する歴史学的地誌学的研究」の成果の一部である。イランにおける調査にあたってご支援いただいた、在イラン日本大使館、イラン文化遺産庁付属研究所、マルヴダシュト大学のラジャビ教授とその友人アフマディ氏に深く感謝を申し上げる。
ＧＰＳデータは研究協力者の鈴木革氏から提供していただいた。ソフトはGarmin, Base Campである。等高線地図の作成に使用したソフトはSurfer12、基礎となるデータはＡＳＴＥＲ三次元全球地形データである。データは帝京大学史学科の三上毅彦教授（自然地理学）より提供を受けた。

（森谷公俊）

註

（1）調査旅行の概要は、森谷（二〇一二）、森谷（二〇一三）、森谷（二〇一四ａ）。その成果に基づく「王の道」の新たな復元については、現時点ではまだ十分な証明ができないため、ここでは言及を避ける。筆者の仮説は森谷／鈴木（二〇一三）九三頁参照。

（2）Stein（1940）pp.39-42; Stein（1938）p.318

(3) Speck (2002) pp.162ff.　シュタイン説に対するスペックの詳細な批判は、紙数の都合上割愛する。

(4) アリオバルザネスの兵力はアリアノス(三・一八・二)によれば歩兵四万と騎兵七〇〇、ディオドロス(一七・六八・一)では歩兵二万五〇〇〇と騎兵三〇〇である。クルティウス(五・三・一七)は二万五〇〇〇と述べるのみで、兵の種類には言及しない。おそらくアリアノスの数字は誇張されている。

(5) 調査の様子は森谷／鈴木(二〇一三)第五章。Wood (1997) pp.103-106も現地調査を行なったと述べているが、その場所は残念ながらファーリアン渓谷である。

(6) Fuller (1958) p.232. cf. Speck (2002) p.82

(7) プトレマイオスの経歴はHeckel (2006) pp.235ff.

(8) プトレマイオスの大王伝における偏向性については、Pearson (1960) chapter VII; 1963; Errington (1969); J.Roisman (1984); Welles (1963)

(9) Bosworth (1980) p.325; Atkinson (1994) p.102; Heckel (2006) p.45

(10) Speck, p.47

(11) Bosworth (1980) pp.324f; Atkinson (1994) p.85

(12) A三・四・三—四、C三・四・三—五。

(13) A三・一七・二—五、C五・三・四—一五、D一七・六四・四—五。戦闘の詳細な分析は、森谷(二〇一四b)

(14) 森谷／鈴木(二〇一三)七一頁では、補給の問題による冬営地の分散を冬の行軍の理由として挙げたが、この記述は不正確であった。

(15) この事件については森谷(二〇一六)一九五—二〇〇頁参照。

(16) 大王の名誉心については森谷(二〇一六)二六八—二七〇頁参照。

参考文献

アッリアノス（大牟田章訳）『アレクサンドロス大王東征記（上）』岩波文庫、二〇〇一年

クルティウス・ルフス（谷栄一郎・上村健二訳）『アレクサンドロス大王伝』京都大学学術出版会、二〇〇三年

ポンペイウス・トログス／ユニアヌス・ユスティヌス抄録（合阪學訳）『地中海世界史』京都大学学術出版会、一九九八年

ポリュアイノス（戸部順一訳）『戦術書』国文社、一九九九年

森谷公俊（二〇一二）「イラン旅行記――ペルセポリスへの長い道」『帝京史学』二七号、二五七―三一八頁

森谷公俊（二〇一三）「イラン旅行記（二）――ザグロス山脈の奥深く」『帝京史学』二八号、二二一―三一五頁

森谷公俊（二〇一四a）「イラン旅行記（三・完）」『帝京史学』二九号、一三七―二八二頁

森谷公俊（二〇一四b）「アレクサンドロス大王とウクシオイ人」『西洋史学』二五二号、三四―四六頁

森谷公俊（二〇一六）『アレクサンドロスの征服と神話』（興亡の世界史）講談社学術文庫（原著、二〇〇七年）

森谷公俊／鈴木革（写真）（二〇一三）『図説アレクサンドロス大王』河出書房新社

Atkinson,A.E.（1994）*A Commentary on Curtius Rufus* 'Hisoriae Alexandri Magni *Books 5 to 7, 2*, Amsterdam.

Bosworth, A.B.（1980）*A Commentary on Arrian's Hsitory of Alexander*, vol.I, Oxford.

Errington, E.M.（1969）"Bias in Ptolemy's History of Alexander", *Classical Quarterly* 19.

Fuller, J.F.C.（1958）*The Generalship of Alexander the Great*, London, p.232.

Heckel, W（2006）*Who' Who in the Age of Alexander the Great*, Oxford.

Pearson, L（1960）*The Lost Histories of Alexander the Great*, California（rept.,1983）.

Roisman, J.（1984）"Ptolemy and his rivals in his history of Alexander", *Classical Quarterly* 34.

Speck, H.（2002）"Alexander at the Persian Gates; A Study in Historiography and Topography", *American Journal of Ancient History*, New Series 1.

Stein, Sir A.（1938）"An Archaeological Journey in Western Iran," *Geographical Journal* 92.

Stein, Sir A.（1940）*Old Route of Western Iran*, London（rept., Budapest,1994）.

Welles, C.B.（1963）"Reliability of Ptolemy", in *Miscellanea di Studi Alessandriani in memoria di Augusto Rostani*, Torino.

Wood, M.（1997）*In the Footsteps of Alexander the Great*, London.

第六章　ダレイオス三世とアカイメネス朝の終焉

一　ダレイオス三世の即位と帝国情勢

ダレイオス三世への弔辞

アカイメネス朝最後の王ダレイオス三世が即位したのは前三三六年のこと、奇しくもアレクサンドロスの即位と同年である（アケメネスは英語の発音による表記。本章ではギリシア語形に従ってアカイメネスの表記を採用する）。二人はイッソスとガウガメラの二度の会戦で直接対決し、いずれもアレクサンドロスが勝利した。二世紀以上続いたペルシア帝国は崩壊し、ダレイオス自身は側近の裏切りで殺害された。ローマ帝政期に大王伝を著したアリアノスは、ダレイオスの死去の場面に続いて次のような「弔辞」を記している。

ダレイオスは、戦争については他の誰よりも臆病で洞察力に欠ける人物だったが、他の事柄では特に間違いを犯したわけではない。というより、即位すると同時にマケドニア人・ギリシア人と戦わざるを得なくなったため、間違いを犯す機会もなかったのだ。（中略）実際ダレイオスの生涯には災難が相次いで降りかかったので、最初に玉座について以来、彼には平穏な時間などなかったのである（三・二二・二）。

事実、ダレイオスの即位一年目にマケドニア軍が小アジアに上陸し、三年目にアレクサンドロスの侵攻が始まった。四年目にはイッソスの会戦に敗れて家族全員が捕虜となり、東地中海の周辺全域と制海権も奪われた。

それから王妃スタテイラが世を去った。五年目にはガウガメラの決戦に敗れ、総力を挙げて動員した大軍勢も瓦解した。六年目には逃避行を余儀なくされ、側近に裏切られて虜囚《りょしゅう》の身となり、彼らの手にかかって非業の死を遂げた。こうした経歴を一瞥《いちべつ》すれば、ダレイオス三世は家族も王位も王国も奪われて惨めな最期を迎えた、この上なく不運で哀れな王であったと言わざるを得ない。

しかし臆病な王のもとでペルシア帝国が一気に崩壊したという見方は、あくまでもギリシア人・マケドニア人の描く歴史像にすぎない。果たしてダレイオス三世は本当に弱い王であったのか、マケドニア軍の前にペルシア軍はなす術がなかったのか。ギリシア側の史料をペルシア側の視点から読み直してダレイオス三世の治世を再構成し、アカイメネス帝国滅亡の真相に迫っていきたい。

本章では大王伝について以下の略号を適宜用いる。A＝アリアノス（後二世紀ローマの政治家・著作家）『アレクサンドロス大王東征記』、D＝ディオドロス（前一世紀のギリシア人歴史家）『世界史』、C＝クルティウス（後一世紀ローマの元老院議員）『アレクサンドロス大王伝』、J＝ユスティヌス（後三世紀ローマの修辞学者）『地中海世界史』、P＝プルタルコス（後一世紀後半～二世紀初頭のギリシア人伝記作家・哲学者）『アレクサンドロス伝』

ダレイオス三世の出自と身分

ギリシア側の史料はダレイオス三世について、「奴隷」あるいは「王の伝令官」という身分の低い人物だったと述べている。(1) しかしペルシア王は家臣を呼ぶ時に、ギリシア語の「奴隷」にあたる言葉を用いたから、これを文字通りに受け取る必要はない。また伝令官という役職も王のそばに仕える重要な役職であり、彼が王の側近であったことを示唆している。ディオドロスによれば、ダレイオス三世の祖父オスタネスはアルタクセルクセス二世の兄弟で（一七・五・五）、ダレイオスは紛れもなく王族の一員であった。

図1　アレクサンドロス・モザイクに描かれたダレイオス3世（ナポリ考古学博物館）Cohen (1997) *The Alexander Mosaic*, Cambridge.

興味深いのは、ダレイオス三世に対して好意的な伝承もギリシア・ローマ側の史料に存在することだ。それによれば彼は「立派な背の高い人物」（P三三・五）で、「高潔で温厚な人柄」（C三・八・四）であり、「温厚で親しみやすい気質の持ち主であった」（C三・二・一七）。ここには明らかにペルシア側の伝承が反映している。

ダレイオス三世即位時の情勢

ダレイオス三世が即位した時、ペルシア宮廷は混乱の中にあった。ディオドロス（一七・五・三―六）によると、二代前のアルタクセルクセス三世（在位、前三五九―三三八年）は冷酷で横暴な振舞いのため憎まれており、宦官《かんがん》（去勢された男性役人）で千人隊長のバゴアスが王を毒殺した。そして王の息子で最年少のアルセスを王位につけたが、アルセスが自分の言いなりにならないため、これも殺害した。バゴアスはダレイオス三世を王位につけた後、このダレイオスをも殺そうとした。しかし陰謀は発覚した。宴席で王はバゴアスに盃を与え、毒を飲むように強いたという。

千人隊長はもともと宮廷の警備隊長だったが、しだいに権限を拡大し、事実上の宰相ともいえる最高官職となっていた。もっともバゴアスが王権を左右するほどの陰の実力者であったかどうかは明確でない。バビロニア文書では、アルタクセルクセス三世の死因は暗殺ではなく自然死である。[2] 彼を継いだアルセスはアルタクセルクセス四世を名のった。この四世の死後にダレイオスが選ばれた理由については、彼がかつてカドゥーシオイ人との戦争の際に一騎打ちで勝利をおさめ、武勇の誉れ高かったからだという伝承がある。[3] しかしこれは後の創作である可能性が高い。ともかくダレイオス三世が即位した当時のペルシア宮廷は、王位をめぐって混乱状態にあった。

混乱は宮廷だけではなかった。エジプトで、エチオピア出身と思われるカババシュなる人物が古都メンフィスを占領し、ペルシア人総督を放逐してナイル・デルタ地帯にまで勢力を拡大したのである。反乱の年代ははっきりしないが、アルタクセルクセス四世からダレイオス三世の治世にかけてと思われる。(4) これに対抗してペルシア艦隊がナイル川に入り、反乱を鎮圧した。この後ダレイオス三世はエジプトで王として認められたが、エジプトはなおも不穏な情勢にあり、艦隊は治安回復のために留まらねばならなかった。

対マケドニア戦の開始

帝国の西方からは新たな脅威が現われた。マケドニア王国である。アレクサンドロスの父フィリッポス二世は、前三五九年の即位以来この王国を急速に強大化させ、前三三八年にはアテネを破ってギリシア世界の征服を完了した。ペルシア遠征を公言するフィリッポス二世に対し、ペルシア側も警戒の目を注いでいた。

ダレイオス三世が即位した前三三六年、フィリッポス二世は東方遠征に着手し、春に一万の先発部隊を出発させた。この部隊はアジアに上陸した後、エーゲ海沿岸を南下しながらギリシア諸都市を獲得していった。まもなくフィリッポス二世自身も本隊を率いてアジアに渡る予定であった。ところが初夏、彼は側近によって暗殺され、先発部隊の動きも止まった。一方ダレイオス三世はマケドニア軍に対処するため、ロドス出身のギリシア人傭兵隊長メムノンに小アジア沿岸地方の指揮権と四〇〇〇の兵を与えた。前三三五年、メムノンはエフェソスを奪い返すなど失地回復を進め、マケドニア軍を小アジアの北西隅に追い詰めた。一方弱冠二〇歳で即位したアレクサンドロスは、驚くべき精力と迅速さで王国内外の体制を固め、父王の遠征計画をも引き継いだ。

二　アレクサンドロスとの対決

本節では東方遠征の一年ごとにその概略を述べ、(5) 次に重要な論点を取り上げながら、主にペルシア側の視点で遠征を描いていきたい。焦点となるのはダレイオス三世の戦略、および王とペルシア人の関係の二つである。

前三三四年：小アジア侵攻

アレクサンドロスは約三万七〇〇〇の軍勢を率いて出発し、ヘレスポントスを渡ってアジアに上陸、一万の先発部隊と合流した。そしてグラニコス河畔で小アジアの総督たちが率いるペルシア軍を破り、エーゲ海沿岸を南下してギリシア諸都市を次々と「解放」していった。小アジアにおけるペルシア支配の拠点サルディスは自発的に帰順し、カリアの首都ハリカルナッソスは激しい包囲戦の末に陥落した。冬の間、マケドニア軍はリュキアからピシディアにかけての南岸地方を制圧し、それから北上して内陸の要衝ゴルディオンに達した。

①なぜマケドニア軍の上陸を阻止しなかったのか

アジアに上陸する際、マケドニア軍の主力はアビュドスから船で海峡を渡った。この夏ミレトス沖に現われたペルシア海軍は四〇〇隻もの艦船を有していたにもかかわらず、なぜこれを阻止しなかったのか。ディオドロスは「ペルシア人の総督や将軍たちは、マケドニア人の海峡渡航を阻止しようとしたが間に合わず、軍を集結して、アレクサンドロスに対しどう戦うべきかを協議した」（一七・一八・二）と述べている。間に合わなかった理由としてこれまで指摘されてきたのは、エジプトでのカババシュの反乱に対処する必要があった、あるいは小麦の収穫期以前だったため乗員の食料が確保できなかったということである。これに対してユスティヌスは、次のように述べている。

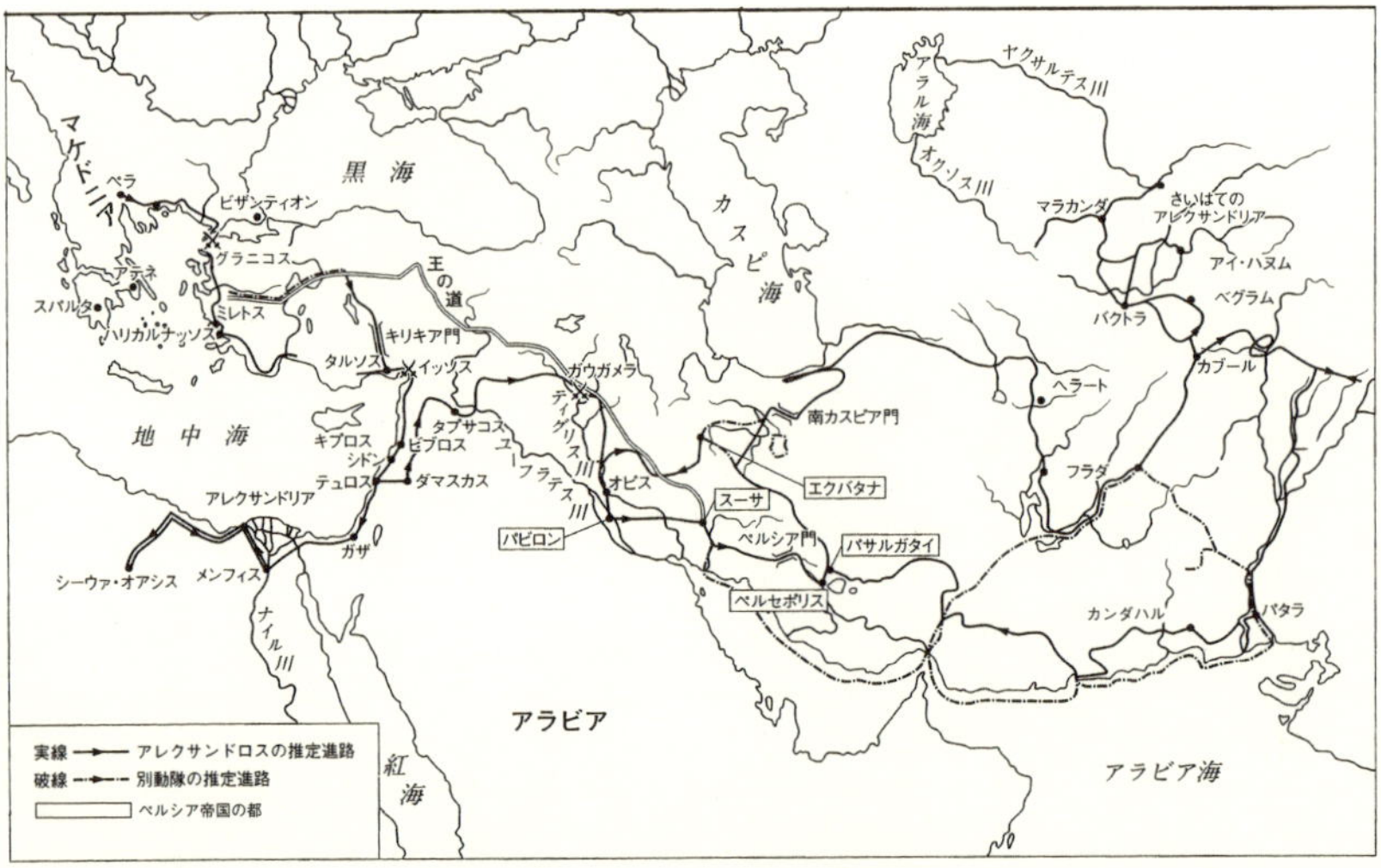

図２　アレクサンドロス遠征図

ペルシア王は力に頼って策略を用いず、彼の部下に対しては、秘密の計略は盗み取った勝利にふさわしいものだ、と断言していた。彼は敵を国境で塞《せ》き止めるのでなく、国内奥深く引き入れるのがよい、戦争を受け入れないことでなく、戦争をはねのけるのが一番名誉なことだ、と考えていたのである（二一・六・八―九）。

この記述はあまり注目されてこなかったが、ペルシア王と総督たちの関係について重要な示唆を与えている。すなわちダレイオスは、マケドニア軍を帝国領内に引き入れた上で撃退するという明確な戦略を持っていたのである。これを受けて総督たちはゼレイアで会議を開いたが、その目的は戦闘の具体的な方針を決めることにあった。王が現地の総督に戦略を指示し、総督がこれを具体化して戦闘に臨むという関係が伺える。

②忠誠か変節か――ペルシア人高官の対応

グラニコスの会戦で戦死したペルシア人指揮官には、リュディア＝イオニア総督とカッパドキア総督が含まれていた。地元フリュギア＝ヘレスポントスの総督は逃走したのち、敗北の責任をとって自殺した。総督を失ったフリュギア＝ヘレスポントスとリュディアの両属州ではペルシア側の抵抗は見られず、マケドニア軍の侵攻はきわめて容易なものとなった。アレクサンドロスが属州リュディアの首都サルディスに接近すると、城塞守備隊の指揮官ミトレネスが市民代表と共に現われ、彼自身は城塞とそこにある財貨を、市民代表は都市をアレクサンドロスに譲渡した。大王はミトレネスをその地位にふさわしく迎えて自分に同行させることにした。これはペルシア人高官が大王に帰順した最初の事例である。他方で大王は部下をメムノンの所領に派遣してこれを接収した。二つの対照的な処置は、これからマケドニア軍に直面するペルシア人に対し、素直に服従すれば名誉は保たれるが、反抗すれば地位も財産も失うという明確なメッセージであった。

一方メムノンは、ハリカルナッソスに立てこもった時、妻と子供たちをダレイオスのもとへ送った。家族を人質として王への忠誠を誓い、家族の安全を確保するとともに、全軍の指揮権を手に入れたいと願ってのことだった。ダレイオスはこれに応え、メムノンを小アジア沿岸地方および全艦隊の指揮官に任命した。ペルシア王は忠実で有能な臣下に対しては、望みのものを与えて報いたのである。(6)

前三三三年：イッソスの会戦——最初の直接対決

エーゲ海にはペルシアの大艦隊が現われて島々を奪い返し、制海権を手に入れようとした。ペルシア海軍はスパルタ王アギスによる反マケドニア運動とも連携していた。アレクサンドロスは初夏にゴルディオンを出発し、キリキア地方に到着した。ダレイオスは自ら大軍を率いて八月にバビロンを出発し、一〇月にアマノス山脈の東に広がる大平原に到着した。その後両軍は敵を求めて動き、一一月にイッソスの南のピナロス（現パヤス）川で対峙して、会戦が行なわれた。アレクサンドロスが川を渡って一気に突入すると、ダレイオスは逃走し、ペルシア軍は総崩れとなった。戦場近くの天幕には王の家族が取り残され、全員が捕虜となった。アレクサンドロスがフェニキア地方に進軍すると、フェニキア諸都市の多くは王が艦隊を率いて不在のため、抵抗することなく開城した。

③メムノンの死とダレイオスの戦略

東方遠征二年目は三〇〇隻を率いるメムノンの海上反攻と共に始まったが、彼はミレトス包囲戦の最中に病死した。ギリシア側史料は、これがダレイオスに大きな打撃を与え、彼に親征を決意させたと述べている。しかしダレイオスが対マケドニア戦争の遂行にあたってメムノン一人に依存していたかのような記述は、明らかに一面的である。実際問題としても、バビロンへの大軍招集には時間がかかり、メムノンの死後に着手したのでは八月の出発に間に合わない。この年の初めにはダレイオス自身がマケドニア軍との直接対決を決断していたに違いない。メムノンは死に臨んで指揮権を、ダレイオスからの指示があるまでファルナバゾスに委ねた。ダレイオスはまもなくこの指揮権継承を承認した。すなわちエーゲ海の制海権を掌握し、マケドニア軍を本国から切り離すという戦略を継続したのである。

図３　イッソス会戦の戦場となったピナロス（現パヤス）川の山側の土手。アレクサンドロスは左（南）側から歩兵を率いて迅速に川を渡り、右（北）側のペルシア軍を攻撃した。

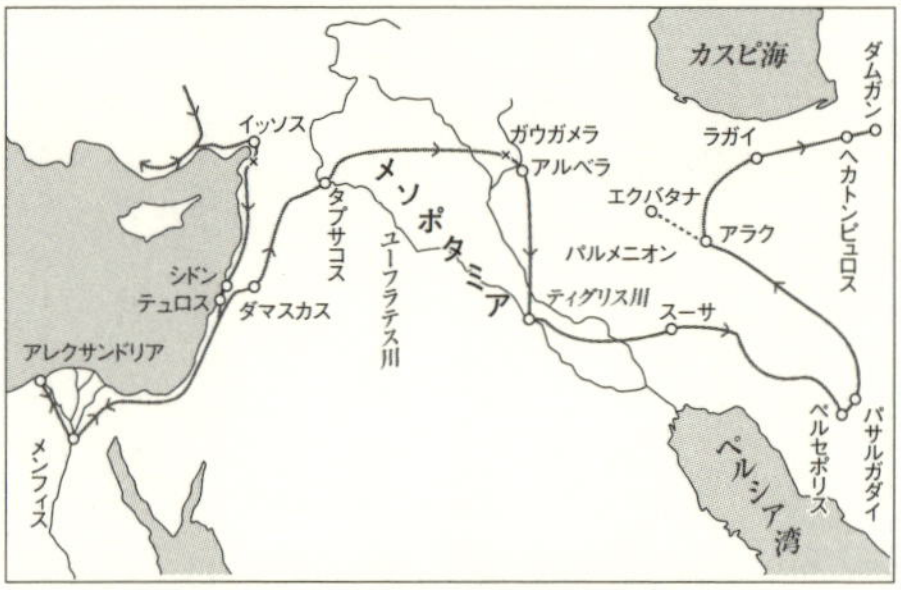

図４　ペルシア帝国の中心部へ

④イッソス会戦後のペルシア軍の反攻

イッソスでの敗戦が直ちにペルシア帝国の運命を傾けたとは到底言えない。事実、戦場から逃げ延びた指揮官と兵士は相当数に上り、彼らは部隊を再結集してマケドニア軍の背後に回って失地回復に乗り出した。ディオドロスに次の記述がある。

他の指揮官達や将軍達もイッソスの会戦から兵士と共に無事に逃れ、ペルシア側に踏みとどまろうとした。ある者は戦略の要衝たる諸都市を奪い取り、それらをダレイオスのために守った。他の者たちは諸民族を味方につけ、彼らの中から軍を組織して、その時々の機会に応じた奉仕を提供した（一七・四八・五―六）。

クルティウスによると、ペルシア人の将軍たちは小アジアでカッパドキア・パフラゴニア地方の若者を軍勢に加え、リュディア地方の奪回を目指して進軍した（四・一・三四）。また八〇〇〇のギリシア人傭兵がキプロスに渡り、そのうち半数がアミュンタスの指揮下にエジプトへ赴いた。残りの兵士はさらに補充されてスパルタ王アギス三世に雇われ、ギリシア本土へ移動して、前三三一年アギスの対マケドニア蜂起に参加した。このようにイッソスの会戦後もエーゲ海と小アジアで両軍の激しいつばぜり合いが続いており、遠征軍の背後は決して安全ではなかったのである。

前三三二年：テュロス攻囲戦

海上の島に建てられたテュロスは、フェニキア地方で唯一アレクサンドロスへの服属を拒否した。大王は陸から突堤を築いて攻撃する一方、帰順したフェニキア・キプロスの艦隊二〇〇隻を用いてテュロスを海上から封鎖した。七ヵ月に及ぶ攻囲戦の末にテュロスは陥落し、住民全員が奴隷に売られた。続いてガザを二ヵ月間の包囲戦によって陥落させた。年末にアレクサンドロスがエジプトへ侵攻すると、軍を持たない総督代行のマザケスは抵抗を放棄し、エジプトは無血で占領された。この間に小アジアで反攻したペルシア軍を、三人のマケドニア人総督が破り、内陸地方を確保した。さらにエーゲ海でもマケドニア艦隊が島々を奪回し、ペルシア人指揮官たちを捕縛した。こうして陸と海の両方でマケドニア軍が勝利を収め、東地中海は「マケドニアの海」となったのである。

⑤テュロスの抵抗と忠誠心

テュロスはなぜ無謀とも思える抵抗を選んだのか。ディオドロスはテュロス人の狙いを次のように述べている。彼らはダレイオスに気に入られたいと思って彼に対する忠誠を固く守っていたし、アレクサンドロスを長期にわたる危険に満ちた包囲戦に引きずり込んでダレイオスに戦争準備の余裕を与えることができたなら、それだけの奉仕と引き換えに王から大きな恩賞を賜るだろうと考えた（一七・四〇・三）。テュロス人は自分たちの抵抗がダレイオスに態勢立て直しの余裕を与えると考え、同時に抵抗戦の功績でダレイオスからの恩賞を期待していたというのである。一種の取引とも言えようが、彼らは危険と引き換えに得られる恩恵の大きさをしたたかに計算していた。ガザの指揮官バティスにも同じことが言えるだろう。テュロス陥落の直後でありながら、彼もアレクサンドロスへの臣従を拒み、二ヵ月にわたる包囲戦に耐えたのだ。東方遠征の最初の三年間で、ダレイオスから離反したペルシア人は意外と少ない。帝国西部において、ペルシア王への忠誠は依然として強く保たれていた。

図５　フェニキア都市テュロス（現スール）
フェニキア人の都市の中で最も繁栄し、前８世紀にはカルタゴを建設した（撮影・鈴木革）

前三三一年：ガウガメラの決戦とバビロンの陥落

アレクサンドロスは四月にナイル河口で新都市アレクサンドリアの起工式を行ない、六月にエジプトを進発してテュロスに戻った。それからユー

図6　スーサのダレイオス1世の宮殿跡。奥の城はフランスの調査隊が宿舎として建てたもの。
（撮影・鈴木革）

フラテス川を渡ってメソポタミア地方北部を東へ進んだ。ダレイオスはバビロンを出発して北上し、ガウガメラの大平原に布陣して待ち受けた。一〇月一日、両軍の決戦で再びマケドニア軍が勝利して、ダレイオスはエクバタナに落ち延びた。アレクサンドロスが南下してバビロンに向かうと、バビロン市民とマザイオスは彼を出迎え、都市と財貨を引き渡した。一二月にマケドニア軍はスーサへ向かい、ここでも総督アブリテスから都市を譲渡された。アレクサンドロスはバビロニア総督にマザイオスを、スシアナ総督にアブリテスを任命し、ペルシア人旧支配層との協調という新しい路線に踏み出した。

⑥ダレイオスの講和提案の実在性

　現存する大王伝はいずれも、イッソスとガウガメラの二つの会戦の間にダレイオスが講和を提案し、アレクサンドロスが拒絶したことを伝えている。講和提案の時期と回数、その内容は一致しない。回数は一回から三回、時期はアレクサンドロスの最初のフェニキア滞在中、テュロス陥落後、ガウガメラ会戦の前など、内容は家族の解放と身代金の支払い、領土の割譲、娘との結婚、友好同盟の締結、共同の王位などである。領土割譲の範囲は、小アジアのハリュス川以西からユーフラテス川以西へと広がる。

　これまで多くの議論がなされてきたが、ブリアンはこれをすべて創作として斥ける。[7] 彼によれば、第一に領土割譲はギリシア側の視点で述べられている。ハリュス川は伝統的にギリシアとアジアの境界と見なされてきた。「ユーフラテス川とギリシア［エーゲ］海の間」「ユーフラテス川のこちら［西］側」「ヘレスポントスとユーフラテス川の間」などの語句はまさしくギリシア風の表現である。第二に領土割譲の範囲が順次拡大しているのは、ギリシア人歴史家が大王の征服を事後に正当化するという目的で創作したことによる。第三にペルシア側から見ると、そもそも領土割譲はアカイメネス朝の歴史において前例がない。娘の婚資として領土を与えることも、王位を分かち合うという発想もあり得ない。こうしてブリアンはダレイオスの提案をマケドニア側の宣伝と見なし、その実在性を否定するのである。ペルシア帝国の慣行に照らした議論だけに、説得力がある。

⑦バビロン降伏の衝撃

ガウガメラの敗戦でペルシア帝国は崩壊した、現代の多くの歴史書はこのように述べ、筆者自身もこうした表現を使ってきた。しかしことはそう単純ではない。敗戦後もダレイオスは抵抗を諦めてはいなかった。彼は「無事に生還した者たちを集め、武器を失った者には再武装させた。近隣の諸民族からも兵士を招集し、バクトリアおよび東方諸属州の総督たちや将軍たちに使いを送って、自分に対する忠誠を維持するよう求めた」（D一七・六四・一―二）。このように彼は再度の決戦に備えようとしていたのだ。事実、アカイメネス朝の本拠であるペルシスとメディアを含む帝国の東半分は健在だし、ダレイオスは当面バビロンの抵抗に期待することができた。メソポタミアで最も由緒ある古都バビロンは、ユーフラテス川の両岸にまたがり、二重の城壁に囲まれた市域は南北二キロ、東西三キロに及び、人口は一〇万近かったと推定される。これを陥落させるには長期間にわたる包囲戦と多大な犠牲を必要とし、マケドニア軍を重大な危機にさらすことになろう。

ところがバビロンは抵抗するどころか、あっさりと敵軍に城門を開いた。これはダレイオスにとって予想外の打撃であったに違いない。なぜバビロンは抵抗を放棄したのか。バビロンは長い歴史の中でたびたび外国人に支配され、異国の君主と折り合いをつけながら生き延びてきた。そうした経験からバビロニア人は、新たな支配者の到来を平和的に迎え、それを主神マルドゥクの意志として受け入れるという知恵を身につけてきた。前五三九年にペルシア王キュロス二世も、そのようにしてバビロンで平和的に王位を得たのである。アレクサンドロスへの歓迎は、バビロンの伝統儀礼の再現に他ならない(8)。

ペルシア人総督マザイオスも、帝国で最も高貴な貴族の一人でありながら、ダレイオスを捨ててアレクサンドロスへの臣従を選んだ。彼の息子にはアンティベロス、ブロクベロスといったバビロニア風の名前を持つ者がおり、このことは彼がバビロニア人の妻を得て、この都市に根を下ろしていたことを示唆している。彼もまたバビロンの住民と同じく、主君を取り換えて自身の生き残りを図ったのだ。その選択に際しては、サルディスの守備隊長ミトレネスが範例となったに違いない。三年前のミトレネスと同じく、マザイオスも新しい支配者を受け入れることで、長年築いてきた地位、財産、名誉を守ろうしたのである。

スーサには抵抗の余地はなかった。この都市には城壁がないため抵抗戦は不可能である上、総督の息子がマケドニア軍の捕虜となっていた。総督アブリテスがアレクサンドロスに服属したのも、マザイオスと同じ理由からであろう。こうしてペルシア帝国の二つの都が戦わずして失われた(9)。

前三三〇年：ペルセポリス炎上

アレクサンドロスは前年の末にスーサを発ち、ペルセポリスへ向かった。これはダレイオス一世が建設に着手した都で、アカイメネス帝国の威信の象徴である。前章で述べたように、ペルシス州の総督アリオバルザネスはペルシア門と呼ばれる隘路《あいろ》に大軍を集結させ、マケドニア軍の侵攻を阻止しようとした。しかしマケドニア軍の予想外の迂回攻撃に遭って関門を突破され、アリオバルザネス自身も戦死。一月末、遂にペルセポリスは占領された。こうして短期間に三つの首都が敵の手に落ちたことは、ダレイオスの威信を大きく失墜させたに違いない。五月、アレクサンドロスは王宮に火を放ってからペルセポリスを出発し、いよいよダレイオスの滞在するメディア地方に向かって進軍を開始した。

⑧ペルセポリスはいかにして占領されたか

マケドニア軍がペルセポリスを平和的に占領できたのは、財貨管理官ティリダテスの内通のおかげである。彼は都に向かって進んでくるアレクサンドロスに書簡を送り、宝物が略奪される危険を伝えて進軍を急ぐよう促すと同時に、川を渡ってからの道は確保してあると知らせたのだ。こうしてマケドニア軍は宮殿の財宝を無事に接収できたのである。マケドニア軍と対決した総督アリオバルザネスの部下でありながら、なぜティリダテスはこのような行動をとったのか。彼もバビロニアやスシアナの総督と同じく、新しい支配者に取り入ることで自分の地位を確保したかったのであろう。この裏切りは報いられた。アレクサンドロスは彼が同じ地位に留まることを許したのである。

図7　ペルセポリス（アカイメネス朝の都）ダレイオス1世が建設を始め、主な建物は3代の王により100年近い歳月をかけて完成した。敷地は南北に約400メートル、東西に約300メートル（撮影・鈴木革）

⑨ペルセポリスはなぜ放火されたのか

アレクサンドロスはなぜペルセポリスの宮殿を焼き払ったのか。[10] 多くの大王伝は、酒宴において大王が遊女に唆され、ペルシアへの復讐のため衝動的に火を放ったと述べている。しかしながら発掘報告書によれば、アパダーナ（謁見殿）と玉座の間（百柱殿）の大広間全体がムラなく燃えており、可燃物が敷き詰められていたことがうかがえる。また大広間の柱もほとんど壊され、台座だけが残っていた。よって宮殿の火災が入念に準備された計画的な放火であったことは明らかである。

では放火の動機は何か。諸説ある中で、[11] 筆者が最も整合性があると考えるのは以下の説明である。宮殿の周囲には都市部が広がり、貴族や役人たちの邸宅が立ち並んでいた。ペルセポリス占領の直後、マケドニア軍はここで大規模な略奪を行なった。占領地の略奪は勝利者の権利であり、兵士たちは遠征開始以来初めて本来の欲望を充分に満たすことができた。しかしそれゆえに地元のペルシア人はマケドニア軍の支配を受け入れようとせず、大王自身も住民たちに深い憎しみを抱いた。アレクサンドロスは帝国の心臓部であるこの地域を何とか帰順させようとするが、住民は頑として服属を拒否する。結局大王は住民への懲罰として宮殿に放火し、彼等の民族的な誇りを打ち砕く方策に訴えたのである。

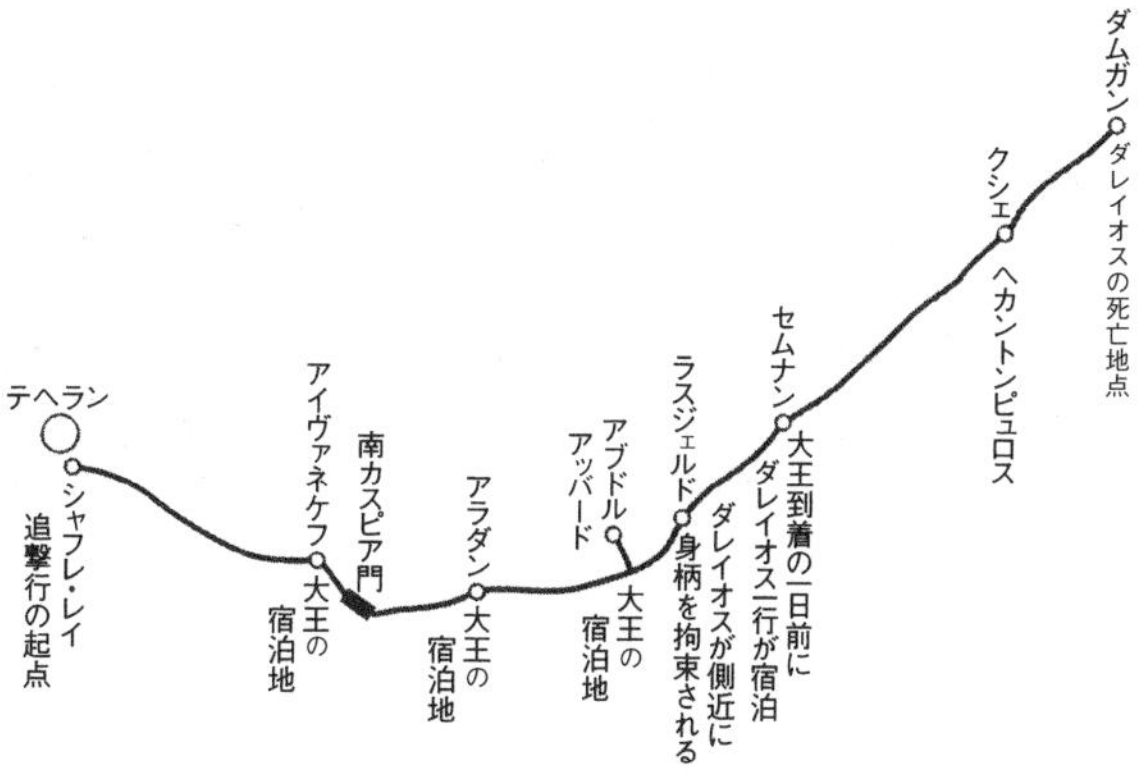

図８　ダレイオス３世の逃走と追撃（地名は現在のもの）

三　ダレイオス三世の最期

東方への逃走

ダレイオスの逃避行とその最期については、アリアノス（三・一九～二一）とクルティウス（五・八～一三）が詳しく伝えている。ただし前者はもっぱらアレクサンドロスの視点で、後者は主にペルシア側の視点で描いており、互いに多くの相違があって、研究者の解釈も分かれている。以下では二つの記述を活用し、実地調査の成果も含めながら、可能な限りの復元を試みる。(12)

エクバタナ滞在中のダレイオスの戦略について、アリアノスは次のように伝えている。

もしもアレクサンドロスがスーサやバビロンに居座るなら、ダレイオス自身もエクバタナに留まり、マケドニア軍に離反の動きが

図10　ラガイ（現シャフレ・レイ）テヘランのすぐ南に位置する町で、ここがダレイオス追撃行の起点となった（撮影・鈴木革）

図９　エクバタナ（現ハマダン）メディア王国の首都で、アカイメネス朝時代は夏の宮殿として使われた（撮影・鈴木革）

図11　南カスピア門の西側入口　ラガイの東南東約70キロの地点で、低い山の間を隘路が通る。エルブルズ山中にある北カスピア門と区別して、南カスピア門と呼ばれた（撮影・鈴木革）

起きるのを待つ。しかし相手が自分に向かってくるなら東方へ向かい、途中の土地を荒廃させてアレクサンドロスの前進を阻止しながら後退する。こう考えながら彼は、女たちや身の回りの品々をパルティア方面へと送り出した（三・一九・一—二）。

冬の間にダレイオスは新たな軍勢を集め、彼のもとにはペルシア人歩兵二万六〇〇〇、軽装兵四〇〇〇、ギリシア人傭兵四〇〇〇、騎兵三三〇〇が集結した。騎兵の大半はベッソスが指揮するバクトリア人であった。

前三三〇年五月末、アレクサンドロスはペルセポリスを進発し、十二日目にメディア地方へ入った。これを知ったダレイオスは軍を率い財貨も携えてエクバタナを発ち、ラガイ（現シャフレ・レイ）を経て南カスピア門と呼ばれる隘路を通過した。しかしこの間に少なからぬ者たちが離反してそれぞれの故国へ帰って行った。アレクサンドロスはエクバタナまで三日の地点（現アラク付近）で離反者の一人からダレイオスの逃走を知り、輜重《しちょう》部隊をパルメニオンに委ねてエクバタナに向かわせる一方、彼自身は直ちに追撃に移った。

クルティウスは、南カスピア門を過ぎた

地点（現アラダン付近）で開かれたペルシア王の会議の様子を伝えている。ダレイオスはここに踏みとどまってマケドニア軍を迎え撃とうと呼びかけた。ところがバクトリア総督ベッソスと千人隊長ナバルザネスはすでに王の捕縛を決意しており、席上ナバルザネスはバクトリアに移動してベッソスを臨時の王とすることを提言した。バクトリアは帝国東方の要をなす重要な属州で、代々の総督には王族の一員が任命されてきた。ベッソスもダレイオスと縁戚関係にあり、バクトリアの豊かな富と強力な騎兵を足場として、王位を手に入れようと企てていたのである。ナバルザネスの提案に王は激怒したが、今やペルシア軍は分裂の様相を呈していた。

側近の反乱と虜囚の身

南カスピア門の先でダレイオスはどのような戦いを想定していたのか。考え得る一つの方策は焦土戦術である。この関門はエルブルズ山脈から南へ分岐した低い山脈を貫く隘路で、東西交通の障壁をなす。険しい山肌にはさまれ、長さは約一〇キロ。山脈の南側は塩分を含む沼地と砂漠によって区切られているため、この隘路以外の場所を通り抜けることは困難であった。ここから東のパルティア、バクトリアへ通じる道のすぐ南にも砂漠が広がっている。(13) ダレイオスが明確な意志を持って焦土戦術を実行していれば、アレクサンドロスの追撃はきわめて困難なものになった可能性が強い。しかし軍全体が統率を失い不穏な空気に包まれる中、ダレイオスには逃走以外に選択の余地はなかった。アラダンから六〇キロ先のタバイ（現ラスジェルド）に着くと、バビロニア貴族のバギスタネスが離反し、道を引き返した。それからペルシア軍が行軍を再開しようとした時、遂にベッソスとナバルザネスは王を拘束し、彼を黄金の鎖で縛った。箱馬車を薄汚い獣皮で覆って王の車だとわからなくした上、事情を知らない者たちに馬を牽かせて先を急いだ。

一方アラクを出発したアレクサンドロスは十一日目にラガイに着き、ここに五日間留まって軍勢を休ませた。

それから追撃を再開し、一日目は現アイヴァネケフに宿営、二日目にカスピア門を通過して現アラダンに到着した。その先には砂漠が広がっていることを聞くと、糧秣《りょうまつ》（人の食料と馬の飼葉《かいば》）を確保するため、側近のコイノスに部隊をつけて徴発に派遣した。そこへバビロニア人貴族のバギスタネスがやって来て、ダレイオスが危険にさらされていると伝えた。大王はコイノスの徴発部隊が帰るのも待たず、直ちに出発した。彼が率いたのは騎兵部隊と前哨騎兵部隊、それに歩兵で最も頑健な者たちで、携行したのは武器と二日分の食料のみ。残る部隊はクラテロスに委ね、あとから並みの速度でついてくるよう命じた。アラダンから約六〇キロである。その夜と翌日の昼、さらに次の夜と、小休止を取っただけでひたすら前進し、現ラスジェルドに着いた。

そこにはダレイオスのギリシア人通訳メロンが病気のために残されていた。アレクサンドロスはこのメロンから、ダレイオスが捕縛されたことを聞いた。事態は急を告げていた。そこへやって来た二人の離反者が、ペルシア人は約九〇キロ先にあり、近道を案内すると申し出た。兵士も馬も疲労困憊の極にあったが彼は前進し、その夜から翌日の昼まで駆け抜けて、三〇キロ先の現セムナン付近に着いた。ダレイオスの一行は前日ここで宿営したという。

非業の死

近道を村人に尋ねると、道はあるが水のない荒地だという。王は騎兵のうち五〇〇人を馬から下ろし、代わりに最も体力のある歩兵を選抜して、歩兵の武装のままで騎乗するよう命じた。残りの部隊には、できるだけ軽い装備でベッソス一行と同じ道を進むよう命じた。アリアノスによれば、出発したのは午後も遅い時間で、夜を徹して約七〇キロ余りを踏破したという。東方遠征の全期間を通じて最も過酷な強行前進であった。クルティウスによると、五五キロ進んだ地点で新たな離反者に出会った。名門貴族アルタバゾスの息子で、ベッソスの居場所

図12　**ダムガン**　ダレイオス3世最期の地はこの都市の付近と考えられる（撮影・鈴木革）

図13　**ヘカトンピュロスの跡**　現クシェ村の南5キロ。ダレイオス3世の死後、アレクサンドロスはここに軍を集結し、兵士たちに遠征のさらなる継続を訴えた（撮影・鈴木革）

までは三五キロほどだという。

大王がペルシア部隊に追いついたのはどこか。アリアノスに従ってセムナンから七〇キロ先とすれば現クシェー村付近、クルティウスに従って九〇キロ先なら現ダムガン付近になる。遂にアレクサンドロスが追いついた時、ペルシア部隊は隊列を乱し秩序を失い、武器も武具も持たない者さえ少なくなかった。刃向かう者はあまりおらず、大半はアレクサンドロスの姿を認めるや四散した。

ベッソスらは何とかダレイオスを連行しようとした。しかし相手がすぐ後ろに迫ったため、仲間の二人がダレイオスを剣で切りつけて置き去りにし、六〇〇の騎兵とともに逃げ去った。アレクサンドロスが馬車に到着すると、ダレイオスはすでに息絶えていた[14]。前三三〇年七月、享年約五〇歳だった。大王は遺体をマントで覆い、ペルセポリスへ運んで埋葬するよう命じた。ダレイオスは生前にペルセポリスで自分の墓の建造を始めていたが、彼の死のため未完に終わり、石切り場のような状態で放置された。彼が埋葬されたのは別の王の墓であったと見られる。

ベッソス反乱の隠された意味

ベッソス達によるダレイオスの捕縛については、近年新たな解釈が提出されている。すなわちこれを、「身代わりの王」という中近東の伝統儀礼と見なすのである。「身代わりの王」とは、王の生命が月食などの凶兆によって危険

図 14　ダレイオス３世の未完の墓
ペルセポリスの遺跡から500メートルほど南にあり、見学の範囲には含まれていない。発掘報告書はこれを「石切り場状態」と呼んでいる。遺体は別の場所に埋葬されたと思われる。

図 15　衛兵の未完の浮彫り　ダレイオス３世の墓の壁には、衛兵の浮彫りが輪郭だけ彫られて放置されている。

にさらされた時、身代わりが一時的に王の役割を担い、王に予兆された危険をその身に引きつけて王の生命を救うというものである。身代わりには何らかの障害ある者が選ばれ、王の衣装と王冠を身につけて玉座につき、王の食事をとり、王の寝台で寝る。その治世は（アッシリアでは）一〇〇日間続き、その間本物の王は宮殿にこもって外には出ない。こうして身代わりの王に災難がふりかかるよう期待され、期間が終わると彼は殺される。彼が埋葬され、衣装や玉座が燃やされると、凶事を免れた本物の王が王位に戻るのである。

　ではベッソスたちの反乱がなぜ「身代わりの王」と解釈できるのか。クルティウスによると、会議の席上ベッソスは王位を一時的に別の者に譲り、敵がアジアから去った後に王権をダレイオスに返還することを提案した（五・九・四）。これは反乱どころか王に対する忠誠の証と見られよう。その後バクトリアへ向かう途中で、ベッソスらはダレイオスから王の正装を奪い、黄金の鎖で縛って箱馬車で護送したのである。これらを総合すると、マケドニア軍の急接近という危険からダレイオスを遠ざけるため、「身代わりの王」の儀礼が実行されたと解釈できる余地がある。(15) ダレイオスが結局殺害されたことは、この儀礼が失敗に終わった、あるいはアレクサンドロスの猛追のゆえ状況が変ってしまったことを意味するであろう。しかしこの儀礼を知らないマケドニア側から見れば、それはまぎれもない反乱であり、王殺害という悪逆非道な振舞いに他ならない。バクトリアに到着したベッソスは王を名のったが、アレクサンドロスは彼を王殺しの大逆人と見なし、さらなる遠征の大義名分とした。

四　アカイメネス朝はなぜ滅びたのか

何が問題か

アカイメネス朝ペルシア帝国はなぜ滅びたのか。最も単純な説明は、ダレイオス三世がアレクサンドロスに敗れたからというものだ。もちろんマケドニア軍の勝利なくして帝国の滅亡はあり得なかった。では純粋に軍事上の説明だけで十分かというと、決してそうではない。アレクサンドロス以前にも、総督の反乱があり、エジプトの独立回復があり、王位をめぐる内戦もあった。これらとマケドニア軍の侵攻とは何が違ったのか。バビロン、スーサ、ペルセポリスという帝国の三つの都は、いずれも戦闘を交えることなく城門を開いた。イッソスとガウガメラの二大会戦が自動的に帝国の運命を決したわけではない。むしろ二大会戦での敗北が帝国の瓦解をもたらすようなアカイメネス朝の体制のあり方にこそ、問題があると言うべきだろう。

以下ではブリアンの考察を参照しながら、(16) マケドニア軍の征服活動の特質と、帝国の支配体制における内在的な問題という二つの視角から、アカイメネス朝滅亡の真の原因を探っていきたい。

異次元の征服者

アレクサンドロス以前に帝国領内へ攻め込んだ外国軍隊と言えば、スパルタ王アゲシラオス二世の小アジア侵攻がある。彼は前三九〇年代に小アジアのギリシア諸都市の「解放」を掲げて侵攻した。彼は部分的な成功を収めたが、ペルシア側はこれに対抗してギリシア本土で反スパルタ連合によるコリントス戦争（前三九四―三八六年）を勃発させ、アゲシラオスは帰国を余儀なくされた。

前四〇一年、アルタクセルクセス二世の弟キュロスは王に対する反乱を企て、小アジアの正規軍にギリシア人傭兵一万を加えてバビロニアに侵攻した。しかしキュナクサの戦いでキュロス自身が戦死し、敵地に取り残されたギリシア人傭兵は苦難の末に帰国した。[17] これは王位をめぐる争いであり、かりにキュロスが勝利していても、王権が覆されるわけではない。

反乱は各地でしばしば起きた。エジプトは前四〇四年に独立を回復し、侵攻して来るペルシア軍を何度も退けた。ペルシア王が再びエジプトを服属させたのは、ようやく前三四三年のことである。前三六〇年代には小アジアの総督たちが離反し、大規模な反乱に発展した。しかしこれらの反乱はどれも地域が限定されており、王権を覆すような性質の脅威とは言えない。

これらに比べると、アレクサンドロスは異次元の敵であった。彼は最初からペルシア帝国を滅ぼそうとしていたのであり、彼の征服戦争は帝国そのものを滅ぼすまで終わらないという、言葉の本来の意味での全体戦争であった。それどころかペルシア帝国が滅びた後も、彼の戦争には限界というものがなかった。アレクサンドロスはアカイメネス朝の王権がこれまで経験したことのない、全く新しい類型の征服者だったのである。

互酬《ごしゅう》関係による紐帯

よく知られているように、アカイメネス朝は支配下の諸民族に対して寛容な政策をとり、諸民族がそれぞれの言語・宗教・文化を維持することを認めた。そこには帝国全体を統一するような特定の理念ないしイデオロギーは存在しない。では何が帝国を一つにまとめあげたのかと言えば、それは王の存在であった。王とペルシア人との間は個人的な紐帯で結ばれ、臣下が王に忠誠を尽くし、王が臣下に恩恵を与えて保護するという互酬の関係が成り立っていた。属州総督に代表されるペルシア人貴族たちも、各地域の非ペルシア人支配層との間で同様な関係を結んだ。こうした個人的な紐帯の網の目が帝国の隅々にまで広がって、アカイメネス朝の統治体制を支えていたのである。ペルシア人も支配下の諸民族も、安定した帝国統治のおかげで経済的文化的に活発な交流を営むことができ、それがもたらす利益を享受した。

このような統治体制の下で、個々のペルシア人は何を拠り所に生きていたのか。彼らに直接尋ねたとしたら、王への忠誠という答えが返ってきただろう。では王への忠誠によって何が得られるのかと問えば、地位であり財産であり名誉であると答えたろう。こうした利得を維持・増大させて次の世代に継承すること、これが彼らの生存戦略の中核をなしていた。

忠誠の乗り換え

ではこうしたペルシア人の前に異国から強力な征服者が現われたら、彼らはどう反応するだろうか。選択肢は二つある。一つはあくまでもペルシア王に忠誠を尽くして侵略者と戦うこと、もう一つは自分の利得を守るため忠誠の相手を乗り換えることである。後者の場合の必須条件は、自分が現在有している地位・財産・名誉を、新たな支配者が忠誠と引き換えに安堵してくれることである。忠誠と保護という互酬関係が成り立ちさえすれば、忠誠を尽くす相手は必ずしもペルシア王でなくてよい。

現代から見ればこれは裏切りと言えようが、そうしたレッテル貼りは国民国家の時代に生きる我々の偏見である。ここに現代との決定的な相違がある。近代以降に登場した国民国家においては、教育やマスメディアを通じて日頃から自国への帰属意識＝国民意識が涵養される。戦時には国家が国民の愛国心に訴えて戦意高揚を図り、戦争遂行に向けて国民を一致結束させ、戦局不利ともなれば徹底抗戦を呼びかける。こうして形成された国民意識は、たとえ自国が戦争に敗れても消滅せず、むしろ戦後復興の精神的な拠り所として新たな成長を遂げていく。今日の我々が当然のように保持しているこうした国民意識は、もちろんアカイメネス朝には存在しなかった。確かにテュロスのように徹底抗戦した事例はある。しかしそれも王の恩恵を期待してのことであり、テュロス人の抗戦は国民意識ではなく忠誠と保護の互酬関係に適合した行動であった。

互酬関係の継承者

こうして見ると、アレクサンドロスの征服戦争の成否は個々の戦闘の勝利だけでなく、互酬関係に由来する恩恵をペルシア人支配層に保証できるか否かにかかっていたと考えられる。そしてこの点で彼は確かに成功を収めた。遠征一年目にサルディスの守備隊長ミトレネスの帰順を受け入れ、彼の名誉を守ったことは重要な先例となった。三年後、ガウガメラの会戦に続くバビロンとスーサの総督の臣従が流れを決定した。マザイオスもアブリテスも自己の地位と名誉を守るため忠誠の相手を乗り換え、これに応えてアレクサンドロスも二人に総督の地位を安堵した。翌年には、ダレイオス三世の逃避行に従ったペルシア人高官たちが、追撃中のアレクサンドロスに続々と帰順した。新たな支配者への臣従が自分たちの利益にかなうことを、彼等は十分に確信できたからである。

アカイメネス朝の寛容で柔軟な統治体制は、様々な言語や宗教をもつ諸民族を一つにまとめあげるのに非常に有効であった。反乱は起きても一部の地域に限られた。その体制は約二〇〇年間破綻することなく継続し、その基本的な特徴は後のローマ帝国やオスマン帝国にも受け継がれた。しかしアレクサンドロスのように、帝国の征服そのものを目的とする侵略者の前には抵抗力を持たなかった。アカイメネス帝国はその卓越した統治体制のゆえに成功し、その統治体制のゆえに滅亡したのである。

とはいえアレクサンドロスの征服も、ペルシア帝国の体制を破壊することではなく、それを継承することで実現した。ペルシア人支配層は、彼がアカイメネス朝の王たちと同じ類型の支配者であることを認識したからこそ、彼に忠誠を移したのである。この意味でアレクサンドロスは紛れもなくアカイメネス朝の後継者であり、やがて彼自身がペルシア風の支配者へと変容を遂げるのは不可避であった。アカイメネス朝は滅びた。しかしアレクサンドロスがそれを受け継いだ。ペルシア帝国の体制の核心部分は、王朝を越えて生き延びたのである。

（森谷公俊）

註

（1）アイリアノス『ギリシア奇談集』一二・四三、プルタルコス『モラリア』三三六e、P一八・六、八。ダレイオス三世の人物像の詳しい検討は、森谷（二〇〇〇b）一九〇―二〇四頁。

（2）**Kuhrt**（2007）**p.423.**

（3）D一七・六・一―二、J一〇・三・三―五

（4）カババシュの反乱に関する最も緻密な検討は、**Burstein**（2000）**pp.149-154.** それによると、ファラオとなったカババシュの治世は前三三八年から前三三六年初めまでの二年余である。**Badian**（2000）**p.254** は、ダレイオス三世即位の時点で反乱は完全に収束していたと見なす。

（5）ダレイオス三世死去までの東方遠征の概要は、森谷／鈴木（二〇一三）、三大会戦（グラニコス、イッソス、ガウガメラ）の分析は森谷（二〇〇〇b）二―四章を参照されたい。

（6）メムノンについては、森谷／鈴木（二〇一三）三五―三六頁。

（7）Briant（2002）pp.832-840. Badian（2000）p.257も同じ見解である。

（8）バビロンと外国人支配者との関係については、森谷（二〇一六）一六五—一七〇頁。

（9）Briant（2002）p.842は、ダレイオスに最も大きな打撃を与えたのは、ガウガメラの敗戦ではなくバビロンの降伏であったと述べている。

（10）ペルセポリス放火の様態と動機、発掘報告書の検討は、森谷（二〇〇〇a）。

（11）諸説については、森谷（二〇一六）一八六—一八八頁。

（12）ダレイオス追撃に関しては主に次の研究に依拠した。von Stahl（1924）pp.312-329; Atkinson（1994）pp.133ff., pp.265-267. 実地調査の成果は森谷／鈴木（二〇一三）一一六—一二二頁。

（13）カスピア門については、Standish（1970）pp.17-24.

（14）C五・一三・二三以下とJ一一・一五によると、一人のマケドニア兵が泉のそばで瀕死のダレイオスを発見し、ダレイオスは彼に遺言を託したという。もちろん後世の創作である。

（15）Kuhrt（2007）p.421, 454; Waters（2014）p.215. アレクサンドロスの晩年にも、大王自身がそれと知らぬうちに同様な儀礼が行なわれた（A七・二四・一—三、D一七・一一六・二—四、P七三・七—七四・一）。前三二三年のこと、バビロンでアレクサンドロスが玉座を離れた間に見知らぬ男が玉座に上がり、王の頭飾り（ディアデーマ）と王の衣装をつけて座った。大王は陰謀を疑って男を尋問したが要領を得ない。占い師から不吉な前兆だと言われたので、大王はこの男を死刑にした。なぜこのような事件が起きたのか。これより前にバビロンの神官たちが大王の凶兆を知り、バビロンに入らないよう勧告したが、結局大王は市内に入った。このため神官たちは、「身代わりの王」の儀礼を用いてアレクサンドロスの生命を救おうとしたのだと解釈できる。森谷（二〇一六）二三五—二三七頁参照。

（16）Briant（2002）pp.866-871

（17）　傭兵部隊の指揮官となったアテネ人クセノフォンがこの退却を記録したのが『アナバシス（一万人の退却）』である。

参考文献

アイリアノス（松平千秋・中務哲郎訳）『ギリシア奇談集』岩波文庫、一九八九年
アッリアノス（大牟田章訳）『アレクサンドロス大王東征記（上）』岩波文庫、二〇〇一年
クセノポン（松平千秋訳）『アナバシス――敵中横断六〇〇〇キロ』岩波文庫、一九九三年
クルティウス・ルフス（谷栄一郎・上村健二訳）『アレクサンドロス大王伝』京都大学学術出版会、二〇〇三年
ポンペイウス・トログス／ユニアヌス・ユスティヌス抄録（合阪學訳）『地中海世界史』京都大学学術出版会、一九九八年
プルタルコス（井上一訳）「アレクサンドロス」村川堅太郎編『プルタルコス英雄伝（中）』ちくま学芸文庫、一九九六年所収
森谷公俊（二〇〇〇a）『王宮炎上――アレクサンドロス大王とペルセポリス』吉川弘文館
森谷公俊（二〇〇〇b）『アレクサンドロス大王――「世界征服者」の虚像と実像』講談社選書メチエ
森谷公俊（二〇一六）『アレクサンドロスの征服と神話』（興亡の世界史）講談社学術文庫（原著、二〇〇七）
森谷公俊／鈴木革（写真）（二〇一三）『アレクサンドロス大王』河出書房新社
Atkinson, J. E.（1994）*A Commentary on Q.Curtius Rufus'* Historiae Alexandri Magni *Book 5 to 7.2*, Amsterdam.
Badian, E.（2000）"Darius III", *Harvard Studies in Classical Philology* 100, pp.241-265.
Briant, P.（2002）*From Cyrus to Alexander; A History of the Persian Empire*, Indiana.
Burstein, S.M.（2000）"Prelude to Alexander", *Ancient History Bulletin* 14.
Kuhrt, A.（2007）*The Persian Empire; A Corpus of Sources from the Achaemenid Period*, Volume 1, London and New York.
Standish, J. F.（1970）"The Caspian Gates", *Greece & Rome* 17, pp.17-24.
von.Stahl, A. F.（1924）"Notes on the March of Alexander the Great from Ecbatana to Hyrcania", *Geographical Journal* 64, pp.312-329.
Waters, M.（2014）*Ancient Persia; A Concise History of the Achaemenid Empire*, 550-330 BCE, Cambridge University Press.

第七章
パルティア王国・ササン朝ペルシアの治世とゾロアスター教

一　ペルシア民族の復興

イラン系民族が建国したパルティア王国とミトラ教

アケメネス朝ペルシア発祥の地パールス地方は、イラン高原の南西部にあり、帝国は前三三〇年にアレクサンドロス大王によって滅ぼされる。大王は、その後インドまで遠征を続け、バビロンに帰還し前三二三年に三二歳の若さで死去した。

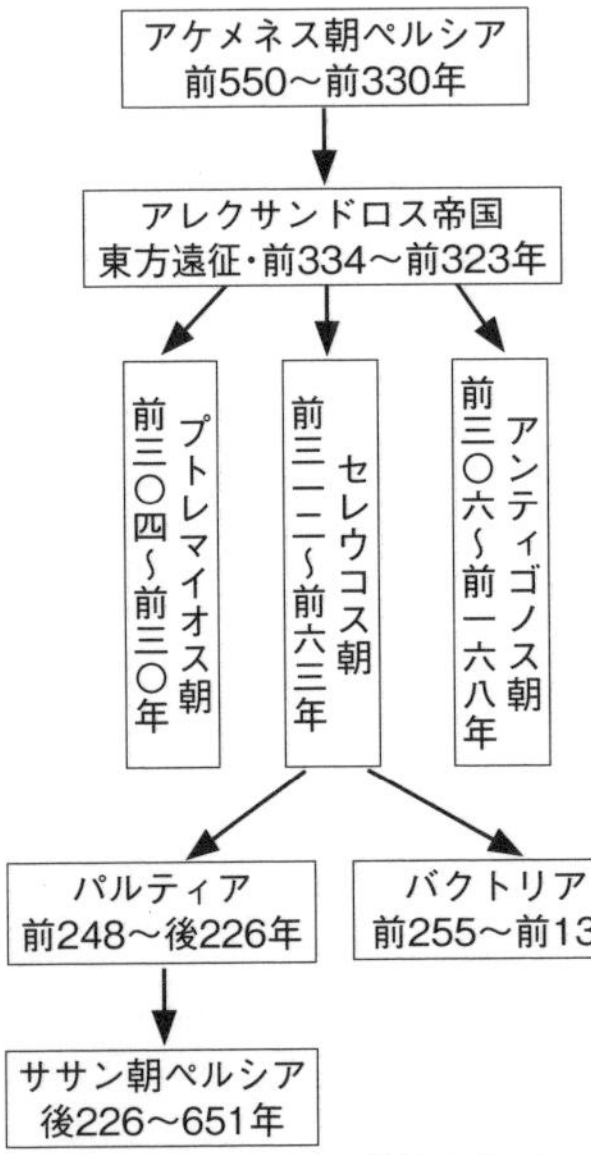

図1　ヘレニズム世界の文明史

その後、アレクサンドロス帝国は、マケドニアの将軍たちによるディアドコイ戦争が起り、帝国は最終的に三つに分裂し、旧シリア領を含め広大な東方を支配したのが、セレウコス一世が興したセレウコス朝（前三一二～前六三）であった。この王朝は、さらにアフガニスタン周辺を支配するバクトリア王国（前二五五～前一三九）とパールス地方を含めたイラン周辺を支配するパルティア王国（前二四八～後二二六）に分裂する。

このパルティア王国では、かつてのアケメネス朝の伝統を守りペルシア王を名乗る君侯があらわれる。アルサケス一世（在位前二四八頃〜前二一四頃）を開祖とするパルティア王国は、自由な宗教的雰囲気をもっており、後二世紀頃にアレクサンドリアなどに神秘思想とキリスト教が結びついたグノーシス思想がおこった。グノーシスとは、ギリシア語で「知識」という意味をもち、ヘレニズム世界に流行した神秘主義的哲学である。呪術と霊魂論、反世俗主義、救済論が結びつき徹底した霊肉二元論を唱え、霊的世界の英知を覚知《かくち》する者は不死が与えられるとするもので、その後のオリエントやマニ教に影響を及ぼすが三世紀頃には衰える。

グノーシス思想は、ゾロアスター教との間に基本的な面で乖離《かいり》がある。前者は世界を悪の創造物と捉えているのに対して、後者では世界は善が悪を滅ぼす戦場であるとしている。いっぽう、光と闇の戦いや知恵をもたらす大天使の存在などに共通点がみられる。

図2　ミトラダテス１世のドラクマ銀貨
左（表）・遊牧民の頭巾をかぶっている

中央アジアとイラン高原北部の遊牧国家パルティアを古代オリエントの雄邦に発展させたのは、ミトラダテス（ミトリダテス）一世（在位前一七一—前一三八）である。彼は、東西交易を活発に行って飛躍を遂げ、バクトリア王国を攻撃して隣接領土を割譲《かつじょう》させ、メディアに侵入してティグリス河畔のセレウキアを占領する。メソポタミアを征服した彼は、「大王」と称し、以後四〇〇年にわたるパルティア王国の基礎を固めた。

パルティア王国を支配した彼らの出自は、カスピ海東南のホラサーン（イラン北東部）に拠点をおくインド・ヨーロッパ語族の遊牧民と思われ、他部族を制圧して次第に王国の体制を整え、土地に定着して宮廷をもつに至った。首都を度々変えたところをみると、その基底に遊牧民的嗜好《しこう》の流れが看取せられる。

テヘランにあるイラン考古学博物館に、高さ二メートルほどの「パルティア王子像」が展示されている。イランのシャミから出土した前二世紀頃のものといわれ、等身大の銅製立像は、当時の王族の風貌をうかがわせ、実際に側に立って見上げると威風堂々としている。その近くにフーゼンスターン州から発掘された石棺が展示されているが、棺《ひつぎ》に刻まれている人物像は、アケメネス朝とは異なりヘレニズム文化の影響がみられる。

パルティア王国は、バクトリアの支配者となったクシャーン朝（後一～三世紀頃イラン系の王朝。三代目のカニシカ王の時代にガンダーラ美術の担い手となった）と対立するものの、敵はローマ帝国であった。

ローマ帝国のトラヤヌス帝（後九八～一一七）の時代に、アルメニアとの国境問題をめぐってパルティアとの間に紛争がおきる。彼は東方に目を向けエフェソスからキニアを通って一一四年にアンティオキアに着き、アルメニアを帝国の一州にしてエデッサを占領するが、この間におけるパルティアの記録は沈黙している。

パルティア時代に信仰されたのは、アーリア人の光明神ミトラを崇拝するミトラ教（ミトラス教ともいう）である。ここでミトラ教に目を転じよう。

ミトラの神の名称が碑文に登場するの

図3　パルティア王子像
イラン考古学博物館・シャミ出土

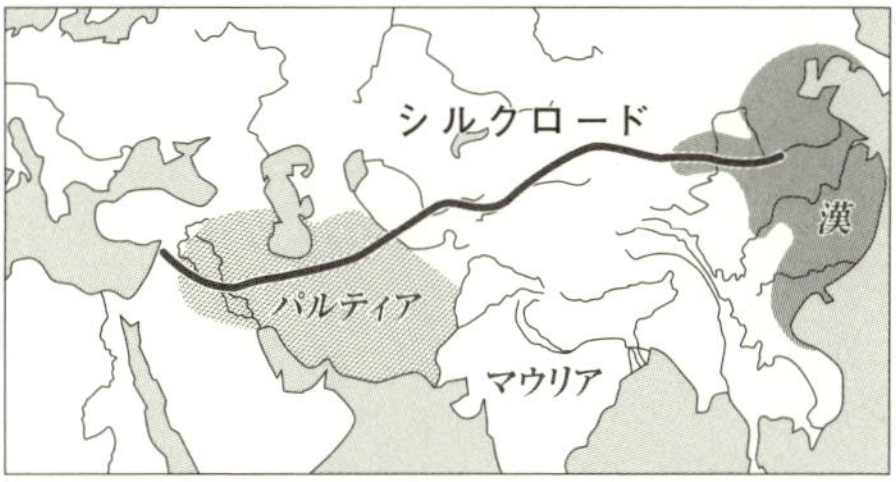

図４　前３世紀頃のユーラシア大陸

図５　ミトラ神（左）
（イランのターク・イ・ブスタン）

は、前五世紀頃であるが、ミトラ神に対する信仰はもっと古く、前一四世紀に北部メソポタミアのミタンニ王国の神として現われる。ミトラは、聖典『アヴェスタ』に収められた宗教では、光明世界と闇世界の仲介者の役目を担っていた。アケメネス朝のアルタクセルクセス二世（在位前四〇四〜前三五九）以後、諸王がミトラ神を栄光の授与者、戦争の加護者として尊敬していたことは間違いない。

　ミトラ神の礼拝は、岩の洞穴の中で行われ、水が流れる神殿の奥に「牡牛殺害」の浮彫をつくる。この構図は、ミトラが牛の後脚をもってつれていき、剣を心臓に刺して殺すというもので、この生贄《いけにえ》の体からすべての植物が生じる。牡牛を殺す行為は、光と生命の再生を象徴しているのであろう。

　ミトラは、犠牲を行ったのちに昇天して信徒に不死の喜びを保証し、信徒は祭官によって洗礼・斎戒《さいかい》・清浄食による身体の浄化を経て七つの修業を経過する。

　七つの段階には、「大鴉《カラス》・花嫁・兵士・獅子・ペルシア人・太陽の使者・父」という名がつけられており、この奥儀《おうぎ》到達への試練の関門をへて得られる死の境地こそ、人々の希望であった（足利惇氏『ペルシア帝国』）。信徒にとって、共同体の儀式で口にするパンとワインは、牡牛の肉と血を表わしている。

　東方起源の来世を約束する個人救済のミトラ教は、ペルシアをはじめ中央アジアや小アジアにひろまっていく。トルコのネムルト・ダー遺跡からは、太陽神ミトラに後光が射す彫刻がみつかっており、王みずからミトラ神と直立した形で相対し、盟約の印として手を差し伸べる様子が浮彫されている。

バクトリア王国の首都だったといわれるアフガニスタンのアイ・ハヌム遺跡の周辺で発見された銀貨には、ギリシアの主神ゼウスの頭部に放射状の線が刻まれている。アイ・ハヌムは、アレクサンドロス大王の死後にアム・ダリアのほとりに花開いたヘレニズム都市であった。

この地は、大王が残したギリシア人を中心とするバクトリア王国の拠点として一五〇年ほど繁栄するが、前一四五年頃遊牧民のサカ族の侵攻にあって滅亡する。

遺跡は、一九六一年に発見され、一九六五年からフランスのポール・ベルナール氏を団長として発掘調査を始めるものの、一九七九年のソ連邦のアフガニスタン侵攻によって戦火の中に置き去りにされる。アイ・ハヌムの神殿に、アジアとギリシアの二つの神の姿を兼ね備えた像があった。発掘チームの一人であるフランツ・グリュネ氏の推理によれば、神殿にはギリシア人からみれば最高神ゼウス、アジア人からみれば太陽神ミトラが祀られていたという（ＮＨＫプロジェクト『文明の道』）。

ヨーロッパに目を移そう。ローマ人は、イタリア半島に移動して来たインド・ヨーロッパ語族で、ローマ市を拠点に勢力をのばしオリエントを侵略する。こうしたアジア世界との交わりの中で、ミトラ教はローマ帝国に伝わりキリスト教と並ぶ一大宗教に成長していく。

密儀宗教は、信徒だけに奥儀《おうぎ》を教えるという秘密性をもち、陶酔や熱狂を伴う過激な祭儀を体得するという宗教感情の高ぶりを特徴にしている。秘密性と過激性ゆえに危険なカルトととらえられ排除されることもあるが、ローマ帝国内では一世紀頃急激に浸透していき、三世紀には最高国家神に吸収され男性的性格を有していることから軍隊などの支持を集めた。

イタリアには、数カ所にミトラ教の遺跡が確認されている。ナポリの地は、ローマ帝国の頃に皇帝たちの別荘がおかれた所で、その近くのカプアで一九二二年に地下宮殿が発見された。近くの住民が井戸を掘っていて見つけたといい、地下に瓦礫《がれき》が埋まっていたおかげで鮮明な壁画が保存されていた。

神殿奥の壁面の高さ二メートルほどの半円形の中に、短剣を持って牡牛を殺すミトラが大きく描かれている。茶色の服を着たミトラが、白い牡牛の背中に乗って短剣を振りかざし、牡牛は頭を持ち上げ悲鳴をあげている構図である。ミトラの左右には、頭上から光を放つ太陽神と頭の背後に三日月をもつ月の女神が配されており、これは生と死を表現したものであろう。

ローマ帝国時代の代表的遺跡といえば、「ローマ市民の広場」を意味するフォロ・ロマーノである。この広場の聖なる道の下に「巫女たちの家」や「ウェスタ神殿」などがあり、当時のローマがエジプトの神セラピスや天の父としてギリシアのゼウスと同じ性格をもつユピテル、小アジアの大地母神としてのキュベレ女神、ギリシア系の酒神ディオニュソスといった種々の神を信仰する多神教世界であったことをうかがわせる。

フォロ・ロマーノの一角にミトラ教の祭儀が行なわれた場所があり、ミトラ教はキリスト教と並んで広く流布していたことを示す。一九三八年に発見されたローマ市内の「サンタ・プリスカ教会」の地下神殿にも牡牛を倒すレリーフが描かれている。

いっぽう、マケドニア王国のアレクサンドロス大王の母親オリュンピアスは、トラキア地方の乱痴気騒《らんちきさわ》ぎを伴うディオニュソス神を崇める密儀宗教を信仰していた。ディオニュソスは、芸能やワインの神として古代ギリシアでは広く崇拝され、オリエントまで信仰がひろがっていく。太陽神ミトラは、東方では未来仏の弥勒となり、弥勒信仰は日本の飛鳥時代に流布する。

ローマ帝国の皇帝や兵士たちは、ミトラ教を信仰した。「ワタリガラス」から「兵士」さらに「父」へと階級があがる事やミトラ神は無敵だという思考が信仰を強めていったのである。

帝国史上最悪の皇帝と称されるコンモドゥス（在位一八〇〜一九二）は、ミトラ教を国家の宗教として認知したし、軍人出身のアウレリアヌス（在位二七〇〜二七五）は、太陽神を祀る神殿を建てミトラの誕生日を国の祭日とした。強大なローマ帝国は、やがて広大な領土の安定化をはかるため四分割統治を始めるが、最終的にリキニウス（在位三〇八〜三二四）とコンスタンティヌス一世（在位三〇六〜三三七）が生き残り、三一三年にミラノで会見し帝国を二分割することで合意する。そして、

あらゆる宗教に対し信仰の自由を認め、キリスト教を公認して没収した教会財産を返却する（ミラノ勅令）という命令をローマの全属州総督に出す。ここに、キリスト教は三〇〇年以上を経てローマに認められることになった。

キリスト教が公認される中で、皇帝に即位したユリアヌス帝（在位三六一〜三六三）は、キリスト教はまやかしで、おぞましいものと感じた。彼は哲学に傾倒し、ミトラ信仰をはじめとする種々の密儀宗教に参入する（本村凌二『地中海世界とローマ帝国』）。ユリアヌス帝の異教復興策は、時代の底辺を流れる動きを敏感に受け止めたものであったが、三六三年のペルシア遠征で傷を負い死去する。

その後、テオドシウス一世（在位三七九〜三九五）は、キリスト教ニカイア派（アタナシウス派）を国教とし三九二年には、他の宗教をすべて禁止するに至って、ミトラ教は衰亡の一途をたどっていった。

筆を前にもどす。パルティア王国はローマ帝国との二七〇年にわたる抗争と和平の繰り返しの中で、次第に国力を消耗していった。ローマ皇帝カラカラ（在位二一一〜二一七）は、アンティオキアに滞在していた時、パルティア王国のアルタバヌス五世に対して王女との結婚を申し入れた。

アルタバヌス五世は、これを承諾しカラカラ帝は新郎の資格でクテシフォンに向かって出発した。ところがその祝宴中に多くのパルティア人が殺害される事件が起り、アルタバヌス五世は逃亡し、カラカラ帝はメディアの

大半を寇掠《こうりゃく》した。

そして、二二六年にアルタバヌス五世は殺害され、パルティア軍の残存部隊は山中にのがれ、彼の息子アルタヴァスデスが数年間抗戦するものの、ついに捕えられクテシフォンで処刑される（足利惇氏『ペルシア帝国』）。ここにパルティア王国は、四〇〇年にわたる社稷《しゃしょく》（土地の神＝社と五穀の神＝稷）の幕を閉じたのである。

ローマ帝国と戦ったササン朝のシャープール一世とパルミラの女王ゼノビア

パルティア王国にかわって西アジアに覇権を確立したのが、パールス地方（アケメネス朝発祥の地）から興ったササン朝ペルシア（後二二六～六五一）である。王朝の開祖ササンは、この地方のアナーヒーター女神の聖火を護持する祭司で、その子パーパクが祖父を暗殺してペルシア王となる。

パーパクの子アルダシール一世（在位二二〇～二四〇）は、二二六年にクテシフォンを首都にして「諸王の王＝シャーハン・シャー」を名のった。新王朝の対外政策は、旧領の回復と東方のクシャーン朝を破って中央アジアのシルクロードの拠点を手に入れることであった。

ササン朝は、アルダシールの子シャープール一世（在位二四〇～二七二?）の時代に目覚ましい発展をとげる。彼は即位すると、「イランと非イランの諸王の王」を名乗り、東方のクシャーン朝（中国とのシルクロード貿易にかかわる）を抑え込んで交易路を確保し、北へ転じてバクトリアを併合するとともに、西方ではアンティオキアを占領してローマ帝国内に侵入を果たす。

二六〇年のエデッサの戦いでシャープール一世は、ローマ皇帝ウァレリアヌス（在

図６　アルダシール１世のドラクマ銀貨
左（表）・冠をかぶり長いひげをはやす帝王

位二五三〜二六〇）を敗り、皇帝を捕虜にした。エデッサは、アブラハム（イスラエル民族の祖でメソポタミアのウルの出）が、カナンへの出発点としたハランの北東三〇キロにある都市で、ローマの老皇帝は囚われの身のままこの世を去ったという。

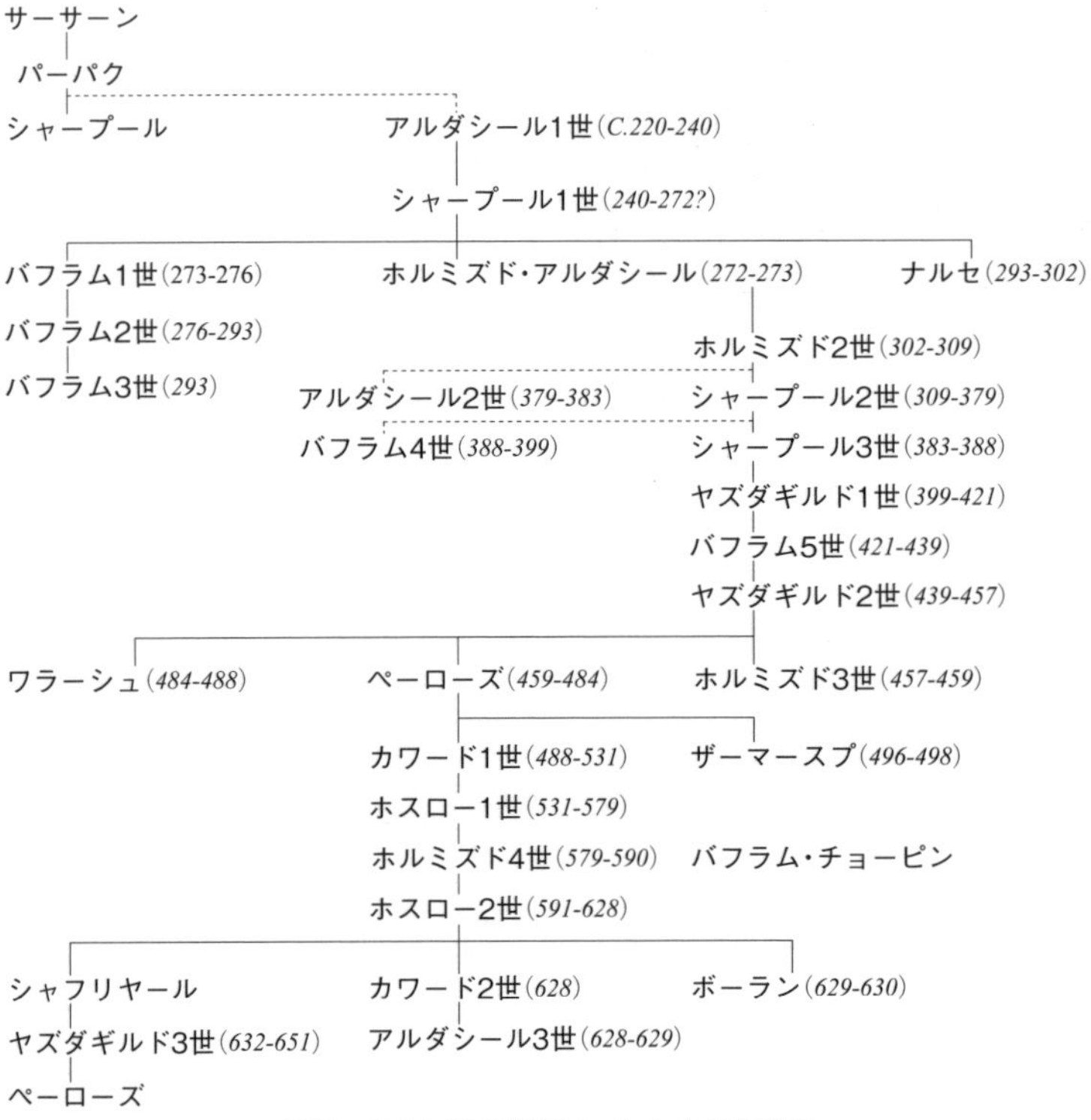

図7　ササン朝の略系図　（　）内は在位年

ササン朝は、ゾロアスター教を国教にし、帝王たちは聖典の編纂を手がけるとともに、祭司（マギ）を使って思想統制を行った。シャープール一世は、ゾロアスター教やキリスト教、グノーシス思想などを組み合わせて独自の救済宗教を創立したマニの教えに傾く。

マニ（二一五頃〜二七六頃）は、バビロン生まれで一二歳の時、双子と呼ぶ精霊の訪れを受け新しい信仰への自覚をもつ。二四歳の時、再び精霊があらわれて彼に啓示を与え伝道を命じた（山本由美子『マニ教とゾロアスター教』）。

マニ教は、ゾロアスター教など諸宗教の要素を加え、修正、改革したものといわれ、光と闇、精神と物質の本質

図８　シャープール１世のドラクマ銀貨
右（裏）・拝火檀が刻まれている

図９　マニとマニ教徒の壁画（中国のカラホージョ出土）
長澤和俊『シルクロード文化史』参照

的かつ永遠の対立が続き、そのため魂の肉体からの解放をはかる上で修業が必要であるという。ゾロアスター教が現世的、禁欲的な宗教ではないのに対し、マニ教は禁欲的で、現世から逃れることを教え人間の繁殖を悪ととらえた。

シャープール一世は、はじめマニに好意をよせていたが、次第にゾロアスター教に傾注しマニを国外に追放する。そのためマニは、インドやチベット、中国を遍歴しているうちに、シャープール一世が死に帰国を許され、第三代のホルミズド（フルマズド）・アルダシールに厚遇される。次のバフラム一世はマニを捕えて処刑しマニ教を禁止したが、ホルミズド二世（在位三〇二～三〇九）はマニ教禁止令を廃止した。

マニ教は、ゾロアスター教から本質的な教義を換骨奪胎《かんこつだったい》（先人の思想や語句を少し変えて自作のものにする）した非論理的宗教として批判にさらされるものの、国外ではひろく伝播し、ローマ帝国に伝えられエジプトから北アフリカを経て西南ヨーロッパに、シリアを通って小アジアにまで弘布《ぐふ》した。

ここで「シルクロードのバラ」と称される隊商都市パルミラと女王ゼノビアについてふれておきたい。

二六〇年のエデッサの戦いでローマ軍が、シャープール一世率いるペルシア軍に敗れると、パルミラを統治していたオダイナト（オダエナトゥス）は、弓兵隊を主力とするパルミラ軍を率いて意気揚々と帰国の途につくシャープール一世を攻撃し、多くの戦利品を獲得するとともにローマ皇帝から東方領行政総監督官の称号を得る。

オダイナトの後妻になったのがゼノビアであった。彼女は、遊牧アラブの首領ザッバイを父に美貌のギリシア人女性を母として生まれ、少女時代より激しい性格の持ち主だったようで才色兼備、文武両道にすぐれ、上手にラクダを乗りこなす騎者に成長していく。

パルミラの語源は、「パルム＝ナツメヤシ」といい、ヘレニズム時代以降ギリシア人にそう呼ばれていた。また、『旧約聖書』には、この町はソロモン王（在位前九七〇～前九三一）が建てたタデモルとして登場するほど歴史は古い。

パルミラは、シルクロードの中継点でありシリアの首都ダマスカスの北東二三〇キロの砂漠の中にある。ユーフラテス川からシリア砂漠を横断してダマスカス、地中海に至る欧亜回廊に位置するキャラバン都市は、交易路の安全を確保するために強力な軍隊を擁するローマとパルティア王国の緩衝《かんしょう》国家であった。

図10　隊商都市・パルミラ（シリア）
シルクロードのバラと称された

特にローマとのつながりが深く、地租を免除されるなど優遇され、中国の絹、インドやアフリカの香料、象牙、真珠などの珍重な商品の取引きによって莫大な富を蓄えていった。パルミラ商人は、シリアとメソポタミアを結ぶ交易路だけでなく、ペルシア湾からインド北西部でも活躍するとともに、ダマスカスやエジプトに進出するなど、前一世紀から後三世紀にかけて繁栄をきわめ人口は数万に達していたという。

二六七年にオダイナトが、ゴート族を討伐するためカッパドキアに向う途中で暗殺されたため妻のゼノビアが、幼年の息子を王位につけ自ら摂政となって実権を握り勢力を急速にひろげていった。そして、ローマの隙を衝く外交と進撃でわずかの間にエジプトと小アジアを奪い、ユーフラテス川からナイルまでの広大な領土を版図《はんと》にしてしまう。

彼女は、ローマ帝国の羈絆《きばん》を脱し大シリア王国を建設して「アウグスタ＝女皇帝」を自称するとともに、ギリシア文化の讃美者としてギリシアから建築家を招き建造物をつくる。

パルミラの遺跡をみてみよう。東西の十字路に位置する隊商都市にふさわしく、当時の繁栄ぶりをうかがわせ、市街の南東部にはパルミラの主神ベールを祀る神殿がある。ベールは、主人を意味し豊穣の神としてシリアで特に信仰されていた。

一辺二一〇メートルの正方形の基壇に牆壁《しょうへき》をめぐらし、その中に五〇メートル、三二メートルの神殿と左右に聖龕《せいがん》があり、左手には宇宙神《ベール》・太陽神《ヤルヒボル》・月神《アグリボル》の三神が祀られている。ベール神殿から凱旋門《がいせんもん》に行き列柱通りに入る。幅一一メートルの大通りは、一三〇〇メートルにわたって延びており、大通りの両側に平行して幅六メートルの歩道が走り、木造の屋根がついた店舗が並んでいた。

大通りに並ぶ大理石の列柱は、高さ一〇メートルのコリント式円柱で、当時は七五〇本あったものの、現在は一五〇本が残るのみである。円柱の持ち送りには、パルミラの功労者の彫像をのせ、顕彰文を刻んで道行く商人たちの目にとまるようにした。

凱旋門から四面門までの大通りの南側には、ナバ神殿、円形劇場、アゴラ、キャラバンサライがあり、商取引や集会がひらかれた。四面門の北方には、バール・シャミン（天の主、ギリシアのゼウスに相当する）神殿があり、その突きあたりの葬蔡殿の地下室に死者が葬られた。葬蔡殿を左手に行くとダマスカス門がみえ、ここから西方へギリシアやローマへ向う道となっていた。

パルミラの遺跡でひときわ目をひくのは、郊外にある住居型と地下型の墳墓である。墳墓の一つ「三人兄弟の

図11　主神ベールを祀る神殿

図12　ナバ神殿からみる列柱通り

墓」は、T字形プランで周壁に三九〇体あまりの墓がある。「エラベールの墓」は四階の塔になっており、各階に四八体の遺体を収容し入口を死者の浮彫で飾るというネクロポリスである。パルミラの遺跡は、往時の国境地域の隊商都市の性格をあらわしており、ギリシア・ローマ的なものとパルティア風の混淆《こんこう》がみられる。

富裕な商人や貴族の人々を葬った墓地から発見された死者の半身像は、パルティア風の服装をしており、パルミラがパルティアと密接な関係にあったことを推知せられる。

さて、貨幣に刻まれているゼノビアは、ほっそりとし小柄にみえる。狩猟が好きで王宮ではペルシア式の儀式を行い、公式の場ではローマ皇帝と同じ紫の衣をまとい、ラテン語やギリシア語に通じユダヤ教徒やキリスト教徒を保護した。

図13　パルミラの女王ゼノビアの貨幣
表・冠をかぶり鼻が高く目は前方をむいている

ゼノビアは、ペルシア文化についての素養をもち、当時ヨーロッパから西アジアに浸透していたギリシア・ローマ文化の知識を取り入れようとしていたのであろう。

息子を王位につけ実質的な権力者となったゼノビアは、次第にローマ帝国と対決するようになる。その理由としては、パルミラを挟みササン朝とローマ両国の対立が続き、シリアや地中海を結ぶ東西交易が衰退し隊商交易を基盤にするパルミラの経済が危機に瀕《ひん》したため、それを打開することを狙ったことがあげられる。

ローマ帝国に反旗を翻《ひるがえ》して大王国の建設を夢みたゼノビアは、シルクロードの交易路を確保し隊商から得る関税を我が物にしたかったにちがいない。

ローマ皇帝アウレリアヌス（在位二七〇―二七五）は、ゼノビアの行動を怒り、二七二年七月にアンティオキアの東に軍をおくり両軍は激突する。これに勝利したローマ軍は、アンティオキアに入城し、ギリシア人やローマ人の多かった住民から歓迎をうける。

二度目の両軍の戦いはエメサであり、ゼノビアは七万の精鋭部隊を集結させるものの、ローマ軍に敗れ戦況の不利を悟ってラクダで脱出し、ササン朝のシャープール一世に援助を求めたが、ユーフラテス川のほとりでローマの騎兵隊に捕えられた。パルミラは、ローマ軍によって徹底的に破壊と略奪がおこなわれ、再び立ち直ることはなかった。

ゼノビアは、古代オリエント世界において最も気高く美しい女性であった。肌色は浅黒く瞳は神秘的な輝きを放ち声は澄んでいたという。ローマ軍に敗れた彼女の運命は、どうなったのであろうか。五世紀のビザンツ（ビザンティン）帝国の歴史家ゾシモスの『新歴史』には、

連行される途中で病死したか、自ら食を絶って死んだ。

とある。

いっぽう、『ローマ皇帝群像』には

二七四年、アウレリアヌス帝のローマ凱旋式の列に加えられ、彼女は捕虜として黄金の鎖で引かれた。その後、邸宅が与えられローマ貴婦人として平和な余生を送った。

と記されている。

こうして砂漠の徒花《あだばな》のように咲いた隊商都市パルミラと女王ゼノビアは、歴史の舞台から姿を消し、それはシルクロード史の永遠の謎として、ロマンを掻き立てている。

二〇一五年五月、衝撃的なニュースがテレビと新聞で取り上げられた。それは、イスラム教過激派組織「イスラム国」（ＩＳ）が、パルミラを制圧し、多くの住民を殺害して世界遺産の都市遺跡が危機にさらされているというものである。

イスラム国（ＩＳ）は、イスラム教の極端な解釈に基づいて、イスラム教が禁じる偶像崇拝につながるとして、ニムルドやホルサバード、ハトラなどの歴史的建築物や石像などの文化財破壊を繰り返してきた。その理由は、イスラム国（ＩＳ）に対する求心力を高め、国際社会に力を誇示するとともに闇ルートで古代の文化遺産を売ってそれを資金源にしようとするものである。

一九八〇年代にメソポタミアで発見された石造物や宝石は、「ニムルドの秘宝」と呼ばれ、古代文明を研究する上での最も重要な歴史の証人であり、ホルサバードは、前八世紀にサルゴン二世が造営した首都で、厚さ二五

遺跡名	全盛期	破壊された遺跡
ニムルド	アッシリア帝国の首都 前９世紀に全盛期	古代都市の遺構
ハトラ	パルティア王国の円型要塞都市 前１世紀頃に全盛期	収蔵されている石像
ホルサバード	アッシリア帝国の首都 前８世紀サルゴン２世が造営	都市遺構
パルミラ	シリア砂漠の隊商都市 前１〜後２世紀に貿易中心地	バール・シャミン神殿

図14　イスラム教過激派組織「IS」による歴史遺産の破壊行為

メートルの城壁に七つの城門があり、メソポタミア文明の宗教観を象徴する「有翼人面獣身像＝ラマス」が多数出土しているところである。

パルミラは、世界遺産に認定された古代都市遺跡の中でも保存状態がよく、年間一五〇万人をこえる観光客が訪れる人気の場所でもあった。ところが、イスラム国が二〇一五年五月、パルミラの制圧を宣言したため遺跡群の破壊が懸念された。

パルミラと奈良県は縁が深い。一九八五年頃、シリア沖で古代の壺「アンフォラ」が発見され、それが契機となって一九八八年に「なら・シルクロード博覧会」を開催するはこびになり、開催中は、シリアからお借りした「アンフォラ」を海のシルクロード館に展示して話題を呼び、私も何度かテレビで紹介した。

その後奈良県は、一九九〇年から橿原考古学研究所の西藤《さいとう》清秀さんを中心とする学術調査団をシリアに派遣し、二〇年あまりにわたって発掘調査に係わった。

二〇一五年八月二五日、イスラム国（ＩＳ）は、バール・シャミン神殿を爆破したとする画像をインターネット上に投稿した。画像には、外側の柱に仕掛けられた爆弾や神殿から舞いあがる煙、爆破後のがれきなどが写し出されていた。

一二平方キロの広さのパルミラ遺跡は、祭儀に使われたベール神殿を中心に町ができており、バール・シャミン神殿はベール神殿に次ぐ大きさで、ギリシア的な建築様式をしており、天の神を祀ったりキリストを祀ったこともある。イスラム国（ＩＳ）が破壊したのもキリストに連なる遺跡であるのが、その理由であろう。

イスラム教過激派組織は、この他にもイスラム教指導者の墓や博物館にあったライオン像などを破壊し、遺跡とその周辺に地雷を設置しているという。橿原考古学研究所が二〇〇二年に発掘し、彫刻を復元させた二世紀頃の地下墓も盗掘被害を受けている。

ユネスコは、二〇一三年にパルミラ遺跡を「危機遺産」に認定している。二〇一五年一二月、レバノンの首都ベイルートで「シリア考古学会議」が開催され、世界の歴史学者が集った。

二〇一六年三月二七日、シリアの国営メディアは、アサド政権軍がパルミラ全域を一〇ヵ月ぶりに奪還したと報じた。

シリア文化省のアブドルカリーム局長によると、「バール・シャミン神殿」や「ベール神殿」は、石柱などの一部を残し瓦礫《がれき》が散乱しているが、「円形劇場」は破壊を免れ、墓石などの多くは無傷であるという。ただ、「ゼノビアの像」などは行方不明となっており、元通りに戻すのは困難が予想される。イスラム教過激派組織「イスラム国」（IS）は、憎悪と恐怖で人々の分断をねらっており、さらに世界有数のオリエントの遺跡が破壊される危険性を孕《はら》んでいる。

ササン朝諸王の治政と宗教政策

ササン朝の王位継承は、王族や貴族、祭司らの思惑《おもわく》が錯綜《さくそう》して円滑には進まなかった。シャープール一世の死後、バフラム一世（在位二七三〜二七六）が継いだ。彼はマニを排斥しようとするゾロアスター教の祭司たちの意見を受け入れてマニを処刑する。

つぎのバフラム二世（在位二七六〜二九三）は、ゾロアスター教の中興の祖とされるカルティールを重用《ちょうよう》し、マニ教、ユダヤ教、キリスト教などすべての異教を禁止し、拝火殿を建てゾロアスター教は国教としての地位を確立していった。

さて、ササン朝の時代、アレクサンドロス大王はどのようにみられていたか。大王は、ゾロアスター教のアンラ・マンユ（悪魔のなかの悪魔）が善なる神を滅ぼすために送り込んだ「悪人」であり邪悪な侵略者と考えられた。ササン朝は、自らをアケメネス朝の後継者と位置づけており、大王を「悪魔」に仕立てあげることによって正当性をアピールしたのである。この時代は、ローマ帝国と激しい抗争が続いており、ローマ人をアレクサンドロス大王の子孫とみなしていたのだろう。

ところが、ササン朝がイスラム勢力に滅ぼされると、大王は「悪魔」から「英雄＝聖人」として迎えられる。広大な領土を席捲《せっけん》して帝国を築きあげたイスラム教徒の間で大王は「世界征服者」の原型として理想化されることになる。イスラム世界で大王は「コーラン」に登場する英雄「二本角の人《ズール・カルナイン》」と同一視され、イスラム教の敬虔《けいけん》

図15　バフラム２世の金貨　左（表）・シャープール１世の娘にあたる王妃と並んでいる

図16　アレクサンドロス大王像　前２世紀
（トルコ・イスタンブール考古学博物館）

な信徒、聖戦の同志としてもてはやされた（澤田典子『アレクサンドロス大王』）。

ササン朝時代のオリエントは、辺境にアラブ人やエフタル人がおり、アラブ人はアレクサンドロス大王の東方遠征後、ペトラやパルミラで強力な隊商都市を建設し部族社会を営み、いっぽう、三世紀頃西方のバクトリアにエフタル（白匈奴《しろきょうど》）が出現する。エフタルは中央アジアの古代遊牧民でイラン系とみられ、中国の絹をシルクロードを通して販売した。

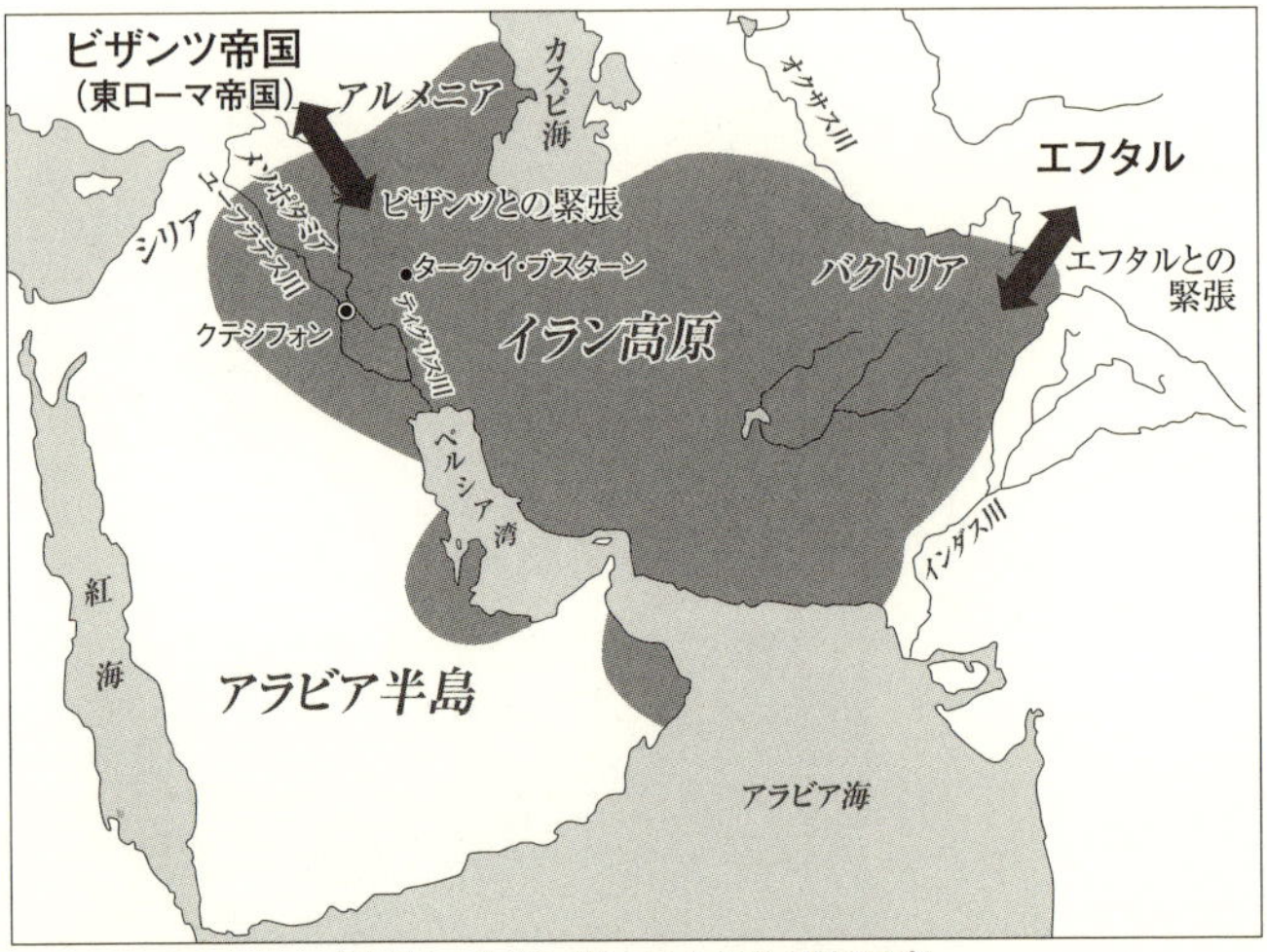

図17　ササン朝ペルシアと周辺国家

三一三年にローマ皇帝コンスタンティヌス一世（在位三〇六〜三三七）がキリスト教を公認すると、ササン朝とローマの対立は宗教的要素が加わり激化する。さらに、三三〇年に首都がコンスタンティノープル（現在のトルコ・イスタンブール）に遷ると、両国は地理的、心理的に近くなり対立が激化し、三九五年にローマ帝国が分裂するに至って、ササン朝の相手はビザンツ帝国（東ローマ帝国）にむかい緊張が高まっていく。

ただ、ヤズダギルド（ヤズデギルド）一世（在位三九九〜四二一）の時代は、宗教を平等に扱いキリスト教徒にも寛容であった。四三一年のエフェソス公会議（トルコ）によってキリスト教ネストリウス派が異端と宣言され、ビザンツ帝国から追放されると、ササン朝の帝王は彼らを受け入れた。

五世紀に入ってアジアに重大な社会的変動がおきる。インド

図18　ヤズダギルド1世のドラクマ銀貨
左（表）・三日月の冠をかぶる帝王

図19　ペーローズのドラクマ銀貨
左（表）・鷲の翼のついた冠をかぶる帝王

のクシャーン朝にかわって遊牧民のエフタルが台頭し、ササン朝への侵入をはじめる。ペーローズ（在位四五九～四八四）は、エフタルの撃退をめざすが逆に自らが捕虜になってしまい、息子を人質に差し出し釈放されるという失態を演じる。エフタルのもとで育った息子は、ペーローズの死後、エフタルのあと押しで王位につき、カワード一世（在位四八八～五三一）を名のる。

この頃、領土内が大飢饉に見舞われ社会の不安が蔓延《まんえん》する中で、五世紀頃に登場したのがゾロアスター教の祭司マズダク（マズダグ）であった。マズダクがイラン社会に出現したのは、マニ教が没落してから二〇〇年後のことであり、彼は、イラン東部ホラサーン州のニシャプールの出身で宗教思想としては、頽廃《たいはい》期におけるゾロアスター教の一産物といえるものである。

マズダクは、現実世界における一切の罪悪の主因は嫉妬・憤怒《ふんぬ》・貪欲《どんよく》にあり、これらを解脱《げだつ》の妨害物ととらえた。また、この世における矛盾・憎悪・戦争は暗黒の所産で、これらの害毒の原因は婦女子や財産にあり、この原因根絶のために婦女子や土地財産を社会的共有にすべきときわめて異例な主張を説く。

現世に欲望をもたず、無所有を徳として不殺生や禁欲を良しとし、肉食を禁じ土地所有の執着を断つためにすべてを共有にするなど、マズダクは社会が原始的理想社会に帰ることを説いたのである。

カワード一世は、王権を左右する貴族や聖職者を抑えるため、マズダク思想を遵奉《じゅんぽう》し、理想の上にのみ可能となる思想を社会の上に実行させ、実行に必要な法規を設定し公布させた（足利惇氏『ペルシア宗教思想』）。社会は、マズダク教の平等主義的原理と共産主義的理想を歓迎し、生活苦がひろがる情勢を背景に民衆の間に浸透していった。

ところが、結果は不行跡と怠惰《たいだ》、無秩序がはびこり、暴動や略奪がおき、極度の人心不安が全土をおおい社会の混乱を助長することになった。カワード一世は、皇太子のホスロー一世に命じ、社会の安寧《あんねい》に大害のあるマズダクの教説の絶滅を期し、五二八年にマズダクおよび指導者を集め一人残らず謀殺した。こうしてマズダク教は衰退していく。

ホスロー一世は、帝国の秩序の再建に力を竭《つく》し没収された地主の土地の返還や賠償を行う。婦女の共有思想で生まれた多数の私生児に対しては、王自らが後見人となり、男児には財をあたえ妻を迎えて新しい貴族を創立させ、女児には結婚の手助けをしたという。

ホスロー一世の全盛期から滅亡へ

カワード一世の後継者ホスロー一世（在位五三一〜五七九）は、社会混乱をおこしたマズダク教を禁圧し中央集権化をはかる。彼は、中央アジアの突厥《とっけつ》と同盟を結び、五八五年にエフタルを倒すとともにシリアに侵攻してアンティオキアを陥してイエメンまで征服し、紅海貿易においてビザンツ勢力に対抗した。

そのいっぽう、ビザンツ帝国の皇帝ユスティニアヌス一世（在位五二七〜五六五）と、五六一年に五〇年間の和平条約を結ぶなど積極的な対外政策を押し進めた。

内政的には、土地台帳を完成し収穫高に左右されない定額地租（ハラージュ）を採用し、非土地所有者やキリスト教徒、ユダヤ教徒には人頭税を課して税収の安定化をはかった。この地租は、その後のアラブ征服時代

図20　ホスロー1世のドラクマ金貨
左（表）・「栄えあれホスロー」の銘がある

図21　ヤズダギルド3世のドラクマ金貨
表・「繁栄、栄あれ」の銘がある

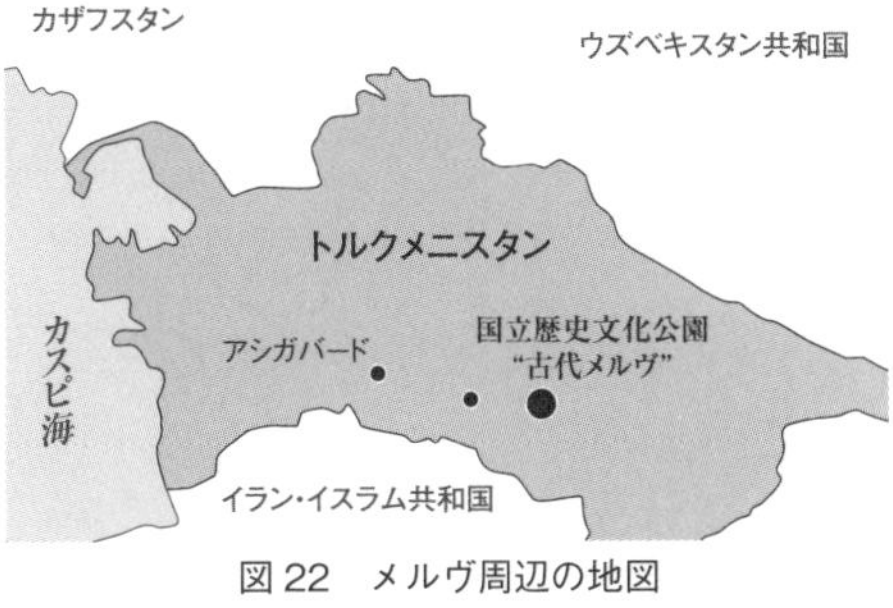

図22　メルヴ周辺の地図

（イスラム）の課税のモデルになる。また、アルファベットを用い中世ペルシア語の注釈をつけて聖典『アヴェスタ』を完成させ、ゾロアスター教の宗教制度を確立した。

さらに、ビザンツ帝国のユスティニアヌス一世による異教弾圧によって五二九年にアテネのアカデミアが閉鎖されると、ギリシア人の医者や哲学者、文学者を招き入れて研究機関を設立し、ギリシア語やサンスクリットの著書をペルシア語に翻訳するなど文化の興隆に情熱を注ぐ。

インドの一〇進法は、この頃採用されたのである。ホスロー一世の時代は、国力を増進させ軍事力を強化させるだけでなく、文化的にも華やいだササン朝最大の繁栄をもたらし、五七九年に亡くなると「不死の魂を持つもの」と諡号《しごう》された。

ホスロー一世の後、国力は次第に衰退の道をたどるが、ホスロー二世（在位五九一～六二八）の時代、エジプトのアレクサンドリアやシリアのダマスカスを占領するなど、蝋燭《ろうそく》の残り火が激しく燃えるのにも似て最後の輝きをみせる。彼は、エルサレムを攻め、コンスタンティヌス帝の母ヘレナが発見したという「真の十字架」を奪って持ち帰るが、やがて軍の反乱にあって殺害される。

そうした中で、ビザンツ帝国の皇帝イラクリオス（ヘラクレイオス、在位六一〇～六四一）が、ササン朝を攻撃してユーフラテス川以西の領土を占領し、いっぽう、エフタルにつづく西突厥《とっけつ》（テュルクの漢字音写でトルコ系）が、アフガニスタンに定着するなど各地で半独立王国が形成され、ササン朝の王権は有名無実の状態になっていった。

ホスロー二世を継いだ息子のカワード二世（在位六二八）は、ビザンツ帝国との関係修復に務め「真の十字架」などを返還するが、病に倒れて治世は短命におわる。その後、内乱が続発する中で王位はホスロー二世の子どもたちの間でたらい回しされ、孫のヤズダギルド三世（在位六三二～六五一）が二一歳で王位につく。

この頃の東西貿易は、ササン朝とビザンツ帝国の長く続く戦争のため、両国の国境が封鎖され紅海航路やペルシア湾航路が安全でなくなる。このため、シルクロードの陸路で運ばれた商品も南海路で運ばれた商品もアラビア半島経由を余儀なくされ、メッカ（サウジアラビア）は国際中継貿易の拠点として繁栄していった。

メッカの商人ムハンマド（五七〇頃～六三二）が説いたのがイスラム教である。ムハンマドは、唯一神アッラーの啓示を受けた預言者であると自覚し、当時のアラブ人の宗教であった多神教と偶像崇拝が、堕落《だらく》をまねいているとして一神教のイスラム教を唱えた。

イスラム教の教典『コーラン』は、ムハンマドにくだされた啓示の記録で、その内容は信仰だけでなく世俗の生活なども規制するものである。

ムハンマドの死後、アラブ社会はしばらく混乱するが、イスラム教徒は指導者としてアブー・バクル（五七三頃〜六三四）を選び結束を取りもどす。彼は、預言者の代理人「カリフ」を称し、離反したアラビア半島の諸部族を征服してイスラム共同体を結成し、やがて大征服の道を切りひらく。

ササン朝最後の帝王ヤズダギルド三世は、北上して来たアラブ・イスラム勢力の侵入にあい、六四三年にハマダンの南方ニハーヴァンドの戦いで惨敗を喫す。その後、彼は首都クテシフォンを捨てペルシア国外を流浪し、六五一年にメルヴ近くで地元民の手にかかって果て、ここに、ササン朝は名実ともに滅び、王子ペーローズは唐王朝の都長安へ亡命することになる。

図23　ササン朝の王都ビシャプール

二　王都ビシャプール

壮麗な防塞都市の構造

シーラーズから西へ一〇〇キロあまりいくと、シャープール一世（在位二四〇〜二七二）が二六六年に建設したササン朝の王都ビシャプールに到着する。フランス調査隊が、この遺跡の発掘を最初に手がけたのは、一九三三年から一九四〇年にかけてのことで、私が、ここを訪ねたのは二〇一二年九月四日のこと。私たちより先にフランスの観光客数十人が見学していた。

大都市の中心部は、一部しか発掘されておらず、くずれた城壁が点在する。ただ、複合建築による王宮など当時の壮麗さを思わす建造物が目につく。

ビシャプールの建築は、パルティア建築の様式が原形となっており、その代表

図24　ビシャプール遺跡を調査する筆者

的な都市ハトラは、メソポタミアの北部にある二・七キロ四方の円形要塞都市であった。ビシャプールの遺跡は、アケメネス朝の都ペルセポリスの豪壮さとは対照的に秀麗であるが、宮殿は分厚い石積みの防壁に囲まれており要塞といったほうがいいかもしれない。シャープール一世は、ローマ帝国との戦いに勝利し、ローマの七〇〇〇人の捕虜を連行して造営にあたらせた。

ササン朝建築の特徴の第一は、内側の丸天井の間に空間を設けた二重殻のドーム（円屋根）を使用することで、この工法はビザンツやイスラム建築に影響を及ぼした。

第二は、ヴォールト（穹窿《きゅうりゅう》）の形とこれを生かしたイーワーンである。イーワーンとは、大きなアーチ型の開口部を四角く枠取りした門構えで、ティムールが首都にしたサマルカンドで発達した。サファヴィー朝（一五〇一～一七三六）の五代アッバース一世（在位一五八七～一六二九）が都にしたイスファハーンのイマーム・モスク（一六三七年に完成）も壮麗なイーワーン様式の建築である。

ペルセポリスにみるアケメネス朝の建築は、垂直な柱と水平の梁を中心にしているが、ササン朝の建築は、ドームやアーチといった曲線構造を多用している。

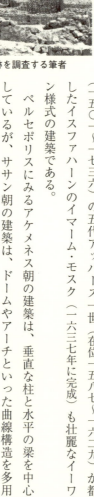

遺跡を調べてみると、十字形プランの謁見の間や王の住む宮殿、華麗なモザイク壁画が施された部屋、アナーヒーター女神を祀る神殿などが確認できる。宮殿の東西南北の入口は、十字形になっており、これはゾロアスター教の四つのエレメント、火・水・土・風をあらわしているのであろう。

宮殿の中央に、ゾロアスター教の女神アナーヒーター神殿がある。神殿は

図25　銀製水差・アナーヒーター女神
（テヘラン考古学博物館）

一四メートル四方に囲まれ、六メートル低いところに床があり、これは、地面を掘り下げることによって近くの川から水を引き込み神事を行ったことのあらわれである。

イラン高原に生きる人々にとっては、農耕と牧畜を左右する季節と天候こそが重要であった。特に乾燥を恐れる人々は、雨水の源泉である天空に対して心をくばり、アフラ・マズダに向かって慈雨の恵みを祈願した。やがて天空に雨水を貯える大海があったり泉が浮かび、海の中にある山には聖なる月の樹が存在するという信仰がひろがっていった。

ゾロアスター教の聖典『アヴェスタ』には、この泉を「アルドゥヴィー・スーラー・アナーヒーター」という。「豊かな、権威ある、純潔なもの」という意味をもち、これは古代ペルシア人に人気のあった豊穣《ほうじょう》の女神アナーヒーターのことである。

また、天空の海には一本の聖樹があり、これを「ハマオ」別名「ガオケレナ」と称し、インドでは「ソーマ」といい、この樹液を飲めば不死の生命が得られると考えた。「ガオケレナ」とは牛の角のことで、天空に青白く輝く三日月が牛の角に似ているところから「月の樹」という。遊牧生活をおくる人々は、羊や鹿などに親しんでおり、動物の角の形と三日月が類似していることからこれを月の動物と考えた（林良一『シルクロード』）。

ササン朝の工芸美術は、古代ペルシア人の天空信仰を含むゾロアスター教を背景にして成立しており、ビシャプールの遺跡は、ササン朝の御稜威《みいつ》（天子や神の御威光）を示すものといえる。

王権を誇示するナグシェ・ロスタムとナグシェ・ラジャブ

ペルセポリスの北六キロのところに、台地が北向きに傾斜しているナグシェ・ロスタムがある。名称は「ロスタムのプレート」といい、英雄ロスタムの名を冠にしている。

ペルシアの文学は、口誦によって伝承されることが多く吟遊詩人は各地で持て囃《はや》された。民族詩人アブール・フィルドゥースィーは、イラン系のサーマーン朝（八七五～九九九）時代の文芸復興の刺激を受け、一〇一〇年にマスナビィー（叙事詩）詩形による六万頌《しょう》からなる民族叙事詩『シャー・ナーメ Shah nameh＝王書』を完成させた。

図26　クセルクセス１世（右）とダレイオス大王（左）の墓　ナグシェ・ロスタムに立つ筆者

フィルドゥースィーは、イラン東部からインドの一部を支配したガズナ朝（九六二～一一八六）に仕え、大叙事詩を書き上げたが、当時使われていたアラビア語を用いず、母国語であるペルシア語を使っているところにイラン人が国民的詩人と仰ぐ所以がある。

彼の書いた『シャー・ナーメ』は、人類の祖カユマルスから書きおこしササン朝最後の王ヤズダギルド三世までの神話や伝承、歴史を集大成した文学的薫りの高いもので、今日まで受け継がれている文化遺産である。この中に、ササン朝時代の将軍として活躍したロスタムが描かれており、この英雄の名が付けられたのが、ナグシェ・ロスタムの由来である。ちなみに、パフラヴィー王朝の創始者レザー・シャーは、一九三四年にテヘランでフィルドゥースィーの一千年祭を催している。

私が、ナグシェ・ロスタムの遺跡の前に立ったのは、二〇一一年九月三日のこと。幅三百メートルの断崖にアケメネス朝四人の帝王の墓がある。右

図27　王墓と謎の方形造建物（右）

からクセルクセス一世（在位前四八六～前四六五）、ダレイオス大王（在位前五二二～前四八六）、アルタクセルクセス一世（在位前四六五～前四二四）、ダレイオス二世（在位前四二三～前四〇四）の王墓が並ぶ（**口絵写真**）。

それは、あたかも大ワシが羽根をひろげているような巨大なもので、アケメネス朝帝王の権威を象徴しており、墓の正面をギリシア十字形に岩壁を切り取り、中央を宮殿の入口に模して彫刻してある。帝王の墳墓は、高さ二三メートル、幅一八メートル。その下にあるササン朝帝王の浮彫は、高さ七メートルの位置にあり、帝王の姿を目のあたりにすることができる。

ダレイオス大王の墓は、キュロス大王の石棺式墳墓とは形が異なる。彼の遺体は、ペルシアの奥深いポルヴァール川の畔《ほとり》、クーヘ・ホセイン山に死体曝《さら》し台をつくってハゲタカに喰わせ、骨だけをナグシェ・ロスタムに掘り込んだ磨崖墓に埋葬したという。磨崖墓には、次のような碑文が刻まれている。

偉大なるかなアフラ・マズダ、ここなる大地を創りたまい
人を創りたまい、人に平安を創りたまい
ダレイオスを王となしたまい
多くの者の唯一の王と多くの者の唯一の支配者となしたもうた

ダレイオス大王の墳墓は、螺旋《らせん》階段になっており数十年前までは中に入ることができた。内部は、三つの部屋に仕切られ、それぞれに石棺が置かれていたという。入口は、ペルセポリスと同じようにタチャラ（宮殿風）に造られており、下の部分は基壇のかわりとなっていて入口の左右に四本の柱があり浮彫されている。

ダレイオス大王の墓の向い側に、高さ一一メートル、幅七メートルの重厚な方形建造物がある。この方形建造物は、ゾロアスター教の方形墓（カーバ・イ・ザルドゥシュト）と呼ばれているものの、拝火神殿か、それともアナーヒーター神殿か、聖典『アヴェスタ』の写本を保存する倉庫か、謎を深めており確定する証拠はみつかっていない。

フランス人でペルシア文明の遺跡を数多く調査したロマン・ギルシュマンは、ササン朝時代に方形墓の周りの野天で祭儀が行なわれたとして、次のような見解を示している。

ペルシア人は、その神々を崇めるに際して血なまぐさい犠牲を奉げた。供犠はマギたちの手により、きわめて原始的な儀式の中で行なわれた。この儀式には、インド・ヨーロッパ語族のはるかな過去をうかがわせるものがある。マギは、メディア出身の祭司集団で、古代ペルシアにあって重要な役割を果たした。祭儀は、野天の拝火壇のまわりで行なわれた（『古代イランの美術』）。

さて、ササン朝の帝王たちは、崇拝する遠祖アケメネス朝の帝王の墓前で神授式を行い記念碑をつくった。ナグシェ・ロスタムを調査していると、アケメネス朝の四人の帝王の墓とともにササン朝の帝王と高僧の雄姿が八カ所にわたって浮彫されていることを確認した。

○初代アルダシール一世の王権神授式
○二代シャープール一世の戦勝図
○三代ホルミズド一世
○四代バフラム一世と五代バフラム二世の戦勝図
○五代バフラム二世とエラム
○七代ナルセの王権神授式

図28　アルダシール１世の王権神授式

図29　シャープール１世戦勝図
ローマ皇帝・ウァレリアヌスを跪かせる

○八代ホルミズド二世
○高僧カルティール

ダレイオス大王の墓の直下に刻まれている「アルダシール一世の王権神授式」は、アフラ・マズダによる王権の授与の場面で、両者が馬に乗りその足元には敗れた悪者のアーリーマンが横たわっている。

次の帝王シャープール一世は、岩壁浮彫を五ヵ所に造らせているが、その一つがナグシェ・ロスタムの「シャープール一世戦勝図」である。彼は、二四四年にユーフラテス河畔でローマ皇帝ゴルディアヌス三世（在位二三八～二四四）を敗北させ、二六〇年にはメソポタミアに軍を進め、エデッサ（トルコ領東南部）の戦いで老皇帝ウァレリアヌス（在位二五三～二六〇）を敗り、皇帝および多数のローマ軍兵士を捕虜にするとともに、地中海のアンティオキアを破壊し、さらに、シリアに侵攻して蹂躙《じゅうりん》と略奪をほしいままにした。

囚われの身となった老皇帝は、紫衣はそのままだが縲紲《るいせつ》（縄で縛る）の身のまま曝《さら》しものにされ、クテシフォンで皮を剥がされ二年にわたる捕囚《ほしゅう》のすえ憔悴《しょうすい》し死に至ったといわれる。ローマ帝国史上、これほどの屈辱を受けた皇帝はいない。

「シャープール一世戦勝図」は、彼が捕虜にしたウァレリアヌス帝の右手をつかむ姿で、高さ七メートルの大きさに描かれており、その栄光を自らの祖先にあたるアケメネス朝の帝王に向かって誇らしく報告している構図である。

これについては、シャープール一世に向って両手をひろげ片膝立てている姿は、臣下の礼であり隷従の仕種《しぐさ》ではないとする説もある。

イギリスの歴史家ギボン（一七三七―一七九四）の著書『ローマ帝国衰亡史』は、トラヤヌス帝からビザンツ帝国の滅亡までを扱った古典的名著として知られているが、その中に、「シャープール王は、馬に乗る時、必ずローマ皇帝の頸筋《くびすじ》を踏み台にした」という伝聞をのせている。これは、ササン朝の野蛮性を強調する西側の言い分かもしれない。

図30　シャープール1世と廷臣

「バフラム一世とバフラム二世の戦勝図」は、上部に二世、下部に父の一世が浮彫されている。馬の足下に跪く人物は不明である。「ナルセ王の王権神授式」は、王を中心にして右側にアナーヒーター女神、背後にアフラ・マズダが描かれている。

いっぽう、ナグシェ・ラジャブは、ペルセポリスから北東五キロのところにあり、ササン朝帝王たちの権威を誇示する浮彫がみられる。高さ三メートルの断崖に、入口から「シャープール一世と廷臣」「ゾロアスター教の聖職者カルティール」「アルダシール一世の戴冠式」「シャープール一世戴冠式」のレリーフが刻まれている。

これらの浮彫の特徴は、帝王と神が同じ大きさに描かれていることで、それによって帝王の力を示そうとしたのである。中でも印象深いのは、「シャープール一世と廷臣」で、彼の衣裳は美しく彫られ馬は豊かに飾られている。馬のところの碑銘には、「シャープール一世を王に指名する」とある。

ナグシェ・ロスタムとナグシェ・ラジャブの遺跡は、アケメネス朝の帝王たちの墳墓であるとともに、ササン朝の帝王たちが祖先に自らの権力を誇示するプロパガンダの場であったのだろう。

三　ゾロアスター教と聖地ヤズド

謎につつまれているゾロアスターの生涯とペルシア帝国

インド・アーリア人とイラン・アーリア人は、太陽や月といった自然神の信仰と犠牲、火やハマオ（植物から汁液をつくり神に捧げ飲む）を使って儀式を行うなど、共通の宗教観をもっていた。

ゾロアスター（ペルシア語でザラスシュトラ＝zarathu shtra）が、いつ、どこで生まれたかについては不明である。前七世紀～前六世紀頃と前一二〇〇～前一〇〇〇年頃という二つの説が有力である。出身地は、イラン高原の北東にあたるトランスオクシアナ（カザフスタン周辺）付近といわれ、スピタマ家の息子として生まれた。

彼の名は、「ラクダを追う者」という意味をもち、周囲の人々の名前にも「馬」や「牛」に関するものが多く、牧畜中心の生活環境にあったのだろう。ゾロアスターは、古代アーリア社会の知的エリートの家に生まれ、すぐ高らかに笑い、この世が救われると予言したという伝説がある。この時代のイランは、遊牧から定住生活へと変わり、いくつもの部族が政治的、社会的統合にむかっていた。

救世主ゾロアスターの誕生は、悪しき者たちにとっては破壊を意味するため、火や馬、オオカミを使って抹殺しようとするものの、守護天使に守られて成長する。彼は、幼少の頃から祭司となる教育を受けていたが、アーリア人の宗教に反旗を翻し彷徨《ほうこう》の旅に出て七年間にわたって荒野で厳しい修行を積んだ。

三〇歳になって、ワンヒ・ダーイトヤ川（現在のアム・ダリヤ）の畔《ほとり》にハマオの儀式用の浄水を汲みに出かけた時に幻をみて、初めて啓示を受ける。光そのものというべき衣裳を着た光輝く存在が対岸の土手に立っているのに接し、その存在に導かれてアフラ・マズダ（叡智《えいち》の主、**口絵写真**）と、それに仕える神々のもとに辿りつき、この瞬間にゾロアスターの魂はひらかれた。

これが啓示の始まりで、アフラ・マズダは、ゾロアスターを厳粛《げんしゅく》のうちに招き寄せて神に仕えさせたといい、一〇年間で七回の対話が行なわれ、ことごとく悪魔の誘惑を退けたゾロアスターは、四〇歳頃から教えをひろめていく。

布教のために彼が詠んだ言葉を「ガーサー」といい、ササン朝時代の『アヴェスタ』に、その一部が伝えられている。日本におけるペルシア文明の研究で多大な業績を残している伊藤義教先生による日本語訳を紹介しよう。

では、わたしは説ききかせよう。さあ、耳を傾けよ。さあ聞けよ。

御身ども近くから、はたまた遠くから来て願いもとめているものたちよ。

さあ、かの方（アフラ）を、みなのものたちよ。心にとどめよ。明らかに見えてましますぞ。

第二の世を邪師に破壊させてはならぬ。

彼はその舌による、邪悪な信条選取のゆえに、不義者と論告されたるもの（『ゾロアスター研究』）。

この頃のペルシアには、ミトラ教など多数の宗教が存在し、それらを信ずる王侯や祭司の反発にあって伝道は困難をきわめる。四二歳の時、バルフ周辺に小国家を建設していたカウィ王朝のウィシュタースパ王家と出会い、まず王妃フタオサーを改宗させ宮廷の人々にも受け入れられていった。ここでも祭司たちの謀略にあい投獄されるが、王の愛馬の異変を奇跡によって救うなどして王の信頼を得た。

こうしたことから推測すればゾロアスターは、宗教的なメッセージよりも呪術的な能力に秀れていたのかもしれない。王に仕えていた祭司の追放とともに、彼は、王の専属神官に任ぜられ一躍宮廷政治家の仲間入りを果たす。さらに、娘を宮廷の有力者ジャーマースパに嫁がせたり、自らもジャーマースパの兄弟の娘フウォーウィーを妻にするなど政略結婚を通して宮廷での地位をゆるぎないものにしていった。王の庇護を受けたゾロアスターは、教団組織を整えたり拝火神殿を建設したりして布教に力を入れ、彼の宗教的思想を広める世俗的な基盤が固まっていく。

ゾロアスターの思想の根底にあるのは、それまでの宗教にはみられない「倫理観」が全面に出ていることであろう。彼は、ペルシア人固有の世界観を受け継ぎつつ、宇宙の創造や世界の存続は倫理に則しているかどうかが重要であると強調した。これに対して周辺の部族は、新興宗教に反発して軍事的に侵攻するが、ウィシュタースパ王は敵を撃退してゾロアスターの教えを守った。

ゾロアスターの死に関しては、いくつかの伝説がある。狼に変装した悪者に殺されたとする説やウィシュタースパ王に敵対する王との争いで拝火神殿が破壊され殺害されたともいわれている。後世の伝承としては、礼拝中に短刀で暗殺されたともいわれ、古代アーリア人の宗教の神官たちが教祖を襲ったのかもしれない。いずれにしても、これらの話はゾロアスターの悲劇的な生涯を喧伝《けんでん》しようとする後世の作為が読みとれる。

ゾロアスターの七七年の生涯は、ベールにつつまれているものの、彼の宗教思想は、その後に生まれる宗教に多大な影響を与えた。例えば、『旧約聖書』の「ダニエル書」には、終末論、メシア待望論、至福千年王国の予言があり、ユダヤ教における「世の終わり」の警告やメシア的救済の信仰、肉体の復活、最後の審判などの思想は、ペルシアから借りたものでキリスト教やイスラム教にもみられる。

ここでマゴス神官団について触れておきたい。メディア王国のメディア人の宗教は、マゴス神官団によって担われ、①拝火儀礼、②曝葬《ばくそう》、③清浄儀礼、④悪なる生物（さそりや蛇）の殺害、⑤最近親婚、⑥牛の犠牲獣祭といった習慣をもっていた。このようなマゴス神官団の宗教は、アーリア人の宗教に多大な影響を及ぼす。

マゴス神官団の影響は、アケメネス朝の第二代帝王カンビュセスの妻が実妹のロクサネであるという最近親婚であることや、ナグシェ・ロスタムに葬られた帝王たちの王墓が曝葬によるものなどからも推し測ることができる。

さて、オリエント世界を統一したアケメネス朝は、広大な地域を支配する中で、メソポタミアなどで盛んだった偶像崇拝や華麗な寺院建築などの様式を吸収し、「火の寺院」の建設をはじめる。

王朝の宗教政策は、キュロス大王の政策を踏襲した柔軟なもので、ゾロアスター教を国教にすることなく、それぞれの民族の宗教を認める文化的多元主義をとった。ただ、アケメネス朝はゾロアスター教の影響を光被《こうひ》して後世の発展の基礎をつくった。

イラン・アーリア人出身のアケメネス朝の帝王たちが、いかなる宗教を信仰していたかについての資料は多くない。ただ、古代ペルシアの中にみられる王室の宗教、ゾロアスター教の聖典『アヴェスタ』、その中の「賛歌＝ガーサー」などから推知できる。

帝王たちは、神々の中の最大の神、つまり、天地創造の神をアフラ・マズダとして尊崇していたことは確かで「ビーシトゥーン碑文」には、アフラ・マズダの恩寵によって君臨し統治上の大権が付与され反乱者を鎮圧したことが記されている。

アケメネス朝の帝王たちが、アフラ・マズダを熱く信仰していたことを示す碑文が残っている。ダレイオス大王の宮殿には、

アフラ・マズダの恵みにより、余はこの砦を建てた。

図31　上がアフラ・マズダ、下がダレイオス大王（右）とクセルクセス（左）

とあり、アフラ・マズダの下にダレイオス大王とクセルクセスの二人が浮彫されている。

私は、二〇一一年九月三日ペルセポリスを調査していて、アルタクセルクセス一世（在位前四六五～前四二四）が建てたトリピュロン（王門宮）で長い碑文に出会った。

トリピュロンは、アパダーナ（謁見の間）と百柱の間をつなぐ形で建設されたもので、そこに「翼のある日輪」であらわされているアフラ・マズダが描かれ、翼壁の南西の隅に死体を置く土台（Foundation Slab）がみつかり、古代ペルシアの碑文が刻まれていた。碑文はいう。

大いなる神は、アフラ・マズダであり、この地を、あの空を、人を、人にとっての幸せを創造し、多くの民のなかの一人の征服者である私クセルクセスが王となった。私は、偉大な王、王の中の王、あらゆる種類の人間を伴う土地の王であり、ダレイオス王の息子であり、アケメネス朝の者だ。私の父ダレイオスが王位を退く時、アフラ・マズダの意志により私が父の席につき王となった。私と父が建造したすべてのものは、アフラ・マズダの意志による。そして、私の王国、私と父が建造したものをアフラ・マズダが守ってくれるように。

このように「ペルセポリスの碑文」や「ビーシトゥーン碑文」などから考察すると、アケメネス朝の帝王たちが、アフラ・マズダを信仰していたことは確かであり、それはゾロアスター教と結びつき神として君臨していたことの証左である。

善悪二元論・終末の思想

ゾロアスター教は、存在のすべてを善と悪に分ける二元論を展開する。この世界は「すべてを知り給う」全能の神で、あらゆる「善《よ》き創造」を行うアフラ・マズダと、「悪《あし》き創造」の神であるアンラ・マンユが対立する戦場であるとし、やがて終末が訪れるという、善悪の対立を軸にした壮大な世界観をもつ宗教といえよう。

この宗教は、インド・ヨーロッパ語族に共通する牡牛の供犠《くぎ》などを取り入れ、イランの神々のパンテオンから一つの神アフラ（サンスクリットではアスラ）を排他的に崇拝対象として選び出し、これをアフラ・マズダ（Ahura Mazde）と呼んだ。その他のアンラやダエーワと呼ばれた神々は悪霊（デーモン）とされ、英語の悪霊（デビル）はインド語に起源をもつ。

アフラ・マズダは、アシャ（天則）やアムルタート（不滅）など六柱を分神として、世界を構成する天・地・水・火・人間・動物・植物の七つのものを創造し、この創造した世界にアンラ・マンユが攻撃を仕かけ、ここに善対悪の戦争が始まる。

聖典『アヴェスタ』によれば、対立する二つの霊があり、善なるアフラ・マズダが生命や光、真理などを選び、悪なるアンラ・マンユが闇や死、偽《いつわり》などを選んだとして、この二つの戦いの中で、人間はどちらに属するかは自由であり、死後に魂が報《むく》いを受けるという。

ゾロアスター教は、善と悪について、悪は善の堕落したもの、あるいは悪は善の欠如したものとしてとらえていない。善と悪は、原初から二つの独立

図32　アフラ・マズダ像（ペルセポリス）

アフラ・マズダ（最高神）
信徒は火を拝し、善き心を持ち、正義に近づくことを望む。
善思・善語・善行の三徳で王国に至ろうとする。
・アシャ（天則）　・ハルワタート（完璧）
・アールマティー（女神で献身）・クシャスラ（善の王国）
・アムルタート（不滅）　・ウォフマナフ（善思）

アンラ・マンユ（悪魔の中の悪魔）
知恵がなく、破壊者で無慈悲である。強欲で嫉妬深く、
世界の主宰者になろうとする。
・アカ・マナフ（悪魔）　・ドゥルジ（虚偽）
・クローマティ（背教）　・サルヴァ（悪の王国）
・ザリチュ（渇）　・ダルウィ（熱）

図33　世界は善なる神と悪なる神との戦い
『未来への遺産・シルクロードのドラマとロマン』参照

図34　チンワトの橋
足利惇氏『ペルシア帝国』参照

した存在であり相互に対立し、二つの間には妥協も類同もない。従ってゾロアスター教徒は、個人それぞれが善か悪かの主体的な「選択」をしなければならない（中別府温和『世界の宗教と経典』）。

この「選択」の結果は、死後四日目の朝に厳正に計算され、善をより多く「選択」した者は天国へ、悪を「選択」した者は地獄へ導かれ、善か悪かの「選択」の結果に対して応報を受けるのは、その人の「魂＝ルワン」である。

人が死ぬと肉体と霊魂は分離する。霊魂は三日の間、死者の頭の近くに坐し四日目の朝「チンワトの橋」を通過する。

この橋は、生前における善行、悪行を量る場所として、生前に善行を施《ほどこ》した者は、橋の幅がひろくなり天国に向うことができるが、悪行に走った者は、橋の幅が狭くなり霊魂は地獄へ堕《お》ちる。橋は、この世とあの世、つまり物質的世界と精神的世界を隔てるもので、これで人間個々の審判は終了する。

善なる神と悪なる神との対立の中で、興味深いの

宗教	終末論
仏教	ブッダの入滅後、正法から像法そして末法の時代がくる。 最後は、暴雨などで宇宙は無になる。そこから世界は形成され生成と消滅をくりかえす。
キリスト教	世界の寿命は7000年でやがて地上は破壊され人々は死ぬ。 そこで最後の審判が下される時、骸骨だけの死者が、肉体と魂の合わさった元の姿にもどる。審判は、死者たちの生前の行いを記している「命の書」によって裁かれ、天国と地獄に分けられる。 ミケランジェロの「最後の審判」はそれを描いている。
イスラム教	終末の時を知っているのは、唯一神アッラーだけである。 突然おとずれる終末では、天地が崩壊しすべてが死に絶えるが、やがて人間は蘇りアッラーの前に集まる。2人の天使につきそわれた人々に、アッラーが天国行きか地獄行きかを決める。

図35　世界三大宗教にみる終末論　船本弘毅『地図とあらすじで読む聖書』参照

は最後の審判や終末における救世主の登場という観念である。個人の死は善なる命が悪に敗北したことを意味し、肉体は滅びても霊魂は天国に向かう。この時に死者を弔《とむら》う者は、死後三日までに悪魔祓いの呪文を唱えて霊魂を悪から守り天国に送り出し、穢《けが》れた肉体は禿鷹《はげたか》に食べさせる。

善悪二元論をはじめ、最後の審判や終末における救世主の登場といった概念は、その後の宗教に影響を及ぼす。救世主とはユダヤ教ではダビデであり、キリスト教ではキリスト自身であり、仏教では弥勒である。

仏教における末世は、釈迦入滅後二〇〇〇年に到来するとされ、平安時代に阿弥陀を信仰し来世において極楽浄土《ごくらくじょうど》に往生することを願う浄土思想が流布するが、これはゾロアスター教の終末観をもとにしている。ゾロアスター教では、世界期間を一万二〇〇〇年とし、これを四期に分け二〇〇〇年の原時間と六〇〇〇年の本来の世界時間、さらに三〇〇〇年の終末期間があるとされており、キリスト教にも終末観があり、それは現在の滅ぶべき「悪の世」と、きたるべき「善の世」とに区別されている（松本清張『ペルセポリスから飛鳥へ』）。

ゾロアスターは、終末を予言している。それによればこの世の終末が近づくと、悪がこの世をおおって大地は荒廃する。さらに彗星《すいせい》が落下し大地は炎につつまれ鉱物が溶けて流れ出す。

この溶鉱を復活した死者が通るものの、善を選択した者は快い温乳に浴し、悪を選択した者は身を焼かれ悶《もだ》え苦しむ。溶解における「最後の審判」は、正邪を分かち応報を実現すべての悪を焼き尽して罪人を浄化する。

ヤズドの寺院と「沈黙の塔」を巡る

私がゾロアスター教の聖地ヤズドを訪ねたのは、乾いた熱風と灼熱の日差しが肌に突きさざる二〇一一年九月五日のこと。ヤズドは、テヘランの南東六六キロ、イランの中央に位置しており、一三世紀頃ここを訪れたマルコ・ポーロは、『東方見聞録』の中で、この地について

ヤズドは学識が高く優秀な人が住む由緒ある町である。絹布の生産が盛んで、外国に販売して莫大な利益をおさめる。

と賞賛している。絹によって繁栄を謳歌したシルクロードのオアシス都市の一つであった。

ヤズドの人口三〇万のうち、一〇パーセントがゾロアスター教徒で、街にはゾロアスター教寺院が何カ所か存在する。そのうち、旧市街から三キロ離れたところにあるアーテシュキャデ（聖なる火の家）は、最も重要な寺院として異教徒でも見学できる。

通用門から入ると、庭に池がひろがり列柱を配した建物はペルセポリスの建築様式を取り入れたものであろう。建物の正面上部に「翼ある日輪」とアフラ・マズダの横顔が描かれたシンボルマークが刻まれており、ゾロアスター教寺院であることを物語っている。

寺院の中は、博物館のようになっており、まず、目につくのは開祖ゾロアスターの肖像画である。白い装束に身をつつみ口元いっぱいに茶色の豊かな鬚をたくわえ帯を締めている。目は青色をしており、左手に棒を持ち右手は人さし指と親指をあげて目もとの位置までもってきて頭上からは光を放つ。その姿は威厳に満ちている。

驚いたのは、ガラスの中の「聖なる火」で、五世紀から一六〇〇年間にわたって燃え続けているという。ゾロアスター教では、世の終わりに人々が蘇えり最後の審判がなされるが、その時に世界は浄化し救済するのが火である。博物館の一角に、聖典『アヴェスタ』の本が展示されている。

太陽と地上における類似物の火は、ともに清浄性をもたらすものであった。インド・アーリア人が、火の神アグニを崇拝し死者を葬送する儀式として火葬用の薪《まき》で浄化するという実践と、イランにおいて遺体を太陽に晒《さら》すという実践とは、その起源において同じ目的をもっていたのであろう。

イランの宗教でひときわ目につくことは、春分に行なわれるノウルーズ（ノールーズ、Naw ruz ＝新しい日）と呼ばれる新年を祝う祭礼である。これは現在も行われている祝祭で、本来はイランの神話においてジャムシード（『アヴェスタ』ではイマと称される）と呼ばれる「原初の人間」と関連していた。

ゾロアスター教徒は、大地や火、水などを神聖なものと考えるため、葬儀は大地を汚すことのない「鳥葬《ちょうそう》」で行なった。今回のイラン旅行で、ぜひ調査したいと思っていたのが「鳥葬」が行なわれていた「沈黙《ちんもく》の塔」である。

アーテシュキャデのゾロアスター肖像画をみた後、私は、ヤズド郊外の丘陵地に向った。目の前に二つの丘陵地があり、左側が女性用、右側が男性用ということで、男性用の高さ五〇メートルの丘に登った。

ゾロアスター教では、人が死ぬと死体悪魔が付き、死体を介して病気や不浄が生じると考え、教徒は、犬や死体を啄《ついば》む鳥によって死体悪魔を排除できると信じた。そして、犬が死体を見るか食うか、あるいは死体を啄む鳥が死体のもとに来れば死体悪魔は北へ去るという。ゾロアスター教の聖典『アヴェスタ』に、次のような記述がある。

黄色の四つ目あるいは白色で黄色の耳をもつ犬が連れてこられるや、かの屍魔《しま》は北方へ逃げる。

図36　ゾロアスターの肖像画と筆者

図37　ヤズドの郊外にある「沈黙の塔」
かつてここで鳥葬が行われていた

もし、屍《しかばね》が死体を食らう犬や鳥によって、齧《かじ》られていたのであれば、自らの死体を水で浄めればよい。かくして、それは再び清浄になる。

黄色で四つ目の犬（両目の上に斑点があり四つ目にみえる）、もしくは白色で耳が黄色の犬を真夜中に連れてきて死体をみせる。犬や鳥の他に、聖なる牛の尿も死体悪魔によって及ぼされた不浄を除き得ると信じた。ゾロアスター教では、死体悪魔によって生みだされる諸々の腐敗と戦い、それらをこの世から排除することによって浄められることが重要なのである。

丘の頂上にある「沈黙の塔」は、直径二〇メートルほどの円形の壁に囲まれ、レンガが積み上げられているだけで屋根はない。外壁は泥で塗り固められているシンプルなものである。入口が一カ所あり、中に入ってみると真中に直径三メートル、深さ三メートルの円形の穴がある。ガイドのアリーさんの説明によると、この場所に遺体を裸にして立てかけたという。

ここに禿鷹などが飛んできて肉体を啄み天国に運ぶ。乾燥した風と灼熱の太陽に晒《さら》された骨は、やがて別の断崖に掘られた墓に移される。これこそ、自然を汚さない葬儀法であり、「沈黙の塔」は、遺体を自然に帰すための巨大な装置となっており、アーリア人の自然崇拝の思想が読みとれる。

鳥葬は、一九三〇年代にレザー・シャーによって禁止され、現在ヤズドの

図38　鳥葬の場所に立つ筆者

ゾロアスター教徒は、イスラム教徒と同じように土葬を行っているとのことである。

丘の上から眺める夕闇せまるヤズドの街とザグロス山脈の山並みは、ゾロアスター教の聖地とあって神秘的で森厳《しんげん》な雰囲気を漂わせ、ルート砂漠は黄色一色に輝いて涯もなくつづく。私は、心惹かれる思いを懐き「沈黙の塔」を振り返り振り返り見ながら、後ろ髪引かれる気持で聖地をあとにした。

現在、世界のゾロアスター教徒は、イランのヤズドに三万人ほど、インドには一〇世紀頃一部の教徒が宗教上の自由を求めて西海岸（ムンバイ）に移住した人たちの子孫が一〇万人ほど、あわせて世界全体で一三万人ほどである。ムンバイでは今も鳥葬が行なわれており、十数年前にそこを訪ねたが、遠くから眺めるだけで鳥葬の場をみることができなかった。

（児島建次郎）

参考文献

伊藤義教『ゾロアスター研究』岩波書店　一九七九年
小川英雄『オリエント世界の発展』中央公論社　一九九七年
屋形禎亮『西アジア』朝日新聞社　一九九三年
山田信夫『ペルシアと唐』平凡社　一九七一年
山本由美子『マニ教とゾロアスター教』山川出版社　一九九八年
足利惇氏『ペルシア帝国』講談社　一九七七年

足利惇氏『ペルシア宗教思想』国書刊行会　一九七二年
長谷川岳男『古代ローマを知る事典』東京堂出版　二〇〇四年
澤田典子『アレクサンドロス大王』山川出版社　二〇一三年
青木健『ゾロアスター教』刀水書房　二〇〇八年
Professor Heidemarie Koch, *PERSEPOLIS AND ITS SURROUNDINGS*, Aidin Avajeghi, 2006
Davood Vakilzadeh, *PERSEPOLIS, The Seat of Persian Kings*, Davood Vakilzadeh, 2009
F. Abrishami Eng, *Pasargadae-Nagsh-e-Rostam-*,House of History and Image, 2009
中別府温和『世界の宗教と経典』自由国民社　一九九八年
大津忠彦『ペルシア文明展』朝日新聞社　二〇〇七年
林良一『シルクロード』時事通信社　一九八八年
松本清張『ペルセポリスから飛鳥』ＮＨＫ出版　一九七九年
ロマン・ギルシュマン『古代イランの美術』平凡社　一九七九年

第八章　人類史の物語を紡いだシルクロード
―ユーラシア大陸を貫く大動脈―

一　長安からローマへ一万二千キロ

峻険な高嶺を縫い熱砂を渡る

シルクロードは、ユーラシア大陸の内陸部を横断しアジアとヨーロッパを結ぶ道で、炎熱のタクラマカン砂漠周辺をめぐり、酷寒のパミールの高嶺を縫い、中央アジアの草原地帯を経て古代オリエントからローマへとつながっている。

それは、悠久のいにしえから近代まで異なる文化と風土を有する東西世界を結ぶ交通の道として、幾多の民族がかかわった人類史上における最大にして雄大な古代ルートであった。

シルクロードという言葉に、世界の人々は何故、胸をときめかし痺《しび》れるのであろうか。それは、これまでの人類が経験した闘争・冒険・愛・欲望などあらゆる情念を語りかけてくるからであろう。

シルクロードを舞台にした名作『敦煌』などを著した井上靖先生に、ＮＨＫのテレビ番組で何度かインタビューする機会があった。井上先生は、シルクロードとは「文明の道」「歴史の通った道」であるとして、

時代が変わり、世が変わっても、依然としてそこの自然は、砂漠もオアシスも草原も、昔ながらの姿を持って

おり、変わるほうは歴史である。そこの自然の中には往時の人間の営みの欠片が人骨のように散らばっている。と語った。印象深い言葉として、いまも脳裏《のうり》に焼き付いている。

シルクロードとは、東西交渉史の発展とともに使われ始めた歴史学の用語である。ドイツの地理学者リヒトホーフェンは、一八六八年から一九七二年にかけて何度か中国を訪れ、その結果、地理学の名著『CHINA』六巻を刊行した。

その中で、古代の中国と西域世界が絹の交易によって結ばれていることに着目し、その道をドイツ語で「ザイデンシュトラーセン（Seidenstrassen）」と名付け、それを英訳してシルクロードという言葉が使われるようになった。彼のいうシルクロードは、長安をでて一つは楼蘭からカシュガルを通りサマルカンドまで、もう一つは敦煌から楼蘭、ホータンを抜けてバルフ（アフガニスタン北部）までの二本の道を指していた。

ところが、それから三〇年後にドイツの東洋学者アルベルト・ヘルマンは、シルクロードが絹の販路というなら絹はバルフで止まることなく、シリアから海路コンスタンティノープルやローマまで運ばれており、ここまで延長すべきと論じた。ヘルマンの主張は東洋学者に支持され祖述される。戦後、東西交渉史の研究が進むにつれて、歴史的にその範囲が広がり、オアシスルート・ステップルート・南海路の三つの道の概念が成立する。

中国では絹がローマに運ばれたことから「絲綢之路《しちゅうのみち》」という漢字を充てており、西から東へには玉《ぎょく》や青銅が運ばれ、天文学や仏教などの宗教も伝えられた。つまり、「絲綢之路」は、単に絹が運ばれただけでなく、ユーラシア大陸を東西南北に緻密《ちみつ》に広がる「ネットワーク＝網」であり、太古の時代から連綿《れんめん》と続く東西文化が交流した道なのである。

伝説によれば、絹の製法は中国文明五〇〇〇年の祖である黄帝《こうてい》の皇后嫘祖《るいそ》が、蚕《かいこ》が糸を紡ぐのをみていて思いついたという。考古学的には、先史時代の遺跡から蚕の繭が出土しており、殷代《いんだい》（前一六世紀頃～前一一世紀）

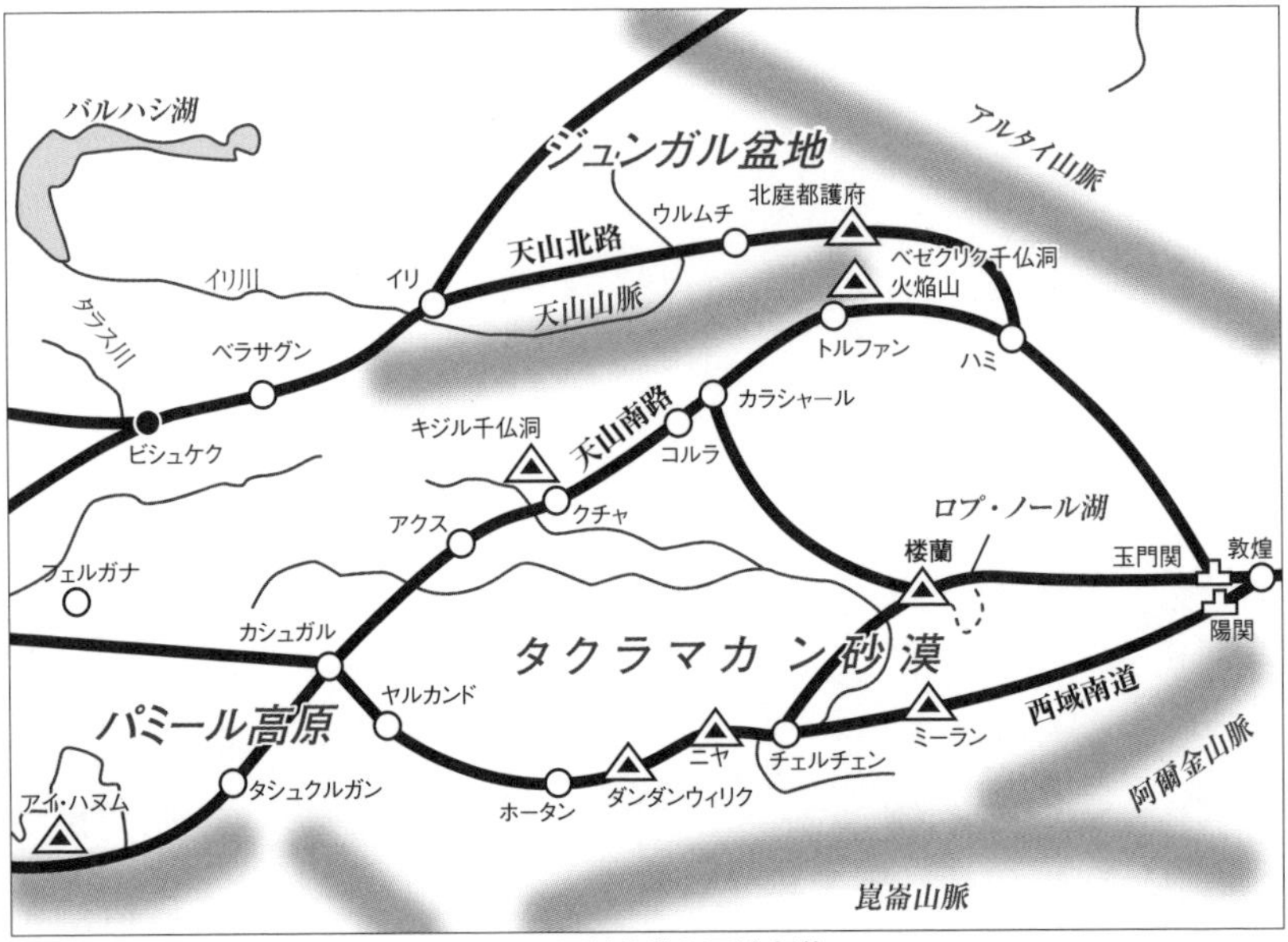

図1　西域北道と西域南道

になると、甲骨《こうこつ》文字に「蚕」「桑」「絹」「帛」などの文字がみられ、青銅器にも絹の織物が付着していた。

蚕に桑の葉を食べさせて繭をつくり、それをほぐして糸を紡ぐという絹の製法は、二〇〇〇年前までは西方世界に伝えられていなかった。

前一世紀頃のローマ時代の歴史家ストラボン（前六四～後二一）は、地中海世界の各地をめぐり、史実や伝承を『地理学』にまとめている。その中に、ヨーロッパ人が初めて絹を見たのはアレクサンドロス大王の東方遠征の途中、前三二六年頃にマケドニア軍の部将ネアルコスがインダス川を渡りパンジャブ地方に侵入した時といい、木綿と軽くて柔らかいセリカの織物に出会ったという。

セリカとは、絹をつくる民という意味で、ローマ人が漠然と中国のことを呼んだ言葉である。ストラボンは、絹の製法について「亜麻《あま》の表皮を漉《す》いてつくる」と記しており、古代ローマ最大の詩人ウェルギリウス（前七〇～前一九）は、農耕詩『ゲオルギカ』の中で、

セレス人は、櫛《くし》で木の葉を漉いて繊細な糸を採る。

と述べている。紀元前後のローマの貴婦人の間では、軽くて柔らかく光沢のある絹を愛用する人が増え、紫の絹布はこれと同量の黄金を敷きつめなければ買えなかったといわれ、ローマ帝国の初代皇帝アウグストゥス（在位前二七〜後一四）は、黄金の流出を防ぐため、絹を着ることを一部禁止するほど流行したという。

さて、シルクロードのメインルートは、中国の長安から河西回廊の祁連《きれん》山脈に沿って、甘粛省のゴビ砂漠にある武威、張掖、酒泉、敦煌を経て天山山脈の東の端のトルファン（高昌）に至る。ここからタクラマカン砂漠の北縁にあるカラシャール（焉耆《えんぎ》）、クチャ（亀茲《きじ》）などのオアシス都市を通りカシュガル（疏勒《そろく》）に着く。さらに、パミール高原（葱嶺《そうれい》）を越えてバクトラ（藍氏城《らんしじょう》）に出てエクバタナに抜ける。

古代の道は、イランのエクバタナからメソポタミアのティグリス、ユーフラテス川の上流を横切って地中海沿岸のアンティオキアに出て、ここから海路でローマに向かう。この道の中国側、つまり、タクラマカン砂漠を挟んで天山山脈の南縁を通る道を天山南路・北縁を通る道を天山北路（あわせて西域北道）、崑崙《こんろん》山脈の北縁を通る道を西域南道と呼ぶ。

二　英雄たちの夢の跡・イランのエクバタナ

ギャンジ・ナーメの碑文とライオン像

アケメネス朝の夏の都であったエクバタナは、現在ハマダーン（皆が集る地）といわれ、ハマダーン州の州都で陶芸の街として知られている。

イラン北西部のザグロス山中には、イラン人による王国が建国されたが、エクバタナは、メディア人が興したメディア王国（前八世紀頃〜前五五〇）の首都になり、アケメネス朝時代には夏の都として繁栄し「王の道」の拠点となった。そして、キュロス大王によって「バビロン捕囚」から解放されたユダヤ人がコミュニティーをつくり、『旧約聖書』の「エステル記」の舞台になっている。

ペルシアの気候は多様で、イラン南西部のスーサやペルシア沿岸では夏は焼けるように暑く、ペルセポリスのあるザグロス山中は穏やか、エクバタナは寒冷である。エクバタナは、イラン高原の西の玄関口にあたり、西南にザグロス山脈の標高一八〇〇から二〇〇〇メートルの大山脈を背負い、夏は冷涼で冬は降雪が多く氷点下二〇度まで冷え込む。ペルシア帝国の帝王たちは、四つの宮殿をもち、春はバビロン、夏はエクバタナ、秋はペルセポリス、冬はスーサで過した。

エクバタナの街の南西には、三〇〇〇メートル級の山並みが続き、標高三五九〇メートルのアルヴァント山に降りつもった雪の解けた水が街の繁栄を支えた。付近一帯にはアケメネス朝時代の遺跡があり、現在も発掘調査が続いている。

街の南西郊外を小渓谷に沿って一〇キロほど進むと小公園につく。そこからアッバース・アーバードの谷の三〇メートル近い黄灰色の断崖に、縦二メートル、横三メートルの窓型があり横書きの文字がみえる。これが、ギャンジ・ナーメ（宝の書）といわれる遺跡で、アケメネス朝三代目のダレイオス大王と四代目のクセルクセス一世の碑文が刻まれている。

断崖に刻まれた碑文は、古ペルシア語、エラム語、古バビロニア語の三種類の楔形文字からなっており、二人の帝王の栄光とゾロアスター教の主神アフラ・マズダを讃えている。

偉大なる神アフラ・マズダは、地界を創成し給い、天空と人の子を創成し給い平安を人の子に創成し給うた。そして、この偉大なる諸王の中の王、最も偉大なる王クセルクセスを創成し支配者となし給うた。我こそ偉大なる王クセルクセスなり。我は諸王の中の王、多くの民が住まう広大にして涯遥《みぎわはる》かなるこの地界の王、彼方まで続く広大なペルシア帝国を治める王。我こそはアケメネス朝の帝王ダレイオスの息子クセルクセスなり。

広大な領域を掌握し権力を誇示する二〇行の碑文は、イギリス人将校ヘンリー・ローリンソンによって解読された。

楔形文字解読の手がかりとなったのが、ケルマンシャーの街から東三六キロにあるビーシトゥーン（これは英語表記で、現代イランの表記はビーソトゥーン）の碑文である。これは断崖七〇メートルのところに浮彫されているダレイオス大王戦勝記念碑で、アフラ・マズダの下に大王が一人の反乱者を踏みつけている場面が描かれている（**口絵参照**）。その周囲に古ペルシア語、エラム語、古バビロニア語の三種類の楔形文字が刻まれていた。

図２　エクバタナの遺跡
（撮影・鈴木革）

図３　ギャンジ・ナーメの碑文（撮影・鈴木革）

ローリンソンは、左腕を岩に押しあてる危険な状態で片手にノートを持ち一字一字を書き写し、一八四七年「ペルシアの楔形文字に関する覚え書き」と題する論文を発表した。世界最古の文字が解読された瞬間であり、メソポタミア文明の史的解明に果した役割は限りなく大きい。

ところで、前三三一年にユーフラテス川に近いガウガメラの戦いに敗れたアケメネス朝最後の王ダレイオス三世（在位前三三五～前三三〇）は、戦場を脱出した後、バビロンに向わずアルメニアの山岳地帯を東へ抜けエクバタナに直行した。アレクサンドロス軍が南下してバビロンからスーサへと進軍するにちがいないと読んだためである。

その読み通り、アレクサンドロス大王はバビロンにむかった。バビロンにはペルシアの財宝が集められており道路も整備され、糧秣《りょうまつ》（兵糧と馬のかいば）事情も大軍にとって都合がよかったからであろう。

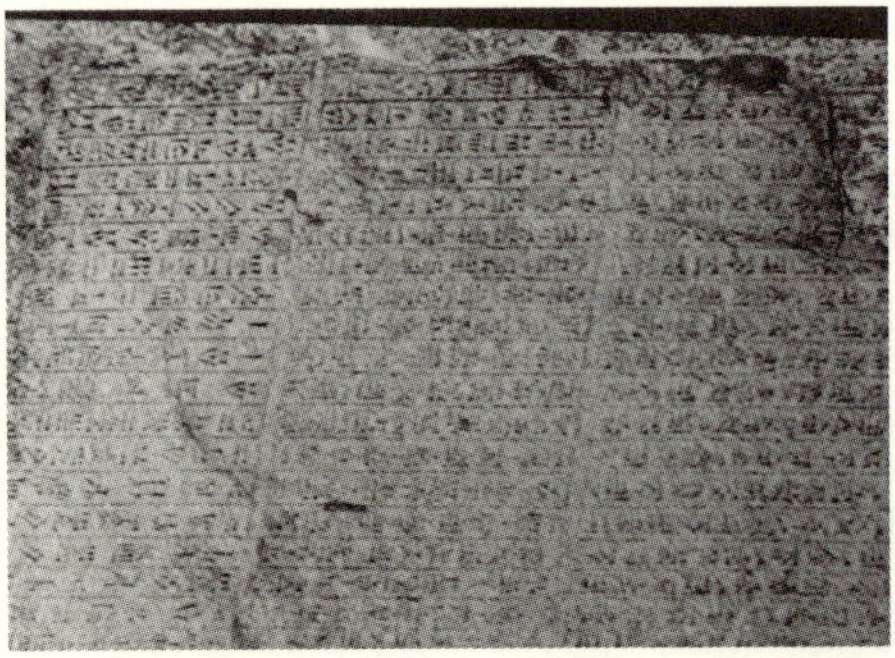

図4　左から古ペルシア語・エラム語・古バビロニア語

前三三〇年一月にペルセポリスに入った大王は、五月に壮大な宮殿を破壊炎上させているが、のちになって後悔したという。

ダレイオス三世は、アレクサンドロス大王がバビロンに腰を落ちつけるようなら、エクバタナに残るつもりであった。ところが大王が迫ってくるという情報を得て、この地で徴収した七〇〇〇タラントンの金を持ち、騎兵や歩兵を引きつれて東をめざした。逃亡の途中、彼はバクトリアの大守ベッソスらに拘束され、その共謀者であるサティバルザネスとバルサエンテスによって傷を負わされた。大王が追いついてみると、深傷のためすでに死んでいた。大王は、ダレイオス三世の遺体をペルセポリスに送り、歴代のペルシア王と同じく王廟に葬るよう命じた。

同年の秋、大王暗殺の陰謀に関与したとしてフィロータスが処刑された。

図５　ダレイオス３世の銀貨
左（表）・二頭立ての戦車に乗る帝王と御者

図６　サンゲ・シール広場のライオン像
（撮影・鈴木革）

そして、フィロータスの父で、大王に代わってエクバタナを統治していたパルメニオンも、大王に派遣されたポリュダマスによって殺害された。パルメニオンはガウガメラなど三度の会戦でマケドニア軍の左翼の指揮を執った将軍であったが、その能力も功績も、彼の命を助けなかった。

翌前三二九年、逃亡を続けていたベッソスがオクサス川（アム・ダリア）付近で捕らえられ、エクバタナに送られ処刑された。

エクバタナのサンゲ・シール広場に、前四世紀頃街の門を守るためアレクサンドロス大王の命によって造られたという長さ四メートルほどのライオン像が置かれており、奇妙な姿の像ながら観光スポットとして人気を集めている。この像は、大王が忠臣ヘファイスティオンを讃えて造らせたという逸話の残る遺物である。大王にとってヘファイスティオンは最愛の親友で、マケドニアのミエザで哲学者アリストテレスの教えをともに受けた仲であり、同性愛関係にあったとも考えられている。ヘファイスティオンの墓は、バビロンにあることが確認されている。

古代史を彩った英雄たちを飲み込んだエクバタナ。歴史に「もし」は禁句だけれど、あえてダレイオス三世とアレクサンドロス大王による「グラニコス」「イッソス」「ガウガメラ」の三度の会戦のうち、一度でもダレイオス三世が勝利をおさめていたならば、歴史のドラマはどのような筋書きを用意していたであろうか。そんな空想が頭をよぎる街である。

三　文明とは極度の人工化の所産

イランの風土と砂漠に生きる人々の知恵カナート

文明発祥の地であるメソポタミアやイラン高原は、砂の谷、砂と小石の大地、怪異な山塊がひろがるだけの殺風景なものである。砂漠の平原に点々と散らばる丘は、土に埋もれた遺跡であり、この地を旅する私は、深い感慨に沈まざるを得なかった。

文明史というドラマの伏線を秘めたイラン高原の苛酷な大地に、何故、かくも華やかな文明がおこり衰退していったのだろうか。このような執拗《しつよう》な問いは、私を思索へと誘《いざな》う。まさに時間の旅人となり歴史の逍遥《しょうよう》者となるとともに、この疑問が脳裏から離れない。

オリエントにおける文明の形成は、恵まれた条件のもとに遂行されたものではなく、人間の努力によって環境を改造して成立したもので、文明とは極度の人工化の所産であるといえよう。

不毛の地に最初の世界帝国を築いたのは、前一〇〇〇年紀のアッシリアであり、本当の意味でオリエントを統一したのはアケメネス朝ペルシアであった。この王朝には、イラン民族の伝統とともにバビロンやエジプト、エラムなどの諸文化の影響が見出せるだけでなく、ギリシア的な要素も取り入れられており、新しい世界文明の成立への道が切りひらかれていった。

イランの国土は、周囲を二〇〇〇から三〇〇〇メートルの山岳地帯に囲まれた標高一二〇〇メートル級の盆地がひろがる。

図7　イランの地図

イラン高原を囲む山脈は二つあり、一つは、長さ一〇〇〇キロに及ぶ北側のアルボルズ山脈、もう一つはザグロス山脈で、北西部はイラクやトルコの国境線となっている。イランは、二つの山脈に囲まれた三角形をなす高原地帯が国土の大部分を占め、首都テヘランやイスファハーンなどイランの主要都市のほとんどはこの範囲の中にある。

イラン高原の北側には、世界最大の湖カスピ海があり、アルボルズ山脈に遮られたカスピ海の湿気が雨をもたらし、南側の砂漠地帯とは異なる緑豊かな景観を呈す。従ってこの地帯は、イラン有数の稲作地域となっており、山脈の谷間にまで水田がひろがる穀倉地帯では小麦、トウモロコシ、綿花などがとれる。

ふと見ると、藁《わら》で葺かれた三角屋根や木材や泥で造られた家など日本人にも馴染のある住居が点在し、自然の恵みも豊かである。アルボルズ山脈の東北には、日本人が「ペルシア富士」と呼んでいる標高六〇〇〇メートルのダマーヴァンド山が傲然《ごうぜん》と聳《そび》える。

いっぽう、ザグロス山脈はメソポタミアの北壁をなし、ペルシア湾沿いに西北から東南へ長さ一〇〇〇キロ、幅二〇〇キロにわたって走っており多くの渓谷を擁している。この山脈の中央部から一支脈がメソポタミアに突出してティグリス川の流域を湾曲させ、山系の東端はヒンドゥークシュ山脈に臨みアフガニスタンへと続く。

ザグロス山脈は、見応えのある風景を演出しており、整然とした平行線をもつ山が、三角形に盛り上って片屋根の家さながらに直線構成を示す。石灰岩の山々は桃色に光り、あたかもラクダの糞《ふん》を積み上げたように砂岩の上に乗っている。いろいろな鉱物の鉱染を被って山並みの色を変える層脈が、サンドイッチのように折り重なり虹を連想させる模様をつくり出している。

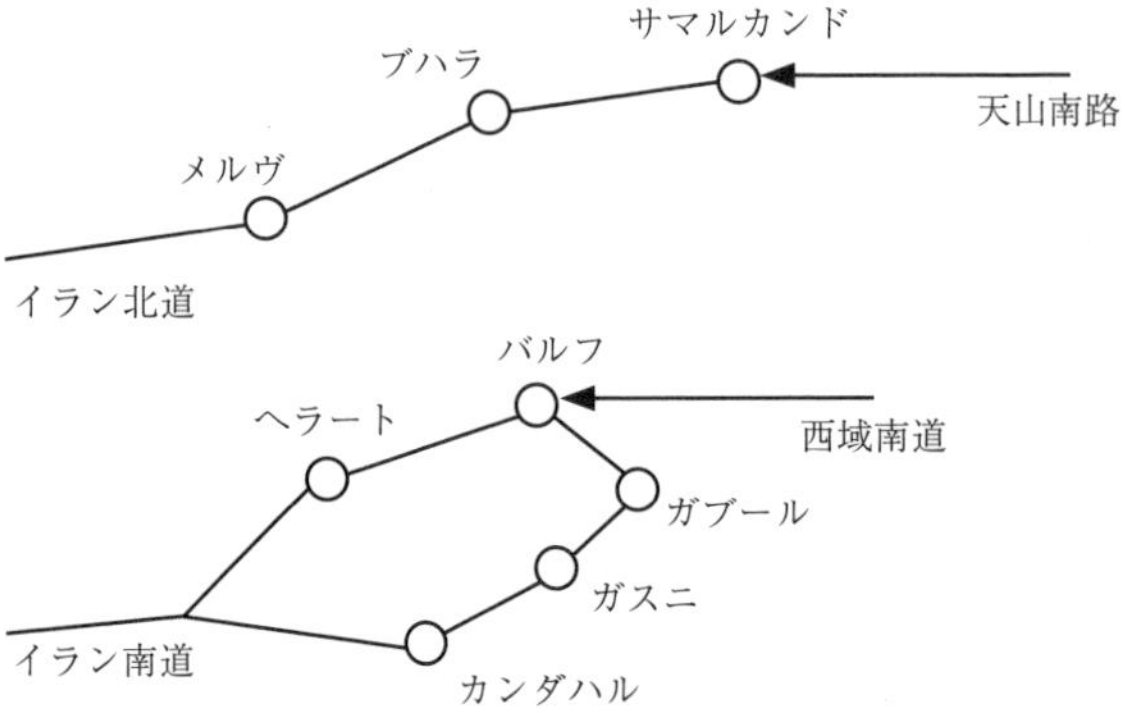

図８　イラン高原のシルクロード

イランには、イラン北道とイラン南道という二つのシルクロードが走っている。その一つは、中国からの天山南路で、ウズベキスタンのソグディアナからサマルカンド、メルヴを経て西北イランのニシャプールに着き、イラン北道を西進してテヘランの南に至りアナトリアから西南に進みバグダードに達する。

もう一つは、西域南道で、ガンダーラからアフガニスタンのカンダハルに至り、キャラバンはヘルマンド川に沿って西進しイラン南道に入り、ケルマン、シーラーズを経てスーサからバグダードに着く。

キャヴィール砂漠の北縁沿いのイラン北道と、ルート砂漠の南縁沿いのイラン南道のうち、北道をシルクロード、南道を薬の道と呼び、南道はインドからの香料の輸送路として利用された。イランは、二つの交通路を大動脈にして国家が形成されており、この道はイランの中央部で合体しシリアまで続く。

イランの砂漠に目を転じよう。ペルシア語で「砂の砂漠」を意味するルート砂漠は、九洲と四国をあわせた五万平方キロの面積をもち、乾燥した広大な高原がひろがる。

全面赤褐色で一木一草も生えていない荒涼とした大地がどこまでも続く風景は、別世界のものである。気温四〇度をこえると、陽炎《かげろう》が激しく揺れる。この陽炎がつくり出す贋《にせ》の湖に出会うと、本物の湖が眼前にひらけたような錯覚におちいる。炎熱の砂漠を旅した人たちは、喉《のど》の渇《かわ》きに耐えながら幻のオアシスを求めて歩を進めたにちがいない。

イラン高原の北部にひろがるキャヴィール砂漠は、マシュハドからテヘランまで八〇〇キロの塩砂漠である。マシュハドは、各国から多くの巡礼者が訪れるイスラム教シーア派にとって重要な聖地となっている。八一七年にシーア派第八代イマームのアリ・レザーが、スンニ派のアッバース朝カリフに暗殺され、この地に埋葬されて以来、イラン最大の聖地となり宗教都市としてにぎわうようになった。

イランは平野部が少なく夏と冬、昼と夜の温度差が激しい。しかもアルボルズ山脈とザグロス山脈に囲まれているため雨量が少なく、二つの砂漠の乾燥地帯や東部のシースタンの内陸盆地などでは、カナートによって水を確保している。

イランを旅していると、山の裾から砂漠の縁辺にかけて多くの井戸を一列に並べたカナート（横井戸式地下水路）の風景を目のあたりにする。カナートとは、山の麓から井戸をいくつもつないだ地下水路で、地表にあらわれて用水路を流れる。その用水路には、水の蒸発を防ぐために両側にタマリスクやポプラの木を植えて押しよせ

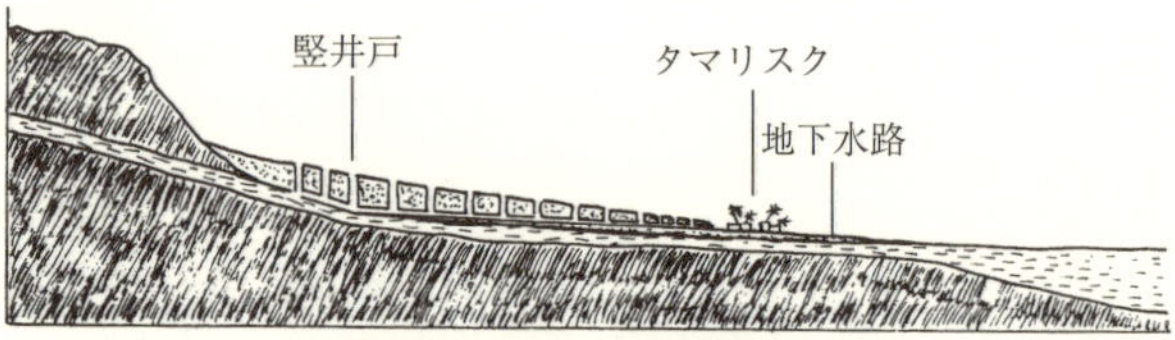

図9　カナートの模式図

図10　イラン・ヤズドのカナート

図11　中国・トルファンのカレーズ

る砂から守り、用水路の周辺は耕作地となってオアシスが形成される。カナートが一本造られると一村落が生まれるという。

カナートの起源については諸説あって明確ではないが、発祥は前八世紀頃のイラン高原とみられる。この技術は、ペルシア帝国の版図の拡大に役立ち、やがて水不足に悩むエジプトなどにも広がっていった。

中国では「カレーズ」、オマーンでは「ファラジ」、アルジェリアでは「フォガラ」と呼ぶ。

カナートが歴史書に初めて記されるのは、前三世紀のローマの歴史家ポリュビオスの『歴史』で、それによれば、

アケメネス朝の時代にカナートの建設が奨励され、これをつくって灌漑の便をはかった者には、五代の子孫にわたって土地の耕作権を認めた。

と紹介されている。

アケメネス朝の時代、イラン高原ではカナート灌漑によって多くの集落が成立し、五万の村落のうち三万もの

村がカナートに依存していた（NHKスペシャル『文明の道』）。

この独特の地下水路は、シルクロードを通って中国の新疆ウイグル自治区に伝わり、タクラマカン砂漠のオアシス都市に生きる人々の暮らしを支えている。トルファンは、カレーズが最もよく利用されているシルクロードの街として知られており、トルファンを三度訪ねた私は、そのたびにカレーズの水に手をつけたが、二〇度くらいの水温で、冷たくて気持ちよかった。

イラン高原のカナートは、一番多い時には三万本が稼働《かどう》していたといわれ、総延長は三〇万キロに達し、こうした古代の人々の知恵と技術は、現在でも水資源利用の一翼を担い、この地に生きる人々の命の源となっている。

四　シルクロードの開拓者・前漢の武帝と張騫《ちょうけん》

大月氏国への旅が道をひらく

一九八八年にひらかれた「なら・シルクロード博覧会」の総合プロデューサーを務めた作家の井上靖先生は、博覧会後も何度か奥様と一緒に奈良に来られた。その都度私は、食事に招いていただいたが、ある時、先生の名作『敦煌』を持参してサインをおねがいし、執筆エピソードをうかがった。その折に紹介して下さったのが「シルクロード」という詩である。

シルクロード　　井上靖

新しい時代だけが持つ大きな鍵が
シルクロードの錠前《じょうまえ》をはずした
世界にただ一つ遺《のこ》されている神秘な地帯に

いま、一条の光が入った
天山《てんざん》、崑崙《こんろん》、パミール
タクラマカン砂漠、タリム河《がわ》
三十五の少数民族が興亡
武帝の遠征隊が通過し
玄奘《げんじょう》三蔵の経巻隊が進み
何世紀に亘って
駱駝《らくだ》の群れが絹を運んだところだ

図12　張騫西城出使図（敦煌第323窟）

井上先生は、武帝と張騫、国禁を犯して天竺《てんじく》にむかった玄奘三蔵こそ、シルクロードの歴史に光をあてた人物であると静かな口調で語った。先生のシルクロードの旅にいつも同行しているふみ夫人が、大きく頷《うなず》いている姿が昨日のできごとのように思い浮かぶ。

さて、武帝と張騫に話をうつそう。前漢の七代目皇帝・武帝（在位前一四一～前八七）は、匈奴を挟み打ちするため、かつて河西回廊にいた大月氏《だいげっし》と密約を結ぼうとして張騫を西域の大月氏に派遣する。

武帝の命を受けた張騫は、前一三九年に匈奴《きょうど》の堂邑父《どうゆうほ》（甘父《かんぽ》）ら一〇〇人余の従者を率いて出発するものの、中国の西北辺で匈奴に捕えられ、一〇年あまり匈奴の王庭で生活する。張騫は、監視がゆるやかになったある夜、ひそかに王庭を抜け出し、前一二八年に目的地の大月氏国にたどり着いた。

かつて、河西回廊の祁連山脈付近に居住していた月氏は、前一七〇年頃から匈奴に追われ西へ西へと進み、現在のサマルカンド（ウズベキスタン）付近に定住し大月氏と呼ばれるようになった。大月氏は、ソグディアナを支配してアム・ダリアの南の大夏《たいか》も服属させ安定した生活をおくっていた。張騫は、前漢と大月氏国が手を組んで匈奴を討とうという武帝の計略を示すが、大月氏王に受け入れられず帰国の途につく。

帰路は、パミール高原を越えてホータン経由の西域南道を選んで進むうち、匈奴の支配下にあったチベット族に捕えられ、一年間の捕虜生活をおくることになった。匈奴の内乱に乗じてチベット族の手から逃れ、首尾《しゅび》よく長安に帰りついたのは、出発してから一三年ぶりの前一二六年のことで、帰国できたのは匈奴の妻と堂邑父そして張騫の三人だけだった。

五　燦然《さんぜん》と輝くシルクロードが人類史に果した役割

ユーラシア大陸を貫く大動脈

シルクロードには、アジアの草原地帯、いわゆるステップ地帯を通るステップルート、中央アジアを通るオアシスルート、南方のインド洋やアラビア海を迂回する南海路の三つの道がある。

中でもオアシスルートは、砂漠と峻険な山脈からなる大陸中央部を結ぶ道で、私は五〇度をこえる酷暑の中に身をおいたり、一日二〇〇キロの砂漠を走破するなど過酷な自然環境とそこに生きる人々を取材調査してきた。

中国からギリシア・イタリアまで二七カ国のシルクロードを調査した中で、私の頭をよぎるのは、この道が人類史に果した役割とは何であるかという命題である。ユーラシア大陸の歴史遺産の調査を通して、シルクロードの重要性を三点あげたい。

第一は、シルクロードはユーラシア大陸の大動脈である点である。この道を通ってアケメネス朝のダレイオス大王とクセルクセス一世は、ギリシア連合軍とのペルシア戦争を二回（前四九〇年と前四八〇年〜前四七九年）にわたっておこした。

アレクサンドロス大王は、ペルシア帝国の滅亡をめざして、マケドニアからインドまでの大遠征を行い、大帝国を築きヘレニズム文化を伝えた。彼は、雄図《ゆうと》なかばで熱病にかかりバビロンで死ぬが、その生涯は神話や伝説に彩られ、この東方遠征の轍《わだち》こそシルクロードの礎《いしずえ》となっていく。

武帝の命を受けた張騫は、長安から大月氏国まで一三年かけて旅し、中国に西域の情報をもたらしシルクロードをひらいていった。チンギス・ハーンは、草原の道を疾駆《しっく》し大帝国を築いた。こうした英雄たちは、ユーラシア大陸を縦横に駆けめぐり、東西に散った遊牧民の動向が、文明史に多大な影響を及ぼしたことは言をまつまでもない。

また、シルクロードは東から西へ、西から東へと多くの旅人を運んでいった。法顕《ほっけん》、宋雲《そううん》、恵生《えしょう》、玄奘《げんじょう》、慧超《えちょう》といった求法僧をはじめ、耶律楚材《やりつそざい》、長春真人《ちょうしゅんしんじん》、マルコ・ポーロ、イブン・バトゥータらの壮大な旅は、旅行記として世界に知られヨーロッパ人のアジアへの夢をかきたてた（長澤和俊『シルクロード文化史』）。

第二は、シルクロードの地域が主要な文化の母胎であることである。この道の縁辺に四大文明がおこり、世界史上の諸問題の多くは、四〇〇〇年前に始まったインド・ヨーロッパ語族の拡散した地帯におきていることを見逃してはならない。

図13　ダレイオス大王（想像図）

中央アジアにおける諸民族の動向は、世界の古代・中世・近代という時代区分を形成する重要な因子となり、シルクロードがいかに重要な役割を担っていたかを証明している。

第三は、この道が東西文化交流のメインルートとしてアジアとヨーロッパの架け橋となり、世界文化の発展に寄与していることである。シルクロードは、東西両世界の文化の温床であり、東西への輸送機関であった。

東アジア全域の政治、経済、文化の全てに影響を与えている仏教をはじめ、ヨーロッパや中近東、アフリカなどに感化を及ぼしているキリスト教やイスラム教は、シルクロードの周辺に生まれた宗教であり、ゾロアスター教やマニ教、ミトラ教などもシルクロード上に咲いた花である。

このように概観すると、シルクロードが歴史上、いかに重要な役割を果していたかが理解できる。ステップルートやオアシスルートでは、ラクダの背にゆられながら人々が東へ西へ物や思想を運び、南海路では、文明交流の大動脈として香料や陶磁器が送り込まれた。

西はローマから東は中国までユーラシア大陸を貫くシルクロード。アレクサンドロス大王は、遠征の先々に二〇（六〇ともいわれている）をこえるアレクサンドリアという都市を建設して交易を盛んにし、ヘレニズム文化（ギリシアとオリエント文化の融合）誕生の母胎となった。

前三三四年から前三二三年まで、わずか一〇年間でギリシアからバクトリア、ナイル川からインダス川までの世界は、ほんの束の間にアレクサンドロス大王の支配下に入った。大王は、ギリシア文化の担い手としてギリシア都市を建設し、そこに住むギリシア人やマケドニア人たちは、その地の人たちと融合し、大王もペルシアの二人の王女を妻にした。大王の遠征後、多くのギリシア人がオリエントからアジア各地に住むようになった。

一個の国家としては、この帝国ははかないものであった。彼の死後、領土は三分され、やがてシリア以東を除きアウグストゥス帝下のローマ領となる。ただマケドニアによる征服は、ギリシア文明をたっぷりアジアに注ぎ込んだ。ギリシア語は、交易と商業の共通の用語となり、前二〇〇年頃、ジブラルタル海峡からガンジス川までギリシア語で用が足りたという（バートランド・ラッセル『図説・西洋哲学思想史』）。

アレクサンドロス大王の遠征にはじまる「文明の衝突と融合」という歴史のうねりは、現在も世界の人々を翻弄《ほんろう》している。宗教や民族、貧困をめぐる不寛容さが紛争の源になっている状況の中にあって、人類は文明の違いを乗りこえて「共存」の道を歩むことができるのか。シルクロードの文明史が、現代社会に突きつけている問いである。

（児島建次郎）

参考文献

井上靖『シルクロード詩集』NHK出版　一九八二年
樋口隆康『シルクロードを掘る』大阪書籍　一九八七年
長澤和俊『シルクロードハンドブック』雄山閣　一九八四年
長澤和俊『シルクロード文化史』白水社　一九八三年
永畑恭典『シルクロード』福武書店　一九七四年
児島建次郎『悠久なるシルクロードから平城京へ』雄山閣出版　二〇〇八年
並河萬里『シルクロード』新人物往来社　一九九〇年
朝日新聞出版『大英博物館１』二〇一三年
守屋洋訳『史記』徳間書店　一九八八年
バートランド・ラッセル著、東宮隆訳『図説・西洋哲学思想史』社会思想社　一九七八年

第九章
仏陀の道・楼蘭王国の滅亡と文学

一　仏教伝来の最先端を訪ねて

私は、二〇一四年二月、五七回目のシルクロード仏教文化の現地調査として、仏教流伝の最南端の地、スリランカの仏歯寺《ぶっしじ》をはじめとして、セイロン島内の多くの遺跡を訪れた。この地には前二世紀頃から上座部仏教（小乗）が根付いていたが、八世紀にインドから大衆部仏教（大乗）が伝わり、多くの住民の心を引き付けた。上座部から大衆部に移る者が続出し、十二世紀、信徒の減少に恐れをなした上座部の僧たちは高僧の集会を開き、上座部仏教以外は信奉してはならないとの決議をした。それ以後、大衆部は厳しく排斥されて弾圧を受け、今日では上座部仏教徒が、全

楼蘭故城の位置

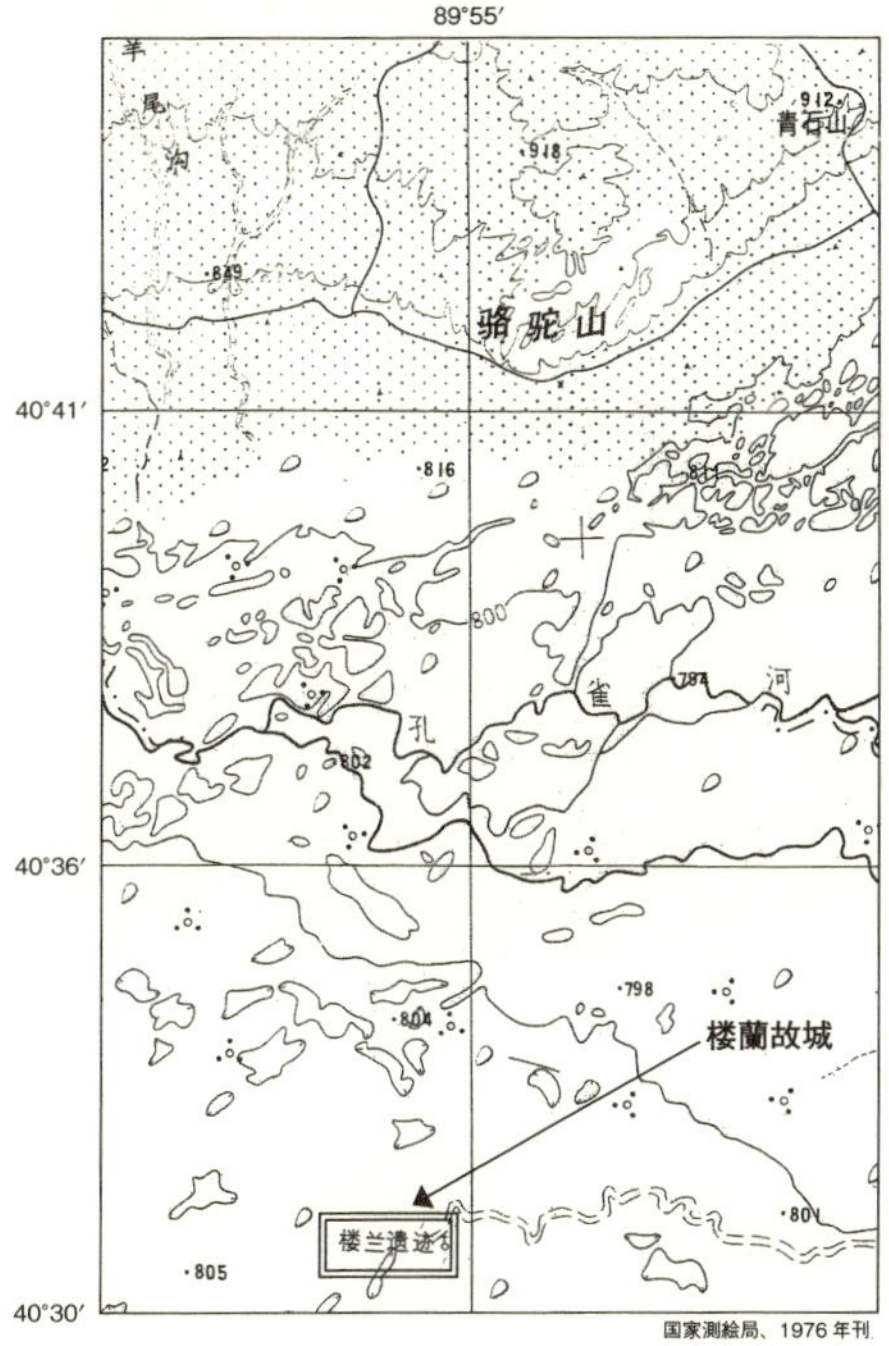

国家測絵局、1976年刊

図1　ポロンナルワ遺跡の17 mの釈迦涅槃像。左の立像は阿難とも、前世の仏陀ともいわれている（スリランカ）

図2　中央アジアにおける仏教最北端の菩薩図（イシク・アタ渓谷）

人口の七十パーセントを占めている。

前年、二〇一三年八月には、仏教流伝の最西端の地であるトルクメニスタンのメルヴ寺院跡を訪ねた。ロシアの考古学者M・マッソンの率いる南トルクメニスタン総合調査隊は、一九六〇年から発掘を始めグャウル・カラという都市遺跡の東南から、高さ三・五メートルの立像、約四〇センチの仏頭を発見した。また、説一切有部の経典が入っていた彩陶の壷も出土、壺の表面には当時の民衆の生き生きとした生活が描かれ、貴族の結婚、狩猟、哀悼、送葬、審判の五つの人生軌道が躍動的かつ芸術的に描かれていた。この美しい彩絵壺《さいかいこ》に感動し、私は多方面の角度からの写真を八〇余枚も撮影した。折しも、現地で二〇一二年に発刊されたメルヴ遺跡を紹介した書籍を手に入れた。そこにはトルクメニスタンのアシュガバードのニサ遺跡から、仏教の痕跡が発見されたとの報告がなされていた。ニサはイラン国境の近くにあるので、イラン方面にも仏教が伝播したことが想定される。メルヴ出土の仏教遺物の多さから言って、この地で仏教が突然に西伝を中止したとは考えられない。今後、トルクメニスタンの西方やイラン東方から、仏教西漸の証拠の品が出土することは十分に想定されよう。

ところで、中国やモンゴルの北部には、仏教遺跡が多く残存しているが、私は中央アジアの仏教北限の地を求めて、新疆のジュ

図3　仏教写本（説一切有部）が入っていたメルヴ出土の壷

図4　正倉院の正門

ンガル盆地の北庭西大寺の交脚菩薩を調査した。首は破壊されていたが、交脚には遊牧民族の特色がよく出ていた。また、キルギスのビシュケクから南東五六キロ、イシク・アタ渓谷の大石に刻まれた観音菩薩像も調査し、この地が仏教流伝の最北限であることを確認した。

大阪教育大学在職時代は、奈良の藤原京跡の国家公務員宿舎に住んでいたため、近くの明日香村や正倉院をよく訪ねた。この地が仏教東漸の最先端であったことを思うにつけ、いつの日か西端も北端も、そして南端も訪ねたいものだとの思いにとらわれた。更にまた、そのほぼ中心地点である楼蘭の仏教遺跡を調査したいとも願っていた。

ところで、クシャーン朝はカニシカ王（在位一四四頃〜一七一頃）の時代に最盛期を迎え、仏教はこの時期にガンダーラから楼蘭に伝播している。また、後漢時代から活躍をはじめたソグド人は、西北インドから商売を学び、一世紀には楼蘭を行き交っていることが出土文物から明らかになっている。

楼蘭――一度耳にするだけでも胸がときめき、心に刻まれる美しい名。その王国はタクラマカン砂漠のまっただ中、海抜八〇三メートルの丘陵にあった。そこには玉の交易場として、紀元前二〇〇〇年頃から、トカラ語を話すコーカソイド系の民族が住んでいた。

楼蘭が中国の史書に出てくる最初の記録は、紀元前一七六年、匈奴の冒頓単《ぼくとつぜん》于《う》が前漢の文帝（在位前一八〇～前一五七）に送った手紙である。そこには、「楼蘭、烏孫《うそん》、呼掲《こけい》や、その傍らの二六国を平定し、すべて匈奴に服従させた。弓を手にする民は、すべて併合され一家となった」（『史記』匈奴《きょうど》列伝）と書かれている。漢民族はその後、楼蘭に強い関心を抱き、前一〇八年、趙破奴《ちょうはど》は軽騎兵七〇〇を率いて楼蘭を攻撃し、国王を捕らえて長安に連行している。また、前七七年には、傅介子《ふかいし》が楼蘭に入り国王の安帰王を殺害している。

しかし、楼蘭は漢の内紛をきっかけとして王国の再建に取り組み、三世紀から四世紀にかけて、于闐《うてん》・疏勒《そろく》・亀茲《きじ》・焉耆《えんぎ》・高昌《こうしょう》と並ぶ西域の一大強国となっていった。しかし、四九三年、王国は忽然として歴史から消え、流沙の中に埋没していくことになる。今日、ペルシアやガンダーラや中国文明の影響を受けた華麗な遺品が繁栄の残照を示しているだけである。

二　楼蘭に立つ

私が初めて楼蘭を踏査したのは、二〇〇四年三月である。調査隊は、大阪教育大学で学んだ新疆からの留学生の案内で、大型トラック一台、砂漠車六台で構成された。大阪教育大学教官やＮＨＫの関係者で結成された一六名は、まずトルファン（吐魯番）から魯克鎮《ルークーチェン》に進み、迪攻郷里《ティーコンシャンリー》から梧桐溝《ウートンコウ》へと南下した。伊尓托什布拉克《イーアルトゥオシィーブラク》という小さな村を最後に、楼蘭までの約二〇〇キロの旅程中、流沙とゴビの風光が続き全く人に会うことはなかった。走行すること三日、強風によって削り取られた地表がどこまでも続いていたが、やっと風化土堆群（ヤルダン）を越えて龍城に入った。その後、さらに南下して古墳群の中にあるソグド人の地下墓の壁画を調査した。発見されて間もないことから、墓室の入口には扉も無く、ただ長さ約三メートル、幅約三五センチの胡楊樹の板が二枚

図５　楼蘭城内の３つの役所跡（三間房）

図６　トルファンから楼蘭故城までは、道も人家も無く、私たちは５日間にわたって野営することとなった

入口に立て掛けてあるだけだった。墓室内には死者の骨が散乱し、彩画の棺の蓋《ふた》も無造作に散らばっていた。

盗掘者が丘陵形の古墓の天井を爆破して侵入し、棺を叩き割って埋葬品を盗んで逃走していた。そのため壁画に描かれた人物の頭や目や鼻はすべて破壊されてしまった。後日、盗人はホータン（和田）のウィグル族の青年二名だったことが判明、文化財破壊の罪で主犯者は入獄十五年の罪を受けることになったという。

トルファンから南下して楼蘭王城に近づく二〇キロメートルほど手前から、一キロから二キロ間隔に、高さ二、三メートルほどの丘陵があり、その上部に一里塚としての胡楊が植えられているのに気づいた。樹木の幹は今も残り、一七〇〇年の歳月を経ても虚空に向かって咆哮《ほうこう》しているようであった（**口絵写真**）。

楼蘭王城に到着後ＧＰＳを見てみると、東経八九度五五分二二秒、北緯四〇度二九分五五秒であった。ロプ・ノールの西岸からは二八キロ、城壁は、敦煌郊外にある漢代の長城と同じ版築方式で構築されていた。私はまず、役所跡、官衙址とも言われる三間房《さんげんぼう》を調査した。南向きの三つの部屋は、東西一二・五メートル、南北は八・五メートル、その基礎部分には、六・四メートルの赤い漆塗りの胡楊の柱が埋められ、壁面は葦《あし》と柳の枝を並べ草紐で縛ってある。近くにはゴミ捨て場があり、子安貝や陶片や甲羅片や鉄器片が散乱していた。

コルラの町で雇った少数民族のドライバーの一人は、前回来た時、楼蘭故城から八キロほど離れたところで砂に埋もれた大型の仏教寺院を見つけたという。その折、寺院内から掘り出し、楼蘭城内に埋めておいた高さ三五センチあまりの陶器の水甕《みずがめ》を見せてくれた。その寺院の白壁には、等身大の交脚《こうきゃく》菩薩《ぼさつ》の壁画もあったと述べ、その姿を描いてくれた。まだ上層部に報告していないので、この楼蘭郊外の寺院の存在は、北京の国家文物局も、新疆《しんきょう》文物考古研究所も知らないと語っていた。

　帰路は楼蘭城を南に進み、米蘭《ミーラン》を経てチャリクリクへ、そこからタリム盆地を北上した。途中、二一八号線の左側にある都拉里《トラリ》故城を訪ねた。周囲約八五〇メートルの城郭は堅固で、三〇〇年ほど前に建設され、二〇世紀初頭の外国人のシルクロード探検隊の基地としても使用されたという。

図７　楼蘭の地下墓の壁には、グラスを持ったソグド人の宴会図が描かれていた

　二〇〇五年三月、私は再び楼蘭の調査に向った。前回とはコースが異なり、まず敦煌から北西九〇キロにある玉門関に入り、そこから万里の長城の西端に沿って三隴沙《さんろうさ》に向かった。途中、人民解放軍の駐留する小さな村があったが、そこから西は無人の砂漠、流沙と寒風に悩まされながら野営すること四日、やっとのことで漢代の食糧倉庫といわれる方城に到着した。楼蘭管理所の案内人二名とともに南下し、再びソグド人の地下墓の調査に入った。一年前と異なり、簡単な板戸のドアが取り付けられ、爆破された天井には、ムシロと葦草《あしくさ》が覆いかけられ、直射日光が入らないように工夫されていた。墓室内は、前年よりは幾分整理されているものの、まだ人骨と棺板が散乱し、粉々になった壁画が片隅に積んであった。

　壁に描かれた人物像の髭、襟、袖口、バンド、グラス等を詳細に調査したところ、ペンジケントの祝宴図と類似するところが多く、民族を知る上で貴重な図像資料となっていることが分かった。これだけ立派な墓を築いたということは、埋葬された人物は旅の途中で死去したのではなく、長い間、楼蘭の地に移住していたものと思われる。特に、西方の小河墓地方面でなく、ロプ・ノールの湖畔の景勝の地、東西交易の幹線道路上に存在していたことは、親族や知人も容易に墓参できることを意味している。

今回はロプ・ノール周辺に散在する墓地も調査し、王城の北約二〇キロの孔雀《くじゃく》川から引いた水路も測量した。城内に引き入れられた河川は、西北から東南に向って流れ、幅は約五メートル、深さは約三メートル、川床は白く堅い岩塩で固まっており、塩害による被害は想像以上であった。城内にある仏塔は、先端が朽ち果てて崩壊し始め、日干しレンガが露出していた。仏塔の高さやその周囲、構築方式などを調査した。

帰途は楼蘭からすぐに北上し、走行距離は約三二〇キロ、幾度となく道に迷い野営しつつ、やっとのことで今の鄯善《ぜんぜん》を経てトルファンに到着した。

二〇〇六年三月、最後となる三回目の調査を実施した。敦煌から陽関の塞《さい》を越えて、青海省の北部を東西に横断し、アルトゥン山脈の北麓を、西に向かって走行した。隊員は二十名、五台の砂漠車に分乗し、大型トラックにテントや食糧を山積しての旅だった。標高三六四八メートルの青新界山で一日目のテントを張ったところ、私は三〇〇〇メートル以上の高地で宿泊したことがなく高山病対策をとらなかったので、一晩中、酸素不足による頭痛に悩まされた。

三月上旬といっても山道は、氷の上に降雪があるのでタイヤは滑りやすく、スパイクタイヤでなく、スタッドレスタイヤを使用、右は断崖、左は奥深い渓谷がどこまでも続き緊張しての運転だった。

青新界山から北上して五十キロほどの砂漠の中で、突然、砂嵐に遭遇することになってしまった。風速三十五メートル、一メートル先も見えない。吹き付ける砂塵《さじん》は、私たち一行を二十五時間も釘付けにした。不安と焦燥《しょうそう》の中、車内で寒さに耐えながら風塵の去るのを待ったところ、幸いにも、一時的に風砂《ふうさ》が収まったのを見計らってやっと脱出できた。地元のガイドによれば、砂嵐が一週間も吹き荒れた時もあったという。

ロプ・ノールの湖心に出たのは四日目である。琵琶湖の四・二倍もあった湖は、見渡す限り干上がり堅い岩塩が堆積していた。湖上を北に向かい、地下墓に到着すると三度目の調査を実施した。墓室の面積や壁画の人物の服装や顔形、髭などをカメラに収めた。

楼蘭が繁栄していた四世紀初めには、ソグド人が涼州や甘州を中心とした河西回廊のオアシスに定住し、その後、中国本土で三〇数ヵ所の集落を築いて商売をしていたことが、『隋書』に明記されている。たとえば、「沙州敦煌二十詠」の安城祆詠《あんじょうけんのえい》には、ソグド人が敦煌に住み着き、郊外に拝火《はいか》教の廟《びょう》を建立《こんりゅう》し、酒などの供物を供《そな》えているようすが「朝夕《ちょうせき》　酒、縄の如し」と詠われている。敦煌出土の文献「沙州都督府図経」にも、「祆神《けんしん》は敦煌の東、一里にあり」とあり、祆廟は二十の合龕《ごうがん》を有しており、その中に壁画も描かれていたという。祖国を遠く離れ、東方に向かった一部のソグド人が、楼蘭という美しい異郷の地に聚落を築いていく上では、その地での風俗や習慣に溶け込んで、楼蘭人の信頼を得ていくことが重要となってくる。そのための最大の行いは、死者が出た時の対応である。ゾロアスター教では、死体を犬に食わせ、骨だけを納骨器に収めたが、そのような処置をすれば地域住民に奇異感を与え、心を通ずる人もいなければ商売もうまくやっていけないだろう。ソグド人は祖国の死生観を乗り越え、仏教徒と同じような墓葬形式をとったと思われる。すなわち施主であるソグド人の指示のもと、墓陵を楼蘭人に造営させるうちに、仏の世界に馴染み仏教へと改宗したのであろう。

シルクロードの多くは仏教王国であったものの、西域の各オアシスにゾロアスター教が存在した事実は、多くの国々で宗教の自由が保障されていたことを示している。私も、カシュガルとクチャの中間に位置する西域三六国の一つ、尉頭国《いとうこく》の調査中、拝火教の寺院と仏教寺院が四世紀には隣接して存在していることをつきとめた。

ところで、楼蘭のソグド人の墓室から南西に位置する楼蘭故城までは、凸凹のはげしい荒野が続いていた。二〇センチ余はあると思われる段差を砂漠車で走ったり、鋭角の岩間を通過したりしたため、四輪駆動砂漠車のタイヤのビスが、三本も折れてしまった。補修はしたが三時間後、あまりの激しい振動のために、今度は後輪左のタイヤがはずれ、二〇〇メートルほど前方に吹き飛んでしまった。しかし、三本のタイヤだけで一五〇メートルほど走行したあと、タイヤが一本無くなっていることにやっと気がつくというありさまであった。

楼蘭故城の周りには、無断で侵入することがないように、厚さ二センチほどの板に五寸釘を打ち込み、それを上向きにして人の通りそうなところに並べ、板を覆《おお》い隠すため砂を三、四センチ被《かぶ》せて置いてあった。原始的ではあるが、無断で入ってくる人間を防止する最も効果的な処置である。釘が足を突き抜けたら、タクラマカン大砂漠の真っ直中、医院も無いので場合によっては化膿《かのう》して死に至ることも想定される。その他、人工衛星からも監視されていた。二〇〇一年、許可なく敦煌から歩いて楼蘭に入城した名古屋の人物がいたが、すぐに発見されてホータンの獄舎に三カ月も入っていたという。また、二〇一四年に無断で王城に入った探検隊が発見され、持ち物をすべて没収されている。今日では、外国人が楼蘭に入ることは全く許可されなくなった。中国政府の腐敗撲滅運動の影響とも、再び原水爆の実験を開始するからとも言われており、公式に三回も楼蘭に入れたのは、私たちの隊が最後となっている。

三　楼蘭王国の滅亡の要因について

楼蘭王国が繁栄したのは、一世紀から四世紀中頃までである。かつては西域の一大強国として、西域南道の且末や米蘭や精絶を支配下に入れ、東西九〇〇キロ、南北三〇〇キロに及ぶ広大な支配地域を有していた。城内から出土したカローシュティー、ソグド、漢などの出土文書の他、騎馬やラクダの図案を描いたクシャーン朝のコインや、楼蘭で鋳造された五銖銭《ごしゅせん》も出土している。とくに楼蘭における銅銭の使用は、中国本土に先立ち一世紀末からすでに貨幣経済が確立していたことを示している。『後漢書』西域伝には、古来、異国の文物や銅銭を持って、あまたの旅人が行き交うようすを、「商売をする胡人が、毎日、楼蘭にやってくる」とか、また、「顔色が黒く目が大きく、ヒゲを伸ばしている」、「その五十六名の旅人の中には、頭に白い布を巻いている者もいる」とある。このことにより、アフガニスタンやパキスタンやシリア・イランからの旅人も通過したことがわかる。

なお、楼蘭王国支配下の米蘭からは、ペルシア的な女性、有翼天子像の絵も出土している。これは、明らかに紀元前四世紀、アレクサンドロス大王の東征の影響によって生み出された芸術作品の一つであり、ニヤ（古代精絶国）遺跡からもペルシア的な人物が描かれた壁画が発見されている。

ところで、楼蘭を通過する商人や各国の使節は、多い時は一年間に二千人、少ない時でも五、六百人。彼らが宿泊し食糧や旅装を整えて再び西のゴビや東のタクラマカン砂漠に向かうのであるから、その中継都市としての利益は膨大なものになっていた。

図８　天山山脈から吹きすさぶ強風によって浸蝕された楼蘭北東にある龍城の奇岩

楼蘭は前二世紀から五世紀末まで、清冽《せいれつ》な流れをたたえたタリム川の支流、孔雀川の水を利用して牛や羊や馬、それにロバやラクダなどを飼い、大ムギ・小ムギ・瓜・粟などの農耕を行なっていた。崑崙《こんろん》やパミールや天山に水源をもつタリム河は、豊かな栄養分を有する土砂や砂塵を含んでの流れである。しかし、先端部分の孔雀川や鉄板河の川床が堆積土砂によりしだいに高くなっ

図９　楼蘭の地下墓の壁に描かれていた牛の放牧図、木棺がまだ散乱していた

て、水脈が分散し蒸発量が多くなってしまった。もともと本格的な堤防があるわけではなく、夏期の雪どけの水は、ひたすら低地をめざして流れ、一番低い部分、すなわち、タクラマカン砂漠の平均高度より約一五〇メートルの低さ、海抜七八四メートルのロプ・ノールに注いでいる。だが、緑豊かだった楼蘭周辺も、ロプ・ノールとの高低差は九メートルしかなくなり、水不足により次第に樹木も枯れて砂漠化、土地は疲弊《ひへい》し地下の岩塩が灌漑《かんがい》によって地表に集積して塩害を起こし、作物が生育しづらくなっていった。

西暦四〇〇年、インドに向かう途中の法顕《ほっけん》（三三七～四二二）が、楼蘭に入った時には「土地は荒廃し、ゴツゴツしている」と『仏国記』に書き残している。塩害によって生産量が減少し、食糧不足に悩まされたものと思われる。おりしも、気候の寒冷化にともない、氷河の融ける水量が減少し、タリム河の先端は枯渇《こかつ》していった。そのため六世紀頃から西域南道はしだいに流沙に埋没、旅人はいつしか天山南路を利用し、カシュガルからクチャへ、さらにコルラからトルファンへ、そしてゴビに入り敦煌へのコースをとるようになっていったのである。

隊商の往来が減少した楼蘭は、水量が少なくなったのに土地を大切にする慣習を破って、食糧を多く収穫しようとして二毛作を始め土壌を傷めてしまった。さらに楼蘭の地下墓の壁画にも牛の放牧の絵画が残されているが、牛や羊やヤギを数多く放牧し、草を根こそぎ食べさせている。また、タクラマカン砂漠では冬になるとマイナス二五度前後にも下がることから、自らが暖を取るため胡楊《こよう》や紅柳《こうりゅう》などを次から次へと伐採している。自然環境を保全しようとの意識は無く、子孫のためや王国の未来に思いを馳せる住民も存在せず、今さえ良ければよいとの考えに支配され、貴人も役人も自然破壊を容認していた。

　楼蘭王国は砂漠のオアシスであるので、人口の変動はさほど無い。三世紀から四世紀にかけての住民の平均寿命を、出土文物から推測すると、約五〇歳である。王国が存続した約六〇〇年間で、死亡した住民のトータルは二〇万余にのぼる。王城の周りは硬土であったり、ヤルダンであったりして、木棺を埋めるための約一・五メートルの穴を地下に掘るのは容易ではない。住民は軟土の地を求めて、死者を東北五キロの平台墓地や七キロ離れた孤台墓地、また、孔雀川を遡《さかのぼ》った小河墓地方面に土葬した。埋葬方法は、それぞれの経済力に応じて形態は異なるが、死体は伸展式であるので、木棺の製作には約二メートルの胡楊材が使用された。墓坑の中の棺の外側は、直径約十センチ、長さ一・五メートル～二・五メートルの丸木一五本ほどで木柵を用いて外郭が作られている。厚さ四・五センチの木棺には、角材を用いた脚が付けられ、顔料を使って彩色の文様《もんよう》まで描いてある。二〇〇三年に発見された地下墓の壁にも、縦幅一メートルにすると、約一五メートルもの壁画が描かれていた。

図10　楼蘭故城内の仏塔は高さ12メートル余、1700年の歳月を経ても今なお、孤影悄然と虚空に聳えていた

　タリム盆地は年間降雨量も少なく、成長した樹木は貴重である。一つの棺を作るためには平均して一二枚の長板が必要である。立派な棺を作るという過剰な儀礼は、生きている住民に多大な出費と労力を拠出させただけでなく、限りなく自然を破壊していったのである。埋葬された棺のまわりを観察してみると、砂塵から棺桶を保護するために、周囲に柱木を幾重にも打ち込んでいる。私が調査した墓地のまわりの杭は、何と約一五〇本もあった。こうした埋葬の形態は、一部の支配者階層に限られているが、それでも楼蘭故城の近辺の墓は一二〇〇体を下らないのであるから、住民は大量に伐り倒していたことがわかる。

ところで、四世紀中頃より住民の中から、僧侶になれば食べ物に事欠かないとの考えのもと、出家する者が多く出始めた。仏教東伝の初期である一世紀から三世紀には、僧の多くは貴族や王族出身者がほとんどであったが、四世紀に入ると信仰心からではなく、ただ供養を得るために出家するものが多く輩出した。法顕の『仏国記』によれば、楼蘭には「四千余人の僧」がいて、すべて小乗仏教であると記している。人口一万七千人足らずの町での異常な人口構成は、王国の経済を急速に衰えさせた。

出土文書七五号には、学も素養もない僧侶が住民の貧苦をかえりみず妻帯し、酒と肉をたらふく食べているようすが記録されている。

楼蘭王国の支配下にあった精絶国出土のカロシュティー文書にも、僧侶があまりにも怠惰であるので、楼蘭城の僧院から、素行を慎みまじめに仏道修行に励むよう命令が出ている。カロシュティー文書五七号では、僧侶が女人を殺すという犯罪まで起こし、四八九号では、あまりの事件の多さに仏教界の長老が、国王に僧侶を取り締まる法律を制定してほしいとまで訴えている。こうした事実は、楼蘭における僧侶の腐敗と堕落を如実に物語り、王国の滅亡の大きな要因になっていることが分かる。

楼蘭王国の存在を示す最後の記録は、『新唐書』西域伝である。そこには焉耆国は唐と協力して、昔の孔雀川沿いの楼蘭道を復活させようとしたが、トルファンの反対にあって実現できなかったと記録されている。以後、楼蘭は約一四〇〇年ものあいだ、無人の廃墟と化して流沙に埋没、その位置さえも分からなくなってしまった。

楼蘭の名が歴史上から消えて、再び世界の注目を浴びたのは、二〇世紀に入ってからである。スウェーデンの探検家、スウェン・ヘディンの案内人の艾爾得克《アィールタク》は、一九〇〇年三月二八日、偶然にも楼蘭故城を発見した。以後、イギリスのスタインが一九〇六年に、日本の大谷探検隊も、一九〇九年と一九一一年に訪れている。さらに一九二七年には、西北科学考査団に参加した黄文弼《こうぶんひつ》とペリイマンが、一九八〇年の日中共同取材班は、ロプ・

ノールから一〇〇キロほど上流で、タリム河が水枯れになっていることをつきとめている。

二〇〇三年一月三一日、ウルムチを出発した趙子允《ちょうしいん》ウルムチ市登山協会の会長を中心とする一〇人余のロプ・ノール探検隊は、楼蘭郊外において二月三日、一台の白い色をした二一三型の四輪駆動車が、猛スピードで南西に走行するのを見つけた。その車はナンバーも付いていない。不審に思った隊員が、その車のタイヤの溝跡を走行してきた方向にたどっていったところ、楼蘭故城の北東、約二四キロ、土垠《どこん》遺址の中の半島状の台地の墓穴の中から遺物や壁画を発見したのである。

図 11　楼蘭への流沙の道は侵入者を拒み、私たちが乗った四輪駆動車も砂に埋まってしまった

図 12　鬼哭啾啾たる楼蘭郊外の砂漠は、人間の近づくことを拒み、あたかも地獄の様相を呈していた

二月一〇日付の朝刊紙「晨報《しんぽう》」は、この発見を大きく報道した。また、三月二日「世紀の発見」と題するニュースが、新華社通信の報道として世界に発信、楼蘭郊外の地下墓から、美しい壁画とミイラが発見されたというものだった。三月一〇日、新疆文物考古研究所の于志強副所長は、コルラから孔雀川を下り楼蘭の墓室に至って初期的な調査をしている。そうした中、二〇〇三年四月号の『文物天地』は、ほとんどの壁画をカラーで紹介、私も四月二〇日付、読売新聞夕刊の文化欄に「大量の原色壁画発見」と題して、出土した親子の死体の写真を入れて発表した。

思い返せば、二〇〇四年三月、遥か一七〇〇年前のソグド商人の一家を埋葬した墓室に入り、後室の壁や中心柱に描かれた法輪のような絵を見て

図13　地下墓の柱に描かれていた法輪のような輪

感動した。ソグド人はもともと拝火教であったが、ウズベキスタンのソグティアナから楼蘭の地に移り住んでからは、仏教の崇高さに心打たれ、改宗して仏教徒になったものと推測される。仏教史から見ると、楼蘭の地下墓に埋葬された商人は、ゾロアスター教から仏教徒になった人物であったことがわかる。なお、私は、二〇〇四年四月、墓室の第一発見者である趙子允会長から招聘状をいただいた。楼蘭のソグド人墓を共同調査して、一書を編む計画だったが、突然の交通事故で急逝されたのが残念である。

四　楼蘭の文学

楼蘭王国の存在は、紀元前から今日まで漢民族の中に文学作品として歌い継がれてきた。たとえば、六朝《りくちょう》の宋・斉・梁の三朝に仕えた文人、浙江省武康県の沈約《しんやく》（四四一〜五一三）は、中国詩上、楼蘭という地名を用いた早期の作品「白馬篇」を残している。沈約の死が五一三年、その二〇年前に滅亡した楼蘭に対して、作者はすでに王国の滅亡を伝え聞いていたものと思われるが、英雄的な意気込みで夢想し、「軽挙《けいきょ》して楼蘭に入《い》る」と歌っている。

また庾信《ゆしん》（五一三〜五八一）は、河南省の出身で当時の文壇の大御所であった。「都護《とご》は楼蘭に返す」（擬詠懐詩）と歌うその詩才は、同時代の文人のレベルをはるかに凌駕《りょうが》している。

隋代の師均衡《しきんこう》（五四〇～六〇九）の詩にも、「楼蘭」が見える。彼は山西省栄河県の出身で、北斉・北周に仕え、隋の文帝の時、内史侍郎、上開府となったが煬帝に嫌われ殺された。その作品「出塞《しゅつさい》」は、傅介子の故事をふまえ、遊侠的壮士の姿を描くかのごとく、「辛苦《しんく》して楼蘭を刺す」と、勇戦詩として歌っている。劉孝威《りゅうこうい》（四六九～五四九）も、「頓に楼蘭の頸《くび》を取る」（隴頭水）と歌ったが、漢代において楼蘭王の首を切り落とした故事をふまえ、「楼蘭」や「斬」といった語を使用したのである。

李白の詩に、「刃を揮《ふる》って楼蘭を斬る」とか「直ちに為に楼蘭を斬る」（塞下歌）とある。英雄的な決断力に満ちた勇戦督戦詩といえる。翁綬《おうじゅ》の作品の「誰《たれ》か楼蘭を斬りて未央《びおう》に献ぜん」（隴頭吟）は、まさしく傅介子が義陽侯に封じられたことを意識して作詩されたもので、漢の未央宮に思いを馳せての詩である。

張九齢《ちょうきゅうれい》（六七八～七四〇）の「送趙都護赴安西」では、「何を用いて楼蘭を刺さん」と歌っているが、これはまことに悠然とした詩風で、「大唐の春」の高雅さを漂わせている。

その他、楼蘭を歌った唐代の詩篇一四篇を見るに、「楼蘭の首」とか、「楼蘭を討つ」と詠じた詩句の根底に、漢民族の好戦的な姿勢が垣間見られる。楼蘭はすでに存在しないことを知りつつ、その名のみを借り、詩人としての決意や遠征する兵士の心中を想察している。中には、王昌齢《おうしょうれい》の作品の如く、感情を高揚させ「一夜にして楼蘭を取る」（従軍行）と、時間と空間を超越して動的に詠いあげた作品もある。また、回想的に「漢家征戍《せいじゅ》の客、年歳楼蘭に在《あ》り」（鄭愔）と歌う詩人もいた。

図14　楼蘭王国の遺跡

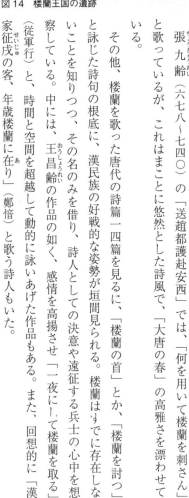

図15　2003年2月、この丘陵地下墓からソグド人を描いた壁画が発見された

図16　楼蘭城は風化土堆群（ヤルダン）の中にあった

次に、「楼蘭」という文字を読み込んでいるものの、楼蘭を攻撃するのでもなければ、国王を斬るわけでもない。ただ辺境の風景を描き、叙情的に西方へのノスタルジアを現出させる機能として、淡い旅情にも似た感懐で楼蘭を取り上げた作品もある。岑参《しんじん》の「愁殺《しゅうさつ》す楼蘭征戍の児」（胡笳歌送顔真卿使赴河隴）はその一例である。

以上、唐代の作品に詠われた「楼蘭」を引用してきたが、これは文学的には二つの系譜になる。傅介子の歴史的故事を念頭におき、中華思想を精神的基盤として、楼蘭を支配すべき対象の国として歌った作品群。そこでは、「楼蘭」は、「斬」とか「刺」という語と併用して歌われている。

「楼蘭」が、郷愁の対象として詠出されている作品もある。そのまろやかな発音は、西域の代名詞として大いに長安の詩人たちの詩情をかき立てたのである。とくに、唐代の西域への支配地域が、ウズベキスタンやキルギス、それにタジキスタンやカザフスタンの一部にまで及んだこともあって、異国での風物に驚嘆したさまが叙情的に歌われている。

宋代は「武」よりも「文」に重きを置いたこともあり、西域や北方からの異民族の侵入にたえず悩まされている。それ故に、文学的叙情性や異国情緒を基盤とした「楼蘭」のとらえ方は少なく、憂国の情や経世的壮士につき動かさた、戦闘的な辺塞詩を多く作った。傅介子の故事を引き継ぎ、忘却の彼方の王国を現世に掘りおこし、劉過のように、「楼蘭を切らずんば心平らかならず」（池園春）と歌っている作品も出現した。この詩篇の奥底に、漢族対少数民族といった根深い対立が存在しており、両者の言いようのない憤怒の情の淵源を見る思いがする。

西域のオアシス「楼蘭」が詩中に読まれたのは、六朝時代から清王朝までであり、本格的に詩語としての地位を確立したのは、唐朝辺塞詩《へんさいし》の成立と期を同じくする。シルクロード文学の中で詠まれた西域の町や川や山や民族は、時代の推移変転とともに消えていった。しかし、不思議なことに「楼蘭」だけは、時空を超えて一九世紀まで歌い継がれている。その理由は、漢民族の優越思想を刺激し、心地よいロマンを胸中に惹起《じゃっき》させ、栄達と郷愁の念を脈動させるにふさわしい地名だったからと考えられる。

本章を終えるにあたり、楼蘭を詠んだ岑参の詩を一編紹介しよう。

胡笳歌　送顔眞卿使赴河隴
君不聞胡笳聲最悲
紫髯緑眼胡人吹
吹之一曲猶未了
愁殺樓蘭征戍兒
（中略）
胡笳怨兮將送君
秦山遥望隴山雲
邊城夜夜多愁夢
向月胡笳誰喜聞

胡笳《こか》の歌　顔真卿《がんしんけい》の使いして河隴《かろう》に赴くを送る
君聞かずや　胡笳の声　最も悲しきを
紫髯緑眼《しぜんりょくがん》の胡人《こじん》吹く
之《これ》を吹きて　一曲猶未《なおいま》だ了《おわ》らざるに
愁殺《しゅうさつ》す　楼蘭征戍《せいじゅ》の児《じ》
（中略）
胡笳の怨《うら》み　将《まさ》に君を送らんとす
秦山遥《しんざんはる》かに望む　隴山《ろうざん》の雲
辺城夜夜《へんじょうやや》　愁夢《しゅうむ》多し
月に向かって胡笳　誰《たれ》か聞くを喜ばん

（山田勝久）

第十章　ペルシア〜長安〜日本を結ぶ道

一　大唐の都・長安にペルシアモード

ササン朝の滅亡と王族たちの亡命

長安（西安）周辺は、前一一世紀に西周（前一一世紀末〜前七七〇）の都城（鎬京《こうけい》）が築かれ、秦《しん》の後を継いだ漢が興ると、長安と呼ばれるようになり、以来、一〇世紀まで一二の王朝が一一〇〇年にわたって都をおいた。中でも唐王朝時代（六一八〜九〇七）は、中国史上最大の領域を統治し、シルクロード諸国から朝貢《ちょうこう》を受ける世界帝国として君臨《くんりん》するとともに、長安は東西の人や物が往き交う国際都市となり、西のバグダードと並んで、人口一〇〇万を数えた。

長安には数千人の外国人が居住し、その中には遣唐使船に乗って先進文化を学びにいった日本の留学生や留学僧もいた。最も目立ったのは、胡人《こじん》といわれるシルクロードの商人ソグド人やペルシア人であった。彼らによって西域から伝えられた文化は、長安で流行し、特にペルシアの風俗や食物が好まれ、これらの爛熟《らんじゅく》した文化は、遣唐使によって日本にも伝来した。

では、唐王朝時代になぜペルシア文化が流行したのであろうか。当時の西アジア情勢と深いかかわりをもつ。ムハンマドが、啓示を受けてイスラム教がアラビア半島に広がっていったのは七世紀であるが、その勢力はアラビア半島から東西に伸びていった。

　ササン朝最後の王ヤズダギルド（ヤズデギルド）三世は、六三七年にアラブ軍によって王都クテシフォンから追い出され、六四二年にニハーヴァンドでアラブと最後の決戦を行い、三日間の激戦のすえに軍は壊滅し、ササン朝は実質的に滅亡する。

　六五一年にヤズダギルド三世が殺された後、息子のペーローズはシースタン地方（アフガニスタンとイランの国境付近）に拠って復興をめざすものの、成功せず長安に亡命する。彼は亡命の身分ながら唐王朝ではペルシア王の資格をもって処遇された。ペーローズの息子ナルセスは、シースタンにむかい二〇年近く再興に情熱を注ぐが失敗におわり、景竜二年（七〇八）長安に引きかえす。

図１　復元された遣唐使船

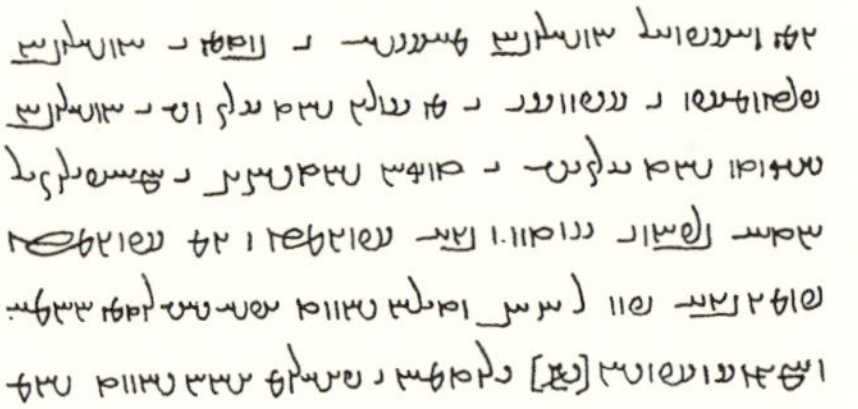

左神策軍散兵
馬使蘇諒妻馬
氏巳己生年廿六
於咸通十五年甲
午歳二月辛卯建
廿八日丁巳申時身
亡故記

図２　ペルシア人の墓碑・長安から出土
伊藤義教『西安出土漢蕃合壁墓読蕃文解読記』

　ササン朝の滅亡と王族の長安への亡命が契機となって、ササン朝の王室所属の工芸人や文化人が長安へ流入し、それに伴ってペルシア文化が流行していった。長安にはペルシア人が住みついて二〇〇年ほどの間に活躍した人物の墓がある。没年は咸通一五年（八七四）とされており、伊藤義教先生の調査によれば、この墓は、スーレーン家出身の蘇諒氏の妻・馬氏のもので墓碑が残っている。

また、開元二六年（七三八）には、ソグド地方に進出したアラブ人に追われたソグド人（ペルシア系の民族）が長安にやってきた。ペルシア人の亡命など唐王朝時代の国際都市長安を知るには、桑原隲蔵《じつぞう》先生の『隋唐時代に支那に来住した西域人に就いて』の名著があり、委曲を尽くして解明されている。少し長い引用になるが紹介しよう。

ペルシア人は、おそくも後魏《こうぎ》の末期（六世紀前半）に、已《すで》に北支那に移住して居るが、その移住者の姓名は伝らぬ。唐時代になると、政治上その他の関係でペルシア人が可《か》なり支那に移住して来て、その名も二、三知られている。第一にはササン王家の嫡流の卑路斯《ひるす》及びその子の泥涅斯《ねりす》が大食《イスラム》に逐《お》われて長安に来住し、遂《つい》に茲《ここ》に客死《きゃくし》した。彼等は必ず相当の一族臣僚も引率して、長安に流寓《りゅうぐう》したに相違ない（『桑原隲蔵全集・第二巻』）。

ササン朝の王子の長安への亡命で、多くの臣下や工芸人が逃げてくる。いっぽう、シルクロードにおける商業活動が活発になり往来や移住が容易になったことが、長安へのペルシア人流入の理由である。

李白が謳う長安の酒楼と西方宗教の伝来

ここで、長安の繁華街をスケッチしよう。元宵観灯《げんしょうかんとう》（正月一五日の灯籠祭）から清明節の季節になると、長安には菜の花や桃花、薔薇《ばら》、木蓮《もくれん》などの花が咲き乱れ、三月に入ると貴族たちは庭園に咲きこぼれる牡丹《ぼたん》の花を愛でるのであった。陽が沈む頃になると、若者たちは惜春の賦《ふ》を口ずさみながら春明門付近の酒楼に繰り出した。

唐代の詩人・李白《りはく》（七〇一〜七六二）は、五陵の年少（若者）たちのはしゃぎぶりを謳っている。

五陵《ごりょう》の年少　金市の東
銀鞍《ぎんあん》白馬　春風を度《わた》る

落花《らっか》踏み尽《つ》して　何処《いずこ》にか遊ぶ
笑って入る　胡姫《こき》の酒肆《しゅし》の中

若者たちが長安の西市（金市）に、はでに飾りつけた白馬に跨《またが》ってペルシア美人のいる飲み屋に繰り出すという趣向である。

ちなみに、五陵とは前漢の建国者である高祖《こうそ》、恵《けい》帝、景《けい》帝、武《ぶ》帝、昭《しょう》帝の五帝の陵のある地域をいい、当時は、武帝の墓のある茂陵《もりょう》に住むのが社会的ステータスを示すものとして、長安城外の五陵には符号や侠客の屋敷が軒をつらねていた。

図３　武帝の墓・茂陵に立つ筆者

私は、シルクロードの開拓者である武帝の墓（茂陵）を三度訪ねているが、茂陵博物館の高台に立つと匈奴《きょうど》を北に追いやりシルクロードを疾駆した標騎《ひょうき》将軍の霍去病《かくきょへい》墓や衛青《えいせい》墓、武帝の晩年の妃である李婦人《りふじん》墓が眺望できる。

さて、李白はさらに謳う。

長安の青綺《せいき》門
胡姫　素手もて招き
客を延《ひ》いて金樽《よきさけ》に酔わしむ

青綺門とは、青色に塗った門で青明門のことである。青明門は東へ出る門で、このあたりに胡姫のいる花街があり、ペルシアモードが街をおおっていた。ラピスラズリのアイシャドーも艶《なまめ》かしく、濃粧の胡姫は千金の公子や遊侠の若者を悩殺したのだろうか。

太平を謳歌する長安の貴族たちは、胡服、胡食を楽しみ、西域伝来の葡萄の美酒や夜光の杯は、風流を解する人々の憧れの的となった。胡旋舞《こせんぶ》は、ソグディアナの康国（サマルカンド）などのオアシス都市の街の名物で、唐王朝にこれらの国から舞姫が葡萄酒とともに献納された。白楽天や友人の元稹《げんしん》は、そろって舞姫を謳っている。

胡旋の女
胡施の女
心は絃《げん》に応じ
手は鼓《こ》に応ず
絃鼓一声　双袖《そうしゅ》挙《あ》がり
廻雪飄颻《ひょうよう》　転蓬《てんぽう》舞う
左旋《させん》し右転し　疲れを知らず
千匝《せんそう》万周　已《や》む時無し
人間《じんかん》の物類　比《ひ》す可き無く
奔車《ほんしゃ》も輪緩《わゆる》やかにして旋風も遅し

赤い髪をした碧眼《へきがん》（青い眼）の胡女（ペルシアの女性）が、絃と鼓の音楽にあわせて独楽《こま》のように体を回転させて踊り、時には小さい鞠《まり》の上に乗って両脚をはなさず廻るという妙技も披露したらしい。「砂漠の大画廊」と称される敦煌莫高窟《ばっこうくつ》第二二〇窟（初唐）には、左右に楽人が並び、中央に二人の舞姫が袖や衣をひるがえして踊る姿が描かれている。

図4　胡旋舞
（ウズベキスタン・サマルカンド）

宮廷に仕える唐美人たちの化粧も西域風であった。彼女たちは堆髻様《たいきつよう》といって髪を高く結い、唇は烏膏《うこう》を塗って黒唇《こくしん》にし、頬と口端に黒子のようなものをつけ、目の縁にはインディゴを塗り花園を闊歩《かっぽ》して現実を謳歌したことであろう。

服装は、男女ともに袖口の小さな折襟《おりえり》の上衣で、女性はロングスカート、男性はズボンをはいており、このファッションは、日本にも伝えられた。正倉院宝物の「鳥毛立女屏風絵《とりげりつじょ》」は、日本にしか生息しないヤマドリの羽根を使っていることから、日本で制作されたもので、屏風に描かれた六人の女性は、ロングスカートを身につけ、次のような特徴をもっている。

①樹下に人物を配する。②豊満、豊頬である。③頬に花鈿《かてん》、眉に靨鈿《ようてん》の化粧を施している。

この屏風絵の源流は、ペルシアの銀皿に描かれたアナーヒーター女神であり、インドのサーンチーのストゥーパに描かれたマンゴーの下に佇むヤクシー像であり、唐王朝の宮廷で流行した女性たちの化粧法であった。

長安では胡食も油餅《ゆへい》、饆饠《ひつら》、焼餅《しょうへい》と種類が多くなり『斉民要術』には、

麵《むぎこ》一斗、羊肉二斤、葱白《そうはく》一合を豉斗《しとう》と塩にまぜ乾かして熟させ、之を炙《あぶ》る。

とある。

西方からの文化とともに長安の街を活気づけたのは、西方宗教の伝来だった。まず、貞観五年（六三一）に祆教《けんきょう》（ゾロアスター教）が、貞観九年（六三五）に景教《けいきょう》（キリスト教ネストリウス派）が、嗣聖一一年（六九四）にマニ教が伝わる。

二代目皇帝・太宗（在位六二六〜六四九）の時代に景教の僧侶である阿羅本《あらぼん》が長安へ来住して義寧坊に三秦寺を建立した。徳宗の建中二年（七八一）に建てられた「大秦景教流行中国碑頌」には、漢文とシリア語文の書体で大秦僧七〇人の名前が記されており、これらの人々が西アジアから来たことを示している。

中国人は、火の神を拝する信仰について、どのような名称をつければよいかわからず、示《しめす》偏に天を付して祆教と呼び、金堂《こんどう》を祆祠《けんし》と名付け、彼らの出身地から波斯胡寺《はしこじ》といった。

仏教	○後漢明帝の 67 年頃に伝来し、唐時代に朝廷や貴族の保護を受ける。 ○渡印僧 玄奘三蔵（627 ～ 645 年）……大唐西域記 義浄三蔵（671 ～ 695 年）……南海寄帰内法伝 ○鑑真和上は 5 度の渡航失敗の末、753 年に日本に来る。 ○最澄・空海が来朝し、密教を学ぶ。
景教（キリスト）	○ネストリウス派キリスト教で、景教とは光り輝く教えの意。 ○ 635 年の太宗の時代にペルシア僧阿羅本が伝える。
摩尼教（マニ）	○紀元後 3 世紀、バビロニアのマニを教祖にして生まれる。 ○ゾロアスター教を母胎にし、善悪 2 神の永遠の対立を主張する。 ○ 694 年の則天武后の時代に伝わる。
祆教（ゾロアスター）	○ 631 年に伝わる。 ○会昌の廃仏（845 年）で衰退する。

図 5　唐王朝時代の宗教　児島建次郎『芸能文化の風姿』参照

いっぽう、キリスト教ネストリウス派の人たちもペルシアからやってきたので波斯胡寺と呼んだ。ネストリウス派は、キリストの神性やマリア聖母説を否定したため、四三一年に開かれたエフェソスの宗教会議で異端とされ迫害を受けた一派である。

中国ではネストリウス派と祆教の間に混乱がおき、玄宗は天宝四年（七四五）にこの一派を「大秦《だいしん》寺」とする勅令を出した。大秦とはローマのことで中国では景教という名が用いられた。また、マニ教は中国では「喫菜事魔《きっさいじま》＝採食して魔神に仕える」といわれ、大雲光明寺を建てたというが場所は不明である。

長安の醴泉《れんせん》坊の波斯胡寺は、ペルシア人の建てた寺であり、醴とは、一晩だけ醸《かも》してつくった酒のことで、醴泉はかすかな甘みのある水の湧く泉をいう。

儀鳳二年（六七七）に卑路斯がゾロアスター教の会堂を置くことを請い、それが許された。諸宗教の伝播は、経典や司祭者が伝来しただけでなく、神殿や祠堂それにかかわる調度品をつくる工人集団など、いわゆる膨大な総合文化の伝来を意味し、それが長安の文化を華やかなものにしていったのであろう。

特に、玄宗（在位七一二～七五六）の治世である開元天宝年間には、皇帝みずからが貴族や遣唐使に下賜品として、華麗なペルシア風の工芸品を賜るのが一般的であった。

それを実証するものが、一九七〇年に西安郊外の何家村《かか》で発見された。穴蔵から金銀器二七〇点をはじめ、ガラス製品や瑪瑙《めのう》、ローマやペルシアの貨幣など一〇〇〇点以上のものが出土したのである。

この場所は、出土地点から考えると、皇族の邠《ひん》王李守礼の子孫の邸宅跡と考えられ、安禄山《あんろくざん》の乱（七五五）によって玄宗が蜀《しょく》に逃れる時、その財宝の一部を隠したものと推定されている。

出土した宝物には、流麗なペルシア風の金銀器などが含まれており、これらは皇帝から賜ったものも少なくなく、デザインが日本の正倉院宝物と似ている点も注目に値する。

ペルシア人がもたらした風俗や文化の流麗さは、エキゾチックなムードを醸し出し長安の民衆に浸透していく。長安に流寓《りゅうぐう》した工芸人や楽人、舞姫たちは、巷間でペルシア風の工芸品をつくったり西域の歌舞を演じ、またたくまに流行していった。長安では、ササン朝風の胡瓶や金銀器、ガラス器などが金銀平脱《へいだつ》、螺鈿《らでん》の技法で多数つくられ、これらは功臣や外国の使節に下賜され、その一部が遣唐使によって日本にもたらされたのである。


（児島建次郎）

遥かなる都、長安を訪ねて

シルクロードの起点である長安（現・西安市）は、一二王朝が約一一〇〇年にわたって帝都を置いただけあって、市内のいたるところに名所旧跡があった。天井のない博物館といわれる韓国の慶州を訪ねた時も多くの史跡があったが、長安は比較にならないほど広大で、その二〇倍前後の遺跡が残っていた。

町には、タクラマカン砂漠を越えてやってきた、インド人・ペルシア人・ソグド人等、五四カ国の人々で賑わっていた。その中でも西市には、「胡商八〇〇〇人」が移り住み、エキゾチックな彩りを添え、『旧唐書』には、その異国情緒あふれるさまを、「士女みな胡服を衣《き》る」、すなわち男も女もみな西域の衣服を着るようになったというのである。さらにインドの音韻学の流入の影響を受け、絶句や律詩といった近体詩が誕生した。

図６　唐の玄宗や楊貴妃が、外国の使者を接待した長安の華清池の宮殿

図７　遣唐使として中国に渡った井真成は、734 年、36 歳で長安の官舎で死去した。その石碑に刻まれた墓誌の全文

ところで、二〇〇〇年の眠りから目覚めた秦の始皇帝の兵馬俑は壮観であった。北海道教育大学の美術科（彫塑）の長谷川工教授は、「現代の工芸技術でも、これだけの作品は造れません」と述べている。また、楊貴妃や玄宗ゆかりの華清池からは、唐代の温泉風呂も発見され、章懐《しょうかい》太子（高宗と則天武后の子供）陵墓の壁画は、長安の平和で華麗な生活ぶりを余すところなく今に伝えている。

長安は阿倍仲麻呂をはじめ、唐代だけでも約二三〇〇人の日本の留学生が勉学に励んだ町である。

二〇〇四年一〇月、わが国の井真成《せいしんせい》という遣唐留学生（請益生）の墓誌が、長安の東の滻水《さんすい》の西の岸辺から出土し注目を集めている。その墓誌の訳文は次のようなものである。

公は姓は井《せい》、字《あざな》は眞成。国は日本という、才は生まれながらに優れていた。そこで命を受けて遠い唐の国へ派遣され、馬を走らせ訪れた。唐の礼儀教育を身につけ、その風俗に同化した。正装して朝廷に立ったなら、並ぶものはいなかったに違いない。しかし、誰が予想したことだろうか、勉学を成し遂げないうちに、思いもかけず三途の川を舟で渡り、馬を走らせ柩を運ぶことになろうとは。開元二二年（七三四）正月□日に官舎で亡くなった。年齢は三六歳だった。皇帝（玄宗）はこれを傷み、死後に追贈する官位を典籍法令にのっとり、詔勅によって尚衣奉御の官職を贈った。葬式は国葬とした。すなわち、その年の二月四日、（日本は東にあるので長安の東方に位置する）万年県の滻河の原に葬った。礼に基づいてである。ああ、夜明けに柩をのせた白い車を引き、葬式の行列は赤いのぼりを立てて哀悼の意を表した。遠い国で夕暮れに倒れ、荒れ果てた郊外の果ての墓陵で夜も悲しんでいる。その言葉に言うには、「死ぬことは天の常道だが、悲しいのは遠方であることだ。身体はもう異国の地に埋められたが、魂は水の流れに乗って故郷に帰ることを願っている。

西安から来た大学院生に夏休みに祖国に帰った時、西北大学の賈麦明先生を訪ね、墓誌発見の詳しい経過を聞いてくるように依頼したところ、院生は詳しく聞いてきたと言って、以下のことを知らせてくれた。併せて二人並んだ記念写真も見せてくれた。その報告によると、西安も人口が増加して、マンションは郊外にも建てられるようになった。西安の東の滻水の河畔に、五階建ての住宅を建設するため土地を掘り下げていたところ、機械のツメに石板があたり砕けた。田舎から出てきた出稼ぎ労働者は、運転席から降りてその石板を見ると、文字が刻んであった。そこで、現場監督に報告したところ、そのあたりに立てかけておくようにとの指示だった。一日の仕事を終えての帰り、現場監督はその石板を小脇に抱えて、タバコ銭ぐらいにはなるだろうと思って、骨董店に持って行った。店主がいくらで購入したか不明であるが、店頭に定価三〇〇〇元と値段を付けて立てかけておいた。

二〇〇四年一〇月のある日曜日、西北大学博物館の賈麦明氏は何か掘り出し物はないかと一人ぶらぶらと骨董品街を歩いていた。通りすがりに何とはなしに「日本国…」という文字が目に入った。どうせ偽物だろうと思ったが、それにしても良くできている。主人にいくらかと尋ねたところ三〇〇〇元だと言ったが、交渉を続け一〇〇〇元（一万数千円）で買うことにした。大学に戻り、考古学や歴史学の教授にも見てもらい、唐代の墓誌であることが判明、新華社通信を通して、全世界に発信されたのである。

図８　西安の草堂寺にある鳩摩羅什の生涯を描いた絵画中、７歳の時に母に従って出家した時の様子

誌蓋《しがい》は覆斗状、青石質で、底面の一辺の長さは三七センチ、厚さは七センチ、篆書である。墓誌は厚さ一〇センチ、文様と飾りは無いが、表面に掛線があり、文字は楷書、刻印である。全部で一二行、一七一文字で構成されており、最後に四行の空白の部分と九文字の欠字がある。

井真成と阿倍仲麻呂の交友関係の有無については、互いの地位、在留期間、死亡年などを総合的に考えて、交流はなかったものと思われる。

二〇一五年一〇月一六日、私は滻水のほとりの発見現場を訪ね、出土地をカメラに収めた。その夜、西安のホテルで約三時間、賈麦明氏と懇談した。そして改めて井真成の墓誌の発見の詳細をうかがった。それは院生の報告とは全く異なるものだった。

二〇〇四年一〇月のある日、一人の人物が石板を持って西北大学の博物館にやってきて、この墓誌は本物か偽物か鑑定してほしいといってきた。本物であったので博物館が購入した。博物館の窓口で最初に受け取ったのが賈麦明氏だというのである。私は会見終了後、同席した通訳にどちらが正しいのか尋ねたところ、苦渋に満ちた表情で両方正しいとの返事であった。この一一年間の歳月の流れにあって、何らかの事情が発生したのだろう。

次に、何といっても私が長安で一番好きなところは、郊外にある草堂寺《そうどうじ》である。その堂宇の中には、はるばるシルクロードの亀茲国からからやってきた、訳経僧の鳩摩羅什《くまらじゅう》の高さ一メートル程の八角の舎利塔がある。そこに書かれた銘文のすべてをカメラに収めることができた。晩年の羅什は、後秦の国王の保護のもと長安の逍遥園などで五年余にわたって、サンスクリットで書かれた仏典を正確に漢語に翻訳している。その偉業は日本にも大きな影響を与え、羅什訳の経典約三〇〇巻のうち、約二五〇巻が奈良の正倉院に収蔵されている。特に法華経は名訳で、唐の玄奘も法華経には手をつけていない。

（山田勝久）

二　動物意匠の源流・メソポタミア〜ペルシア〜スキタイ〜法隆寺と正倉院

王の権威を示すアッシリアの「帝王狩猟図」

文化交流といえば、いかなるルートを経ていかなる文物が交流したかといった視点からとらえられることが多い。それとともに、二つの文化が接触、交流した結果、どちらかいっぽう、または双方に生ずる変容、さらに、二つの「親文化」とは違った「第三文化」の成立などを考慮しなければならない。

図9　前7世紀頃のアッシリア帝国
岸本通夫『古代オリエント』参照

動物意匠の起源については、次のような説が唱えられている。第一は、黒海北岸地方の動物意匠は、イオニアから来たもので、それがシベリアに伝わったとする説である。これは認知されていない。

第二は、黒海北岸とシベリアの動物意匠には、共通の発生地があり、その源流は、東ヨーロッパあるいはアジアの北方にあるとする説である。

第三は、ユーラシア大陸の動物意匠の発生地は、メソポタミアの北方すなわちアッシリアとする説である。現在は、これが有力であるものの、動物意匠の起源地については様々な考えが提示されている。

アッシリア（前二〇〇〇頃～前六一二）は、最高神アッシュールを奉ずるセム語系の民族が興した国で、北部メソポタミアを拠点に、前二〇〇〇年頃から栄枯盛衰を繰りかえした。この国は、中継貿易が発達し、それを通してヒッタイトから製鉄技術を学び、やがて、馬に引かせた戦車隊や騎馬隊を組織し軍事国家へとむかう。

アッシリアの征服手段は、残虐性《ざんぎゃくせい》とともに強制移住政策にある。狙いは被征服民の結束力を弱め都市の労働力を確保する事にあり、これらの武断的な政策は、諸民族の反発を招き、帝国内は常に不安定な状態で反乱が絶えなかった。

アッシリアが繁栄した要因の一つは、シリア砂漠を西進してパルミラ、ダマスカスをぬけ、フェニキア、パレスティナ、エジプトに通じる貿易路を掌握したことであり、もう一つは、強権的な政治体制と鉄器時代の戦争技術をたくみに利用したことである。

精強無比の軍隊は、串刺し、大量虐殺、容赦《ようしゃ》のない「強制退去」など無道な策を強行し、臣従の誓いを破った国や貢納の義務を果せない貿易都市に対しての懲罰《ちょうばつ》は過酷《かこく》をきわめた。アッシリアは、商業主義と雌伏《しふく》時代に強化された軍国主義が結びついて、きわめて特異な軍国主義的な帝国へと発展していったのである。

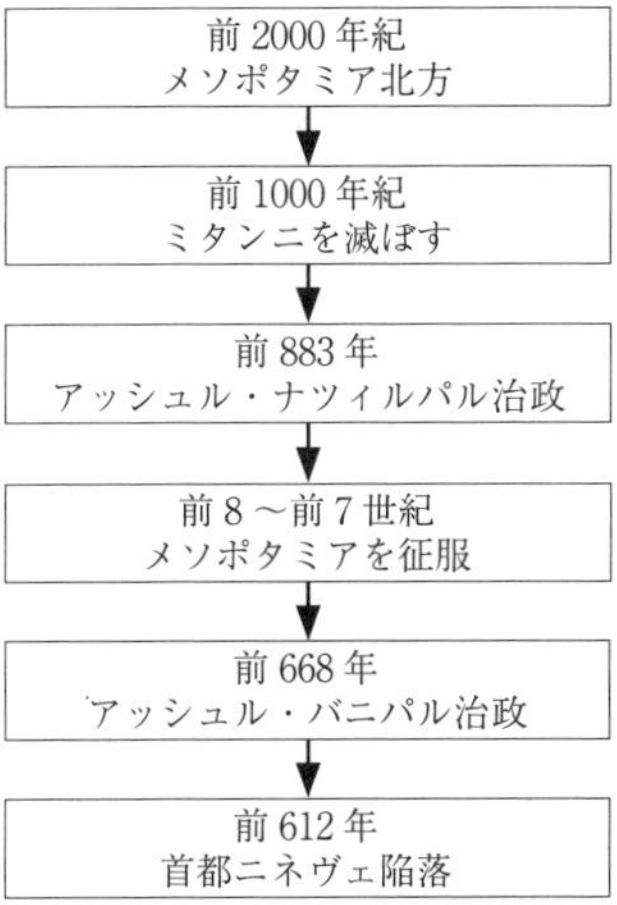

図 10　アッシリア帝国の略年表

前二〇〇〇年紀は青銅器の時代であり、前一〇〇〇年紀は鉄器の時代であった。アッシリアでは、ティグラト・ピレセル一世（在位前一一一五頃～前一〇七六頃）が即位すると、地中海方面にむけて初の本格的軍事遠征を行うとともに、西方にむかって領土を拡大し黒海沿岸まで兵を派遣して鉄の主産地を手に入れた。

前一〇世紀末から前七〇〇年頃にかけての「新アッシリア時代」

に絶頂期を迎え、壮大な宮殿を建設し行政の拠点をいくつもつくって世界帝国に成長する。

アッシュル・ナツィルパル（アッシュル・ナシュルパル）二世（在位前八八三―前八五九）こそは、専制君主となってテュロスやシドンなどのフェニキア都市を征服して、ニムルド（王都カルフ）に新首都を造営し捕虜を強制移住させた人物である。アッシリアは、地方都市アッシュールに興った後、前六一二年に瓦解《がかい》するまで七〇〇年間イラク北部に栄え幾度か遷都を行っている。

ところで、一九世紀ヨーロッパ諸国は、『旧約聖書』に登場する古代都市を探し求め発掘を競いあったが、この競争に勝利したのがイギリスであった。

イギリスの考古学者ヘンリー・レイヤードは、一八四五年から一八五一年にかけてアッシリアの首都であったニムルドやニネヴェの発掘を行い、征服王といわれたアッシュル・ナツィルパル二世の宮殿跡から石製浮彫や石製守護像を発見した。現在、大英博物館が所蔵するアッシリア美術の多くは、レイヤードがイギリスに持ち帰ったものである。

図11　アッシュル・ナツィルパル２世
（ニムルド出土）

レイヤードは、シュメールやアッシリア時代から二〇〇〇年に及ぶメソポタミアの歴史と文化をうつし出す文書三万点を集めた。中でも一〇〇〇通をこえるアッシリア帝国最盛期の書簡は、この時代を知る貴重な資材として異彩を放っており、現在、大英図書館で楔形《くさびがた》文字の解読を進めているが、解読が終るのにはこれから一〇〇年はかかるという。

また、第二次世界大戦後、ニムルドの発掘を手がけたのは、推理小説家アガサ・クリスティの夫マックス・マローワンで、

図12　獅子に襲われる黒人像（ニムルド出土）

図13　有翼人面牡牛像と筆者（大英博物館蔵）

彼女は何度か発掘現場を訪れ、金銭面で夫を援助している。マローワンは、アガサが滞在していた一九五一年にニムルドの宮殿の一角で古い井戸をみつけ泥をかき出すと意外なものをみつけた。それが、「獅子に襲われる黒人像」という装飾品である。一〇センチ四方の小さなもので、象牙やラピスラズリ、紅玉髄《こうぎょくずい》などで造られており、背景にエジプト起源のロータス（蓮）の文様を配置している。獅子の頭やロータスに施された象嵌《ぞうがん》の手法は芸術性が高い。

私が、大英博物館を訪ねたのは、二〇一三年九月四日のこと。不思議な石の巨像ラマス（Winged Bull＝ウィングド・ブル）を見上げた時は、強大な力が私の体に浸み込んでくるような錯覚におちいった。日本語では「有翼人面牡牛像《ゆうよくじんめんおうしぞう》」と訳されている。

高さ三メートルの像は、髭を生やした人間の顔をもち、頭に牛の角の形をした冠を戴き、胴体に鷲の翼を備え蹄《ひづめ》は牡牛で脚は獅子という姿で、人間の顔をもっているのは知性のあらわれだという。正面からは二本脚にみえるが、横からは四本にみえ実は五本の脚をもつ。

ラマス像は、アッシリアの宮殿入口の両側を飾り、王宮を外から遮断《しゃだん》する精霊の役割を担っていたのだろう。アッシリアでは、扉や門から悪霊が入ってくるという観念があり、この半人半獣の像は、アッシュル・ナツィルパル二世の宮殿の門の前に置かれ悪霊の侵入を防いでいた。また、魔除けの意味だけではなく、アッシリアで信仰されていたアッシュル神の代理人である王の権威を誇示するのものでもあった。

アッシリア人は、浮彫表現を得意とする民族で、その象徴がアッシュル・バニパル（在位前六六八～前六二七）の北宮殿を飾っていた「獅子狩図浮彫」で、大英博物館に展示されていて、王の権力の偉大さと芸術性の高さに驚かされる（**口絵写真**）。浮彫は、三段構成になっており、同じ獅子の異なる瞬間をとらえた「異時同図《いじどうず》法」によって描かれている。

この構図は、敦煌莫高窟第四二八窟の「サッタ太子捨身飼虎《しゃしんしこ》図」や法隆寺の「玉虫厨子《たまむしのずし》」などにもみられ、物語の展開を時間を追って視覚的、絵巻物風に一画面に表現する手法である。

図 14　獅子狩図浮彫
異時同図法によって描かれている

アッシリアの浮彫では、上段に檻《おり》から放たれた獅子に矢が射られたため興奮して王に飛びかかる場面が、中段に獅子が後脚立ちで振り返える場面が連続した動きで描かれており、最後に獅子が倒れ、アッシュル・バニパルが止《とど》めをさす。浮彫の側に碑文が刻まれている。

王は獅子の尾を捕え、棍棒《こんぼう》で頭を打ち砕いた。

最も劇的な場面は、戦車を駆って狩猟場に向かうところで、王が弓を引いて獲物を狙う側《そば》で、矢を受けた獅子が戦車に乗っている二人の従者に飛びかかる。猟犬係の従者は、吠えたてる犬を連れて獅子の逃走を防ぐ。

この「帝王狩猟図」の浮彫は、圧巻である。獅子狩りは、王が執り行う宗教儀礼であり、最終場面では殺された獅子が祭壇の前に運ばれ、香が焚かれ音楽が奏でられるなかで、王が獅子に酒を注ぐ。浮彫は、獅子の爪先《つまさき》や毛並

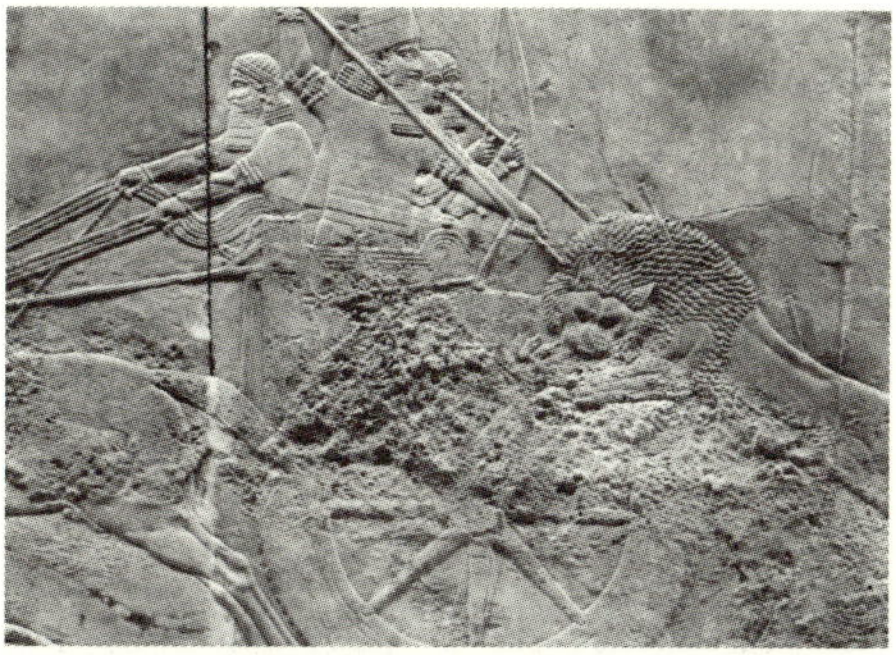
図15　矢を受け哀願しているようにみえる獅子

みまで精緻に描かれるなど写実性に富み、獅子の姿は躍動感に溢れる。

大型スクリーンを前にしたような幅三メートル、長さ二〇メートルほどの浮彫図を見ているうちに、私はある場面の前で足が止まった。それは、数本の矢を受けている一頭の獅子の目で、その目は「あわれみを請う」ように哀願の念がただよい、何かに縋りつくようにみえる。思わず手を差し伸べてやりたいほど悲し気な目をしているではないか。

これほどリアリティーあふれる浮彫が、前七世紀に制作されていたとは驚きであり、ある種の感動を覚え、しばし獅子の目を見つづけた。

獅子狩りは、アッシリアの王にとって伝統的な風習であり、王は人間の敵だけでなく野生の動物からも国土を守る義務を負っていた。獅子が闘争心を失うことなく王に立ちむかう不屈の姿こそ、アッシリアの王に求められるものであった。

メソポタミア時代のイラクは、森林があり、土地は湿潤《しつじゅん》であったが、アッシリア時代になると獅子の数が減少し捕獲飼育して獅子狩りに備えたという。

この時代、野生の獅子は魔力をもつ守護獣（ウルグルー）と考えられていた。メソポタミアの図像表現には、人間の体に獅子の頭部、鷲や鷹の脚をもった怪物的な神が存在するという観念があり、これがアケメネス朝、セレウコス朝の美術に受け継がれていく。

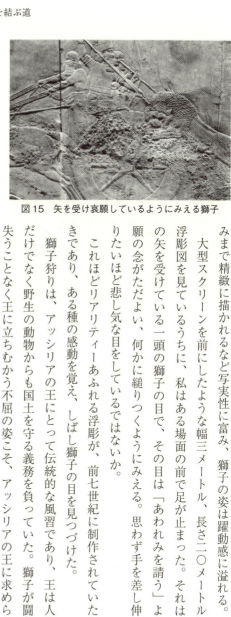

ペルシア帝国の都ペルセポリスを飾った「牡牛を襲う獅子」

二〇一一年九月三日、私はペルセポリスの近くにあるシーラーズのホテルを拠点に世界遺産を訪ね歩いた。アケメネス朝ペルシア（前五五〇～前三三〇）の都ペルセポリスは、動物意匠の宝庫といえる。昇り口の一一一段の大階段をのぼると、ペルセポリスのシンボルともいえるクセルクセスの門（万国の門）に至る。

この西の門柱に「牡牛の石像」、東の門柱に「有翼人面獣身像」が立ち、人々を迎えてくれる（カバー写真）。人面部の一部は破壊されているが、胴部はきれいに残っており、見上げるとその迫力に圧倒されペルシア帝国の宮殿の壮大さが実感をもって迫ってくる。

図16　朝貢者を謁見するダレイオス大王

図17　獅子が牡牛を襲う動物闘争図

ペルセポリスには、属国二八カ国のうち二三カ国の使節団が、ラクダや羊、牛などの貢ぎ物を携えて行列を組んで朝貢に訪れている様子が浅い浮彫で精巧に描かれている。そして、アパダーナ（謁見《えっけん》の間）やトリピュロン（三門宮＝王と高官の協議の場）、ダレイオス宮殿などの階段側壁の三角形の中央には、有翼円盤で表されたゾロアスター教の主神アフラ・マズダが浮彫で描かれている。

さらに、側壁の三角形の部分に、威厳に満ちた「牡牛を襲う獅子像」が左右対称に描かれているが、アッシリア彫刻の吠えている獅子の顔や脚の筋肉のリアルな表現に比べて装飾化がみられる。

この構図は、弱肉強食を描いたものではなく、何か神聖な力の交替を意味したのではないだろうか。例えば、牡牛を襲う獅子は、冬の星座・牡牛座から春を告げる獅子座にかわる春分点を表わしたものだとすれば、春分を新年とするペルシアの新春参賀の場面とも考えられる。いっぽう、ゾロアスター教の善と悪の闘いの象徴ととらえる説もある。

ルーヴル美術館に、スーサから出土した「牡牛形柱頭」が、テヘラン考古博物館にはペルセポリスから出土し復元された同じものが展示されている。ペルセポリスのアパダーナの七二本の列柱を飾った柱頭は、請花《うけばな》と反花《かえりばな》形の上に立てられ、その各面にロゼッタ花飾りの渦巻を二本づつ取りつけ二頭の牡牛の前躯《ぜんく》を背中あわせに接合した形になっている。

二頭の動物を背中あわせに接合するモチーフは前例があるが、「牡牛形柱頭」はアケメネス朝時代に王宮様式の彫刻として完成をみた。

図18　牡牛形柱頭
ペルセポリス・アパダーナの列柱を飾った

目を転じてササン朝時代のターク・イ・ブスタンの遺跡をみよう。ここは荒々しい岩山が連なるザグロス山脈に抱かれたケルマンシャーの街から六キロのところにある。ペルシア語で「庭園のアーチ」という意味の遺跡は、アーチ型の大洞、小洞、小浮彫と山裾の岸壁に掘られ、小洞の奥壁にはホスロー二世の叙任式や騎馬像、狩猟図がみえる。奥正面の上段の「帝王叙任式」は、中央にホスロー二世、左右にアナーヒーター女神とアフラ・マズダが描かれ、王権の象徴である日輪を授かる場面がみえる。

図19　帝王猪狩図（イランのターク・イ・ブスタン）

図20　獅子を狩るシャープール２世の鍍金銀皿
（エルミタージュ美術館）

また、壁面には三日月とリボンを手にして飛翔《ひしょう》するギリシア神話の女神ニケが描かれており、これは、シルクロードを通って日本に伝えられた飛天のルーツだろうか。下段には豊饒のシンボルである壺から生える「生命の樹」が浮彫されており、この場所が何かの儀式に使われたことを暗示している。

大洞の壁面の左側に、「帝王猪狩図」、右側に「帝王騎馬鹿狩図」が奥壁に向って描かれている。猪狩図は、四方を柵で囲った狩猟場に、象に乗った勢子《せこ》が沼地から猪を追う場面である。いっぽう、船に乗った帝王が弓に矢をつがえて野猪を射つ。帝王はひときわ大きく描かれ、隣の船上でハープが奏でられている。

鹿狩図は、動物園で飼育していた鹿を狩猟場に追い出し、騎馬姿の帝王が追い駆けながら弓矢で射る「パルティアン・ショット」の風景である。右端は、勢子が鹿を追いたてる様子、壁面上段は、桟敷で奏でられる音楽に耳をかたむけ鹿を待つ帝王、中段は、馬を駆って狩猟場を退場する帝王が一際大きく取り上げられ、左端は、仕留《しと》められた獲物を乗せたラクダが狩猟場を去っていく様子がリアルに描かれている。

この構図は、王の行動を壁面の上から下へ、右から下へと順をおって描く手法で、時間的推移と空間的な移動が同時に表現されており、オリエント独自のものといえよう。

ロシアのエルミタージュ美術館に、後四世紀頃の「獅子を狩るシャープール二世鍍金銀皿《ときんぎんざら》」が展示されているが、これは、一九二七年にロシアのキーロフ州から発見されたものである。ササン朝の版図は広く、隊商とともに伝わったり戦利品として持ち込まれたようで、ペルシア職人の優れた技術力でつくられた銀製品が好まれ、ウクライナや西シベリアの王侯貴族の墳墓から発掘されている。

鍍金銀皿は、「帝王狩猟図」の代表的なもので、馬に乗って疾走するシャープール二世が、振りむきざまに今にも飛びかからんとする獅子に矢を放ち、馬の足下には、あえなく四肢をひろげた獅子が横たわる。帝王の威厳さが、豪華な服装や王冠、鞍にまたがる誇らしげな騎馬ぶりによって強調されている。

もともと狩猟は、王侯貴族が鍛錬や権威を示すために行なったものだが、のちに帝王が動物園を造営し、そこで帝王自らが狩猟を行う宗教儀礼に変化していったのであろう。

黄金を愛したスキタイ人の装飾動物

ユーラシア大陸の内部は、黒海北岸から東方、ドン川をこえてカスピ海とアラル海の北、ジュンガリア（天山山脈とアルタイ山脈の間）などを結ぶステップ地帯が東西につらなっており、ここが遊牧民族の世界であった。

ヘロドトスによれば、アジアの奥地のアリマスポイ人はイッセドネス人を、イッセドネス人はスキタイ人を、スキタイ人はキンメリア人を、それぞれ順に追い出しキンメリア人は旧地を離れて小アジアに移っていったという。キンメリア人とスキタイ人の移動は歴史的事実であるが、その他については伝説の域をでない。

騎馬遊牧民として最初に歴史に名を残したのはキンメリア人とスキタイ人であった。遊牧民は、馬を自由に乗りこなすことを知るが、これを可能にしたのは轡《くつわ》と馬銜《はみ》の発明である。馬銜とは、荒馬の口にかませて縛る縄のことをいい、これによって馬上で平行のまま移動できるようになり、機動力に富む騎馬戦闘が可能になった。

馬銜の発明が、いつ頃、どこであるかは明らかではないものの、前一〇〇〇年頃から中央アジアのステップ地帯に住む遊牧民が使いはじめたと考えられる。馬に乗ることによって、ステップ地帯の住民の行動範囲は拡大され、水と草の豊かな地域を求めて家畜の群れをつれ移動することができるようになった。

ステップ地帯から馬銜を使い騎馬遊牧民として名乗りをあげたのがキンメリア人であり、彼らの原住地ともいえるキンメリア地方とは、黒海北岸の一帯を指す。現在のクリミア半島のクリミアという呼称は、キンメリアの訛音《かおん》であり、「キンメリア・ボスポロス」は、黒海とアゾフ海を結ぶケルチ海峡のことである。

ヘロドトスによれば、彼らはこの地より南下し、カフカスの険しい山陵を避け、絶えず海岸に沿って進みシノペの半島に落ちのびたという。いっぽう、キンメリア人を追ったスキタイ人は、進路を誤って「カフカス山脈を右手にしつつ」追い、内陸に入ってメディアの地に侵入した。

スキタイ人は、前九世紀から前七世紀頃に黒海北岸に出現し土着の民と混合しつつギリシア文化の影響を受け、独自の青銅器騎馬文化を創造していく。

前五一四年にアケメネス朝のダレイオス大王は、スキタイの国に遠征しているが、大王撃退後のスキタイ人の歴史的事件は何も伝わっていない。ただ、これを契機に民族的自覚を高め、政治的統一を進めて前五世紀頃最盛期を迎え、彼らの動向が西方の諸民族を畏怖させていった。

スキタイの王や貴族は、ギリシアの物資を欲して自己の領内から小麦や毛皮、麻などを徴収しギリシア人に売り払い、その見返りとしてギリシアの青銅器や貴金属の奢侈《しゃし》品、葡萄酒、象牙細工などを輸入した。美しいギリシアの工芸品は、スキタイやその東方に住む遊牧民にとって垂涎《すいぜん》の的であったにちがいない。

ヘロドトスは、『歴史』の中でスキタイ人の風俗習慣、住域などについて記している。

スキタイ民族は、町も城壁も築いておらず、一人残らず家を運んでは移動してゆく騎馬の弓使いで、生活は農耕によらず家畜に頼り、住む家は獣に曳《ひ》かせる車である。

スキタイ人の占住域は、西は現在のドニエストル川から東はドン川の間で、西から農耕スキタイ、農民スキタイ、遊牧スキタイ、王族スキタイに分かれていたという。

スキタイ人は、王名などから推察してインド・ヨーロッパ語族と考えられており、前七世紀以後に南ロシア草原地帯、つまりヘロドトスの『歴史』に記述されている「スキュティアの地」に国家を建設し、アゾフ海付近を中心に活躍した。

スキタイ文化の特徴は、金を多く使う黄金装身具で身体を飾りたて動物意匠を巧みに表現することである。スキタイ文化が世界的に注目を集めることになるのは動物意匠で、各種の馬具、黄金具、リュトン、刀子、闘斧《とうふ》、櫛《くし》などにみることができる。

動物意匠の起源をメソポタミアからイラン高原に求める人が多いが、スキタイの意匠には草原地帯に棲息《せいそく》せず北方の森林に棲む馴鹿《トナカイ》や大鹿が描かれており、これらが透し彫風に力強い輪郭をもっていることから、木の彫刻を得意とする森林の民に起源すると説く学者もいる。

かつて、NHKのテレビ番組でユーラシアの歴史を日本に紹介したオリエント学者の江上波夫先生と対談する機会があった。その時、江上先生はスキタイ人の動物意匠のひろがりについて、

東はモンゴリアから西はハンガリーまで、北はシベリアから南はカフカス・イランまで本質的に同類の動物意匠が盛んに行われたことは驚くべき

図21　動物文帯飾り板（エルミタージュ美術館）

現象である。

と指摘し、その特徴を三点あげられた。

第一は、動物の姿態を透し彫り風または浮彫風に輪郭に重点をおいて表現し、薄い肉づけが巧みに施されていること。

第二は、動物の表現は写実的であるが簡潔に様式化され、一定の動物を特徴づける部分だけがあらわされること。例えば、鹿の角をことさら大きく表現し、鹿・山羊などの四脚を折りまげてうずくまる姿態を好み、また、猛禽《もうきん》のくちばし、ライオンなどの歯牙をむき出しにした顔面、馬の蹄《ひづめ》などを他の部分から切りはなし様式化している。

第三は、動物を環状にまるめたり、一つの枠の中に幾頭かの動物をはめ込み、最小の空間内に多くの内容を盛り込もうとしていること。

キンメリア人やスキタイ人の風俗習慣などは、ホメロスの叙事詩『オデュッセイア』やヘロドトスの『歴史』に記述されているものの、一八世紀までは学者の関心をあつめることなく、伝説か誇張ぐらいにしかとらえられなかった。ところが、彼らの文化が、脚光を浴びる機会がおとずれる。

一七世紀の終わり頃、シベリアで古代墳墓が盗掘され、その後、その内容がロマノフ王朝のピョートル大帝（在位一六八二～一七二五）のもとに報告され、盗掘品をサンクトペテルブルクに送るよう命じた。

黄金芸術に感動したピョートル大帝は、盗掘品を国庫の資金で買い上げさせ、一七一五年から一七一八年の期間に装飾品を主としたコレクションをつくりあげていった。ただ、これらの古代遺産はどこで発見されたかなどの記録がないため、出土地の問題は「永遠の謎」となっている。

大帝の死後、アレクサンドル二世（在位一八五五～一八八一）によってコレクションが宮殿に移される。遺品には、動物の姿態を表した黄金の帯金具や飾板などが多く含まれており、皇帝や美術品愛好家を喜ばせ、これが、世界三大博物館のひとつであるエルミタージュ美術館が所蔵する「スキタイ美術」の基礎となった。

一九八八年に開催された「なら・シルクロード博覧会」では、エルミタージュ美術館が所蔵するクルガン出土の文物を展示した。クルガンとは、スキタイの墳墓のことで、墳墓は土や石で高く盛り上げた塚になっており、アルタイ山脈に数多く点在している。

博覧会の時、文物の管理のために奈良に来られたソ連科学アカデミーのクリューコフさんにNHKのテレビ番組に出演していただき、スキタイについてうかがった。クリューコフさんは、草原の道の壮大さを語り、スキタイの生態や前六世紀頃に活躍した様子、なぜ黄金装飾品を愛したかなど、とても興味深い話を披露して下さった。

私は、二〇一三年九月八日、サンクトペテルブルクにあるエルミタージュ美術館を訪ね、ヨルダン階段を踏みしめ、エカテリーナ二世（在位一七六二～一七九六）の生涯の愛人だったポチョムキン公爵から女帝に贈られた「孔雀のからくり時計」やバロック・ロココの絵画を見た後、「ゴールドルーム」に足を運んだ。

ここには、スキタイ・ギリシア・サルマタイ人たちが使っていた黄金装飾品が、所せましとガラスケースに入って展示されており、中には博覧会の時に見たものもあって、二五年ぶりの再会に喜びもひとしおであった。このルームは、専門家の学芸員がロシア語で解説し日本語ガイドが通訳するスタイルで見学するもので、私は四〇分ほどかけてまわった。

前七世紀頃のスキタイ美術には、鹿のモチーフのものが多く、その代表が「金製鹿形飾り板」である。高さ二三センチ、幅三二センチと小さく、北カフカス地方の古墳から出土している。四肢を折りたたんでいる構図から「休んでいる鹿」と呼ばれ、角は誇張され、すんなりと伸びた首筋は高潔感をただよわす。

一説によれば、鹿が跳びはねる直前の姿勢ともとらえられ、草食動物の躍動感にスキタイ人は瞠目《どうもく》し、それに

図22　金製鹿形飾り板（エルミタージュ美術館）

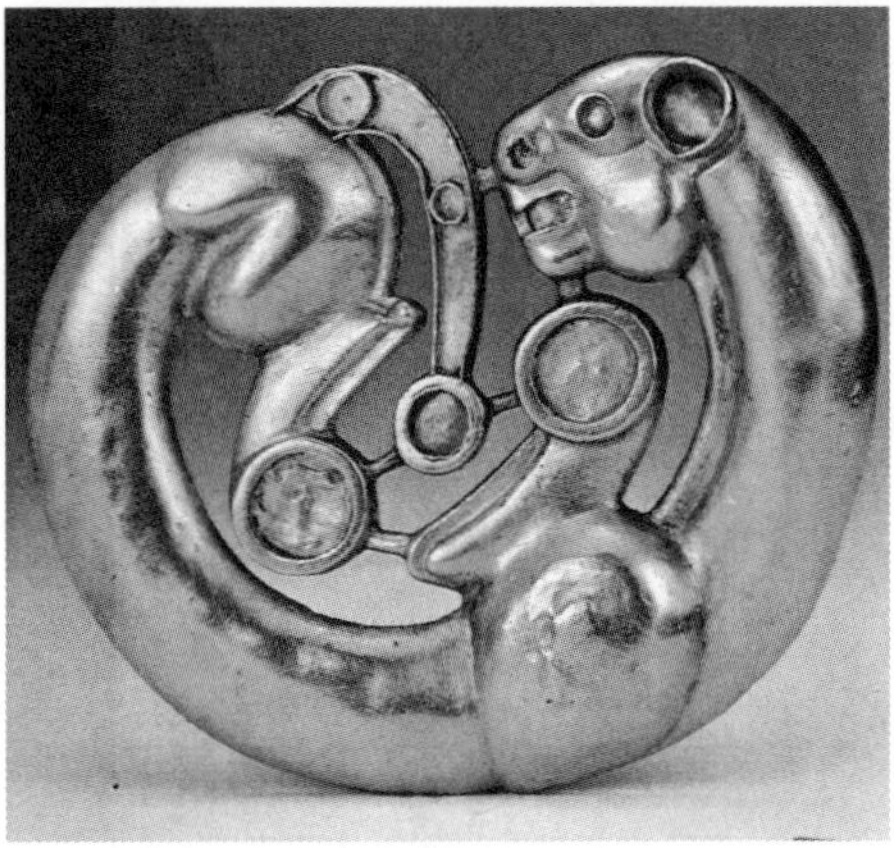

図23　丸くなる豹・前6世紀（エルミタージュ美術館）

あやかりたいと願ったのだろうか。飛躍願望は、狩猟をしていた部族を大きくしたいとする彼らの権力志向とも重なる（朝日新聞出版『エルミタージュ美術館』）。

シベリア西部の墳丘から出土した「丸くなる豹《ひょう》」は、前六世紀頃の制作といわれ、尾および足の端にあたる座部に糊状有色の石粉がはめこまれていた。

このようなスキタイ文化の遺物は、西は中央ヨーロッパから、東は中国北辺に至るユーラシア大草原地帯に分布しており、スキタイ人が、鹿・猪・ライオン・グリフィンなどの空想的動物を好んだ事がわかる。草原の道を疾駆したスキタイの没落とそれに至る事情は不明である。自らを語ろうとしない遊牧民の悲しき宿命かもしれない。

スキタイ王国の繁栄も陰が見え始める。黒海北岸を含む南ロシアにサルマタイ人が出現し西漸を開始したため、スキタイ人は、前四世紀にドニエプル川流域およびクリミア半島とドナウ川下流に逃避せざるをえなくなった。両地方は、のちに小スキティアと呼ばれたが、特にクリミアのスキタイ人は独立を維持しつつ生存し、前二世紀にはネアロポリスを首都とする小王国を建て前一世紀まで余端《よぜん》を保った。

その後、三世紀頃の東ゴート族の黒海北岸への侵入や、四世紀以降のフン族の大移動の嵐の中でほとんど殲滅《せんめつ》し、スキタイ人は諸民族の中に融け込んでいき独立民族としての存在を失っていった。ただ、「スキタイ」や「スキュティア」という表現は、ユーラシア大陸に名を成した遊牧民を指す言葉として、中世ビザンツ文化の中に生きつづけた。

動物意匠の終着駅・法隆寺と正倉院宝物

法隆寺の国宝「四騎獅子狩文錦《しきししかりもんきん》」は、ペルシア帝国の「帝王狩猟図」をよく受け継いでいるもので、緯錦《ぬきにしき》（緯糸《よこいと》で絵柄をあらわした厚手の絹織物）に獅子狩文様を織りなしている。七世紀頃のものといわれ、縦二五〇センチ、横一三四センチで、聖徳太子の御旗《みはた》と伝えられている。

図24　銀壺・パルティアン・ショット
（正倉院宝物）

文様は、連珠文《れんじゅもん》と重角文《じゅうかくもん》で区画された四三センチ四方の円文内に、馬上から獅子を射ようとする四人の騎士をあらわし、中央の樹木を中心に左右対称に描かれており、四人の騎士は、顎から耳もとまで髯《ひげ》をたくわえ異国風の容貌をしていて、頭に日月と羽根飾りのついた冠をいただき有翼《ゆうよく》の天馬にまたがる。

構図は、今にも襲いかからんとする獅子を振りむきざまに矢を射る「パルティアン・ショット」で、オリエント文化の影響を色濃く受けているものの、馬の尻に「山」と「吉」の漢字が織り込まれている点から判断すると、唐王朝時代前後に制作されたものであろう。現在は、表面が剥落《はくらく》し全体が薄茶色になっているが、当初は赤色の色鮮やかな錦だったと思われる。

これに似たものに「獅子狩文様褥《じょく》」がある。緑地に黄色を織り出したもので、連珠文で囲まれた円文に樹木をはさんで豹《ひょう》を射る四人の騎士が描かれており、ペルシア帝国の動物意匠が古代日本でも好まれたのであろう。

オアシス都市トルファンのアスターナ古墳は、日本の大谷探検隊やイギリスのスタインらが発掘調査した場所として知られており、ここからミイラ化した遺体の顔をおおっていた錦綾《きんりょう》がみつかっている。中国の伝説上の伏犠《ふくぎ》・女媧《じょか》図や天馬文、鳥形文、ササン朝の連珠文などを織りだした錦綾は、西魏の大統一四年（五四八）から唐の咸亨三年（六七二）のものである。

この中に、法隆寺の「四騎獅子狩文錦」と瓜二つの一片がみつかっており、これは、隋の煬帝（在位六〇四～六一八）の治世、大業五年（六〇九）頃に隋の工房で織られている。とすれば、法隆寺のものも同一工房で造られたものかもしれない。

正倉院には、パルティアン・ショットの射法で狩猟する場面が絵画的に表現されているものの代表として「銀壺《ぎんこ》」がある。称徳天皇が東大寺に行幸した「天平神護三年二月四日」の銘が刻まれており、側面に流麗な毛彫の射法によって狩猟する様子が描かれている。

また、「紫檀木画槽琵琶《したんもくがのそう》」の撥鏤《ばちる》には、獅子ならぬ虎を狩る場面がみえる。さらに、帝王狩猟文を表わした「緑地狩猟文錦」の文様は、帝王の武功を示す獅子が鹿や羊にかわっており、帝王の権力を誇示するものから、単なる狩猟風景に変化したことを示している。

メソポタミアの宮殿の壁を飾っていた四メートルのレンガに「生命の木」が描かれていた。一本の木を中心に二頭の山羊が向きあっているもので、左右対称の図柄は、当時、好んで用いられたという。正倉院宝物の中にも、同じような図柄の「鹿草木夾纈屛風《しかくさききょうけちのびょうぶ》」があり、一本の木を中心に二頭の鹿が左右対称にあらわされている。これらの源流は、メソポタミアやペルシアに遡り、シルクロードの東西文化交流の姿を彷彿せずにはいられない。

三　東大寺「お水取り」にみるペルシア文化

十一面観音悔過法要

関西に春を呼ぶといわれる東大寺の「お水取り」は、修二会《しゅにえ》といい、東大寺二月堂の本尊十一面観音に東大寺の連行衆《れんぎょうしゅう》が、おのが犯した罪や穢《けがれ》を懺悔《ざんげ》して国家の安泰と人々の豊楽を祈る法要である。

修二会は、七五二年（天平勝宝四）に実忠和尚《じっちゅうかしょう》が創始したもので、和尚は笠置の龍穴に入り、やがて、仏陀となるべく菩薩が修業している都率天《とそつてん》の内院に至る。そこで、天人たちが「十一面悔過《けか》」の行法《ぎょうほう》を修しているのをみて、この行法を人間界でも行いたいと考える。ところが、天上界の一昼夜は、人間界の四〇〇年にあたるため人間界で行うのは難しいといわれる。

人間界に戻ってきた実忠和尚は、天上界の時間に追いつくため千返《せんぺん》の行道を走って短縮する行法を思いつく。これが、半夜《はんや》と後夜《ごや》の間に行なわれる「走りの行法」の始まりで、その他、「神名帳《じんみょうちょう》」や「過去帳」の読み上げなど多彩な内容が組み込まれている。

このうち、「二七日六時《にしちにち》の行法」は、一日六回の法要を二週間にわたって行うが、行法の骨子は、十一面観音悔過で三礼文《さんらいもん》や散華《さんげ》行道、称名《しょうみょう》、発願《ほつがん》、大懺悔《おおざんげ》、廻向文《えこうもん》などである。

中でも中心となるのは称名で、これは悔過と宝号《ほうごう》に分れ、悔過は、十一面観音の姿や容貌などを説いた玄奘《げんじょう》三蔵の漢訳による「十一面神呪心経《しんじゅ》」を抜粋《ばっすい》したお経を唱える。この声明《しょうみょう》はリズミカルな旋律を伴っている。

宝号は、観音の名をいい、南無観自在菩薩・南無観自在・南無観とテンポがはやまるにつれて短い節まわしで何十回となく数珠をすすりながら一称一礼する。

六時の行法とは、一昼夜を昼三時（晨朝《じんじょう》・日中・日没《にちもつ》）と夜三時（初夜・半夜・後夜）という六つの時間に分けて行うものである。

また、「走りの行法」は、三月五日、六日、七日と十二日、十三日、十四日の六日間にわたって半夜の悔過に続いて行なわれる。鐘が鳴らされる中を練行衆が「南無観自在菩薩」を唱えながら礼堂をまわり、さらに、沓《くつ》を脱ぎ体を二つ折にする五体投地《ごたいとうち》が続く。走りは、まさに天上界と人間界の時間差を縮める意味があり、袈裟《けさ》や衣をたくりあげて内陣を走りまわり、最後に堂司《どうつかさ》から香水をいただく。

「達陀《だったん》」はペルシア語か

図25　ナーランダ寺院跡

ダイナミックで迫力のある「達陀」という行法は、天人がこの道場に天降《あまくだ》って舞を演じたことから始まったといわれる。行法の主役は、都率天から天降った八天《はちてん》で、その姿は袈裟や衣を紐でしばり金色の鐘がついた金襴《きんらん》の達陀帽をかぶった鬼である。
内陣《ないじん》から外陣《げじん》に向って水を撒き、太刀や金剛鈴を投げ出し、法螺貝《ほらがい》を吹くという音の響きが異様な雰囲気を醸し出す。そこを八天の一人である火天《かてん》が、六〇キロの燃えさかる大松明を足踏みも荒々しく内陣をかついでまわり、堂内に火の粉が散る。さらに、正面にくると松明を礼堂にむかって突き出す。いっぽう、水天《すいてん》は、散杖《さんじょう》を手にして足音高く暴れまわるという何とも不思議な空間が現出される。この行法が「達陀」で、「お水取り」を静とすれば、火の粉の中を通過する行法は動の趣がある。
「達陀」は、三月一二日、一三日、一四日の三日間だけ後夜に咒師《じゅし》による呪禁《じゅきん》の中で行なわれる。ただ、「達陀」という言葉が何を意味し、何を典拠にしているのかについては現在もはっきりしておらず、一説によればペルシア語からきているといわれるが、現在考えられている四つの説を紹介しよう。

第一は、「タプタ説」である。インドのサンスクリットの「焼く」という語が、インドの地方で使われていたパーリ語の「ダッタ」から転訛《てんか》して「ダッタン」となり、火による苦行を意味するようになったとする。パーリ語は、インド・アーリア語に属する俗語の一種で、この言葉による古い仏教聖典がスリランカやタイなどに数多く保存されている。

私は、二〇一二年一一月に二週間にわたってガンジス川流域の釈尊ゆかりのブッダガヤ（成道の地）や霊鷲山《りょうじゅせん》（説教の場所）、サールナート（初転法輪《しょてんぽうりん》の地）、ナーランダ寺院（玄奘三蔵が修業した場所）などを巡礼してきたが、その時、ガイドを務めてくれたサルワンさんに質問したところ、「ダッタ」を焼くという意味に使っているという。

第二は、「ダダ説」である。松明による跳躍や床を打つ行法は、大地を踏みならして霊力を生み出す呪法の「ダダ」からきているとする。古代に春を迎えるにあたって、邪気を払う民間習俗が取り入れられたもので、若水を汲むというのは、日本の霊水信仰に起源をもつ。

第三は、「追儺《ついな》説」である。中国起源の鬼追いの習俗は、大晦日に鬼を退散させる宮中行事などとして転化するが、寺院の修正会《しゅしょうえ》や修二会の結願《けちがん》日にも追儺式がある。これは、呪師による悪魔払いの行事で、はじめは寺院に所属する法咒師が演じているうちに、専門の芸能を演じる猿楽《さるがく》咒師が受けもつようになる。

第四は、「ペルシア起源説」である。アケメネス朝ペルシア（前五五〇〜前三三〇）とササン朝ペルシア（二二六〜六五一）時代の中心的な宗教は、ゾロアスター教であった。この宗教では、世界は善なる神アフラ・マズダと悪なる神アンラ・マンユの戦いで善悪二元論を説く。アフラ・マズダの子であるアシャは、聖なる火を拝することから拝火教ともいわれる。ペルシア語で通過するという言葉を「ウィダダン」と発音するが、これが音写され「ダダン＝達陀」として火を通過する行法になったという。

以上四つの説には、それぞれの根拠があっていずれとも確定することは困難であるが、イラン旅行で得た資料から考えると第四の説が有力と思えてならない。

私は、二〇一一年九月五日にゾロアスター教の聖地ヤズドを訪ね、「アーティシュキャデ」の寺院を見た後、「沈黙の塔」の丘の上に立った。この場所は、かつてゾロアスター教徒が鳥葬を行ったところで、七〇年ほど前まで使われていた。ここを案内してくれたイラン人ガイドのアリーさんに「ダッタン」について質問した。すると彼は、「ウィダダン」という言葉は、今でも「行く」という意味で時々使っているという。

ゾロアスター教と修二会

ゾロアスター教では、最初期の終末裁判において、火が正邪善悪を判別する役割を果たす。終末の火（熔鉱）は、人の善悪に応じて快楽と不快を与えるため正邪善悪を分かつ火審（判別法の一種）を務める。

ゾロアスター教徒は、一年一年を一つのアイオーン（年所）と考え、この出来事を毎年、歳末から歳旦にかけての行事にシンボライズし、年末から火を燃やして新年には火勢を盛んにする。これは、昼夜平分の日を新しいアイオーンの始まりとみることで、春分正月を祝っていることにもうかがわれる。修二会における「達陀」の行法についての火の意義は、まさしくイラン・ゾロアスター教の場合と共通するものを有している（伊藤義教『ペルシア文化渡来考』）。

三月一三日午前二時頃「お水取り」の代名詞となっている「水取りの秘儀」が始まるが、これは悔過の途中で呪師《しゅし》をはじめ六人が出てきて行う。雅楽が奏され大松明の先導をうけて、呪師が青衣・赤衣をつけた神人を従えて下堂し閼伽井《あかい》屋に入り、真暗闇の中で水の湧き出ることを祈る。中に入るのは咒師・堂童子《どうどうじ》・駈士《くし》の三人に限られており、伝説の若狭井の水を汲む作法は咒師以外に知ることができない秘儀である。やがて、法螺貝が吹かれ、汲みあげられた三荷半の水は内陣に運ばれ香水壺に納められる。

この作法については、「神名帳」でも読み上げられる若狭の遠敷《おにゅう》明神がからむ。明神は、修二会の行事に遅刻したため、若狭井の水をおみやげとして持参したという。この伝説を再現するかのように、三月二日には遠敷川の上流の鵜の瀬で「送り水の神事」が行なわれる。

「お水取り」と遠敷明神とが結びついた背景には、

　北方から正月の水が二本、地中をくぐって流下し、奈良の二月堂で地上に出た。

という考え方があり、これはカナートと同じ発想である。何故、遠敷明神が「お水取り」に登場するのか。若狭は日本海文化の入口で奈良とは関係が深かったという理由だけでは納得がいかない。これについて、伊藤義教先生は、

　「をにふ」という名にイランの女神アナーヒーターが引き当てられた。

と解した。聖典『アヴェスタ』に出てくるアナーヒーター（Anāhitā）は、豊穣増殖の女神として水との関係が深く、修二会のイラン的要素に北の若狭から北のイランのカナートが想定されるという。

アナーヒーターは、観音であり観音はアナーヒーターと多くの要素を共有している。観音の持つ特色の第一は、像容が多く女性として表象されていること。第二は、多種の願いを叶えるとされること。第三は、阿弥陀や勢至とともに三尊の一つをなし瓶壺などを携えていることがあげられる。アナーヒーターは、観音と似通った要素をもち、観音と照応し得る存在と考えてよい。

伊藤先生は、ゾロアスター教の最高神アフラ・マズダの天使スプンダ・アールマティが「利益《りやく》する施与心・利

益施心」であることを論じ、それがアナーヒーターのゾロアスター的受容であると主張している。
ゾロアスター教と修二会には、牛についても共通項がみられる。聖典『アヴェスタ』には、
牛と天則を創造し給い、水とよき草木を創造し給い、もろもろの光と大地と一切のよきものを創造し給うたアフラ・マズダを（中略）太陽の光、日々の逞《たくま》しい雄牛は（中略）われは牛の魂と牛の造成者なる両者を崇める。ついで、われら自身の魂とわれら養う家畜どもの魂とを（後略）（『世界古典文学全集第三巻』）。

とあり、牛を崇めている。ヒンドゥー教徒も牛を聖なる動物として、インドの人たちは牛肉を食べない。修二会にも「牛玉《ごおう》の灯心吊り」や「牛玉宝印」など要所要所に牛を重用する場面がみられる。三月一二日初夜の「五体投地」が行なわれている間に、堂司が須弥壇に牛法杖を飾り、練行衆に配ってまわるが、これは牛法杖の呪力で本尊の威力を発揮させようという呪法であろう。

修二会を創始した実忠和尚は、東大寺初代別当の良弁《ろうべん》僧正の高弟で、インド人あるいはイラン系の人とも考えられ、イラン事情に精通しており、彼が独自の立場からこの行法を開創したと想像するのも故《ゆえ》なきことではない。

東大寺「お水取り」の中にペルシア文化の要素を感じるのは、奈良時代が国際的雰囲気に包まれていたことを証明するもので、この時代には多くの渡来人が日本文化に影響を与えたことであろう。奈良時代には、多くの遣唐使が中国に渡り、唐文化を模倣心酔した時代で、大仏造立にみられるように国家仏教が隆盛をみせた。十一面悔過から修二会に至る変化は、この時代の東西文化交流の実体を知る大きな手がかりになることは間違いない。

四　ペルシア文化を伝える「白瑠璃碗」の旅路

イラン高原から出土する円形切子碗

ササン朝は、シルクロードを通して長安、日本と繋がっており、それを証明するのが正倉院宝物である。晋代（二六五―四二〇）の詩人・藩尼《ばんじ》は、「瑠璃碗賦《るりわんふ》」という詩に次のような句をのせている。

流沙の絶険を済《わた》り
葱嶺《そうれい》の峻危《しゅんき》を越《こ》ゆ

ペルシアのガラスが、パミールの険を越え流沙を渉りラクダの背にゆられて中国にもたらされたという。東西交易の商人は、ソグド人（現在のウズベキスタン付近に居住）で、彼らはシルクロードを通って西の珍品を東へ、東の絹を西に運んだ。

	白瑠璃碗	安閑天皇陵出土	ギラーン出土A	ギラーン出土D
第6段	18	18	16	18
第5段	18	18	16	18
第4段	18	18	16	18
第3段	18	18	16	16
第2段	7	7	7	7
第1段	1	1	1	1

図26　瑠璃碗切子の数値

正倉院宝物の白眉といわれる「白瑠璃碗《はくるりのわん》」は、高さ八・五センチ、口径一二センチの淡褐色の透明ガラス製容器である。底部中央に高台にかわって大きめの円形切子《きりこ》装飾を施し、切子のかずは、上段より一八、一八、一八、一八、七、一の六段構成になっており、切子が密になっているところでは六角形の亀甲状を呈している。切子の数値は、正倉院宝物、安閑天皇陵出土、ギラーン出土の碗の多くが共通している。

口縁部は、口焼によって丸味をおび、宙吹《ちゅうふき》技法によって成形され、切子は曲率《きょくりつ》半径三・五センチの研磨用具を使っている。この碗は、千数百年経った今日まで破損変質せず、本来の姿をそのまま残しており、このような例は世界でも珍しく驚異的なことといえよう。世界遺産に登録されている所以である。

これと同じ碗が、江戸時代に大阪府羽曳野市の安閑天皇（在位五三一〜五三六）陵から出土している。高さ八・五センチ、口径一一・九センチで正倉院の碗よりやや軽いが、材質や切子の数などが一致している。この二つは双子のような碗で、一つは天皇陵古墳に、もう一つは皇室に伝世し正倉院に納められたのであろう。

私がテヘランにあるイラン考古学博物館を訪ねたのは、二〇一一年九月九日のこと。この博物館は、前六〇〇〇年から一九世紀に至るまでの考古学的、歴史的な美術品を集めたイラン最大のもので、アケメネス朝時代、パルティア時代、ササン朝時代の出土品が所せましと展示されている。

図 27　白瑠璃碗（正倉院）

図 28　白瑠璃碗
ギラーン出土・3 世紀（イラン考古学博物館）

まず、目にとまったのは「ハンムラビ法典碑」の複製品であり、ペルセポリスのアパダーナにあった「謁見図」も見ごたえがあった。

そして、ガラス製品を展示しているコーナーで、なつかしい「白瑠璃碗」を見つけた。イランでは、一九五九年頃にイラン高原北部のギラーン州でパルティア時代からササン朝時代の墳墓が発見され、発掘調査が続けられた。そこから、金属器やガラス器などが数多く出土し、その一つが「白瑠璃碗」でイラン全土で一〇〇〇点あまりみつかっているという。ただ、博物館に展示してある碗は、長い年月、土の中に埋っていたため輝きはない。

イラン高原から出土する「円形切子白瑠璃碗」

図29　『クルアーン』にしるされている七つの扉
モロッコ・フェズの王宮

には、淡緑色と淡褐色の二種類のガラスが使われており、大・中・小に分けられる。正倉院の宝物は、大型で口縁部の口径が一一センチ以上あり、中型の外径が一〇センチぐらいのものは、イラン高原から数多く出土している。

ササン朝のガラスの特徴の第一は、淡緑色か淡褐色のガラスで厚手につくられ、しかも前面に円形切子や亀甲円形切子の装飾を施していること。

第二は、底部に大きめの円形切子を一個施し、その周囲に七つの円形切子装飾で囲むこと。一個の円文のまわりに七個の円文を作るという発想は、何を意味しているのであろうか。

イラン人ガイドのアリーさんは、七という数字について、次のように説明してくれた。

　イランなどでは、七は吉祥を示す数字で世界全体という意味がある。
　メソポタミアのセム語族は七を地球ととらえた。

ササン朝時代のイラン高原には、セム語族のユダヤ人居住区があちこちに点在し、『旧約聖書』に「七曜」や「七枝の燭台《しょくだい》」といった七の数字が随所にでてくる。つまり、完全を意味する七の数字が、円形切子に投影されているのではなかろうか。

二〇一四年九月五日、私はモロッコを訪ねていて吉祥の数字七に出会った。それは、フェズの王宮で、かつてはスルタンの居城であり、現在はモロッコ国王がフェズに滞在する時に使っている。入場はできないが美しい王宮の正門は、七つの扉を持つ。

モロッコ人ガイドのブッシュさんは、この扉について、次のように説明してくれた。

イスラム教の聖典『クルアーン』に、天国には七つの入口があると記されている。王宮の正門は、それを模して造られているのです。

七は吉祥の数字であり、イスラム教徒はサウジアラビアの聖地カーバ神殿を七回周る。

ガラスの製造は、メソポタミアにはじまったといわれ、前二四世紀から前二一世紀の遺跡から淡青色のガラス棒の断片と青色のガラス溶解塊が出土している。透明なガラス器がつくられるようになるのはアッシリアのサルゴン二世（前八世紀）の時代からで、アケメネス朝時代には、透明なガラスにカット装飾を施した製品がつくられており、ササン朝時代にその製造が盛んになっていった。

イランでは、エルブルズ山中から数百個の円形切子瑠璃碗が出土しているのをはじめ、北イランのデーラマンの盗掘墓やテペ・バルーダ、クテシフォンなど、当時のササン朝の支配地からも出土している。さらに、クルガン高原のテペ・トゥランや中央アジアのガルニーなど、シルクロードの東西交易路周辺でも円形切子厚手碗がみつかっている。

日本におけるペルシア美術研究の第一人者である深井晋司先生は、日本のガラスの伝来について、

ガラス器の主産地であったオリエント方面からの輸入品が転々として我が国にまで伝来したとするのが妥当な見解である。安閑天皇の在世は、ササン朝中興の祖ホスロー一世とほぼ時を同じくする。また、白瑠璃碗がペルシア特有の器形であり、その優秀さがイラン国内出土の類品を凌駕《りょうが》していることから、本器もペルシア製品で、中国を経て渡来したものであろう。

と述べている。

（児島建次郎）

参考文献

林良一『古代西アジア美術』学習研究社　一九七五年
岸本通夫『古代オリエント』河出書房新社　一九八九年
桑原隲蔵『桑原隲蔵全集・第二巻』岩波書店　一九六八年
伊藤義教『ペルシア文化渡来考』岩波書店　一九八〇年
長澤和俊『シルクロード』校倉書房　一九六二年
長澤和俊『シルクロード文化史』白水社　一九八三年
山田信夫『ペルシアと唐』平凡社　一九七一年
陳舜臣『長安の夢』読売新聞社　一九九五年
児島建次郎『正倉院への道』雄山閣出版　一九九九年
前田耕作『アジアの原像』ＮＨＫ出版　二〇〇二年
杉山二郎『仏教文化の回廊』青土社　一九九八年
江上波夫『ユウラアシア古代北方文化』全国書房　一九四八年
深井晋司、田辺勝美『ペルシア美術史』吉川弘文館、一九八三年
坂本太郎『日本書紀』岩波書店　一九七五年
佐藤道子『東大寺お水取り』朝日新聞出版　二〇〇九年
Davood Vakilzade, *IRAN THE LAND of AHOORA*, The Contemporary Arts Museum, 2005
大西修也『法隆寺Ⅲ・美術』保育社　一九八七年

コラム 知の旅・それは、発見、感動、エキサイティング

1 世界最初の旅人ギルガメシュと洪水伝説

世界最初の旅人といえば、永遠の命をさがし求めたギルガメシュであろう。前二六〇〇年頃のシュメールの都市国家ウルク（現在のイラク）に実在した王で、世界最古の文学作品「ギルガメシュ叙事詩」の主人公である。

三分の二が神で三分の一が人間の彼は、永遠の命を求めて、神から永遠の命が授けられたウトナピシュティムを捜しに旅に出るが、その途中、シドゥリという酒屋の女主人に会い尋ねられる。

あなたは、なぜ永遠の生命の泉をさがしているのですか。神は、人間は死ぬ運命にあるといっています。昼も夜も楽しみなさい。

しかし、ギルガメシュは旅をつづけ、冥界《めいかい》の川を渡るなど困難を乗りこえてウトナピシュティムに会い、池の底にある生命の草を手に入れるものの、永遠の命を与える薬草は近くにいた蛇に食べられてしまう。結局、ギルガメシュは永遠の命を手に入れることは不可能であることに気付き、ウルクに帰り死を受け入れる。

この旅を通して彼は、人間が人間らしく生きるためには教育が必要であり、いかなる努力も惜しんではならないことを教わり、人間にとって死はいかなる努力をしても逃れられない宿命であることを悟る。

歴史物語の中で、個人の名前として世界最初に登場した人物を記した「ギルガメシュ叙事詩」が、私たち

図1　ギルガメシュ像
（ルーヴル美術館）

をひきつけるのは洪水物語であろう。

洪水によって人類は絶滅の危機をむかえるが、一つの家族だけアスファルトを塗った箱船をつくって生きのび、その家族から新しい人類が誕生し世界にひろまる話は、『旧約聖書』の「ノアの箱舟」とそっくりであることは、いうまでもない。「叙事詩」は、こう記す。

> 家を打ち壊し舟を造れ。（中略）すべての生きものの種を舟に積み込め。お前が造るべき舟は、その寸法を定められた通りにしなさい。（中略）六日六晩にわたって嵐と洪水が押しよせ、台風が国土を荒らした。七日目にやっと洪水の嵐は戦いに敗れた。（中略）私は鳩を解き放した。大烏《おおがらす》を解き放してやった。（中略）帰ってこなかった。そこで私は、生をささげた。

つまり、『旧約聖書』は、独立したものでも神から啓示されたものでもなく、シュメールの文学に幾重にも依存したものにちがいなく、洪水伝説をユダヤ人が知ったのは、「バビロン捕囚」時代の頃ではなかろうか。

「ギルガメシュ叙事詩」は、次のようなストーリーで展開していく。第一は、彼が永遠の命を求めて旅に出る生と死。第二は、エンキドゥとの友情、第三は、太陽神シャマシュに加護を祈る信仰、第四は、友を得て暴君だったギルガメシュが人間的に成長すること。

ギルガメシュは、右手にオリエントの彎《わん》刀を持ち、左腕に子獅子をかかえている姿に描かれており、アッシリア帝国の宮殿を飾る浮彫などにみられる。

社会的存在の空間的拡大は、英雄の旅を特徴づける動機であり、ギルガメシュやオデュセウスらの神話的、伝説的な旅がそれにあたる。いっぽう、アレクサンドロス大王やカエサルらの歴史的な旅は、武装した軍隊が名声を得ようと男の野心を満たすとともに文明と世界の境界を拡大するものであった。

2　イラン・女性のヘジャブ着用そして中東の大国へ

イランは厳格なイスラム教を政治や社会の中枢におく国で、イスラム教シーア派に属している。私は、シルクロード学研究のため、中国の新疆ウィグル自治区やウズベキスタン、トルコ、エジプト、チュニジア、モロッコなどのイスラム教文化圏を訪ねているが、多少の相違はあるものの、ほとんどの女性はヘジャブを着用している。

ヘジャブとは、アラビア語で「かぶりもの」という意味で、「ベール」といったほうがわかりやすい。公共の場でイスラム教徒の女性が顔や全身を覆い隠す服装は、チャドル・ヘジャブという呼び名の他に、ブルガやニカブなど国によって呼び名が異なる。イランではチャドル以外にコート風のマント、頭巾のようなマグナエ、頭髪だけを覆うスカーフなどがある。

チャドルの多くは黒であるが、チュニジアやリビアでは白が多く、モロッコやシリア、ヨルダン、トルコ、エジプトでは種々の色や無地の布を用いている。白絹のチャドルに銀の靴、緑のアイシャドーにアイラインを引き立たせ、切れ長の大きく見開いたエキゾチックな目、魅惑的な濃い口紅、豊満な乳房といった女性の姿を見ていると、アラビアンナイトの世界に引き込まれたような錯覚におちいる。

私は、二〇一一年九月一日から二週間近くにわたってイラン各地のペルシア文化の遺跡を訪ねたが、目の部分を除く体全体を黒の衣で覆うチャドル姿の女性に巡り会った。

テヘランやシーラーズ、イスファハーンといった都市部では、ヘジャブが目立つ。イランにおけるヘジャブ着用は、古代ペルシア帝国時代にさかのぼるというが、その真偽はともかく「誘惑に負けない」という道徳的規範が含まれていることは間違いない。

これらは、ムハンマド（五七〇頃～六三二）にくだされた啓示の記録である『クルアーン（コーラン）』の規定が出発点である。

視線を低くして陰部を大切に守れ。外に現われるもののほかは、美や飾りを目立たせてはならぬ。覆いを胸の上に垂れよ。おのれの夫または父のほかは、美を現わしてはならぬ（『クルアーン』二四章三一節）。

これが、イスラム教を信仰する女性たちのヘジャブ着用の根拠になっている。ただ、これは象徴的表現にすぎず具体的にどの部分を隠すべきかは明記していない。また、隠す理由については、婚姻外の性交渉の危険がある者から身を守るためだとしている。

ヘジャブ着用は、イラン旅行をする外国の女性たちにも義務づけられており、私たちのメンバーの女性たちは、ホテルの部屋を出てから自分の部屋に入るまで、一日中ヘジャブを着用していた。

イスラム教文化圏を旅していて、女性にカメラをむけると嫌がられる場合が多いが、イラン女性は、逆にいっしょに写真をとってほしいと積極的に声をかけてくる。私たちは、子どもを抱いた親子づれから若者に至るまで、旅の先々で写真撮影を懇請され、しばし有名人になったような気分を味わった。

イランの都市部で若い女性たちが身につけているヘジャブは、赤や青、黄など原色のものが多くファショナブルである。前髪を出して真っ赤なヘジャブを着けジーパン姿という女性に出会った。鼻が高くモデルにしてもいいほどの美人である（**口絵写真**）。

写真を撮らせてくれた後、彼女に聞くと、

ヘジャブはスカーフと同じで、おしゃれを楽しんでいます。

という答えが返ってきた。イラン女性のあたたかいホスピタリティに心がなごむ。

服飾の色や柄がチャドルの黒ではなく、カラフルで開放的になっている現実を目のあたりにした瞬間であった。私は、「イランの真珠」と讃えられるイスファハーンのチェヘル・ソトゥーン庭園博物館で、目を見張る光景に巡り会った。

この庭園は、一六四七年にアッバース二世によって建てられた華麗な宮殿で「四十柱神殿」と称されている観光地である。ここで、イランの中学生や高校生の団体に出会った。彼女たちのヘジャブは、全体的には黒色であるが、前髪の部分だけを赤、緑、青、白の色どりで飾っており、色のちがいは学年をあらわしているのだろう。あどけない表情とカラフルなヘジャブに私は思わずシャッターを切った。イラン旅行の私の記念になるショットである（**口絵写真**）。

図2　ヘジャブ姿のイラン女性と日本女性

イランでは、王政時代にパーレビ国王が西欧化政策を進め、脱イスラム化をはかるため「後進性の象徴」として、一九三六年にヘジャブ着用禁止令を出した。ところが、興味深いことに王政時代は、王政に対する不満としてチャドル着用を王政への「抵抗の象徴」ととらえ着用する女性がふえた。

一九七九年、ホメイニ師によるイラン革命によって王政が打倒され成立した革命体制は、シャリーアを導入し、これに伴ってヘジャブ着用を義務づけ「チャドルの国」になった。

シャリーアとは、「道」という意味をもち、イスラム法と訳され『クルアーン』を拡大解釈したもので、一人の人間が生きるために必要な儀礼行為や社会規範を含んだ内容になっている。

イランの女性は、鼻の高い人が多いが、いま、鼻を手術する女性が増えている。つまり、鷲鼻《わしばな》を豚鼻《ぶたばな》にする手術が流行しており、シーラーズでガイドを務めてくれたフランス語と英語が話せるアミリさんも、近いうちに手術をすると話していた。街で鼻に絆創膏《ばんそうこう》を張っている女性を見たら、手術の跡だということで、美に対する女性の欲求は、どこの世界でも変らないのかもしれない。鼻を高くしたいという日本女性にとっては、うらやましい話である。

聖典『クルアーン』の教えの背景には、イスラム社会の性に対しての厳しさがある。社会全体に男女分離の原則が守られており、例えば、バスなどの公共交通機関でも、男性用と女性用に分けられる。イスラム教徒は、不倫をすれば処罰されるため、ヘジャブを着用していれば男性に淫《みだ》らなことを考えさせないための予防行為となる。髪や身体の線を隠すことは、女性の魅力を失わせることになるが、本来、髪や肌は夫だけにみせるものであると考える。

私の調査旅行に同行してくれたガイドのアリーさんは、
ホームパーティーなどでは、ホットパンツや華奢《きゃしゃ》な体に濃紺の薄手のドレスを着た姿に変身する女性がいる。また、チャドルで身を包んでいても、中はジーパンであったり裸かも知れませんよ。

と笑いながら話してくれた。

ヨーロッパ社会では、ヘジャブを女性抑圧の象徴ととらえ、女性を差別しているとして批判の声があがっている。アメリカの民間調査機関の調査によれば、フランスでは八〇パーセント、ドイツでは七〇パーセントの人が禁止法に賛成するという結果がでている。つまり「開かれた社会では相手の顔が見えることが重要」とする意見が大勢を占めたことになる。

二〇〇四年にフランスでは、公立学校でイスラム教徒の女性が髪を覆うスカーフの着用を禁止し、二〇一一年には、公共の場で顔を覆うベールの着用禁止法を欧州各国に先駆けて施行した。いっぽう、こうした禁止法は、「個人の自由を保障する憲法に違反している」として、フランスでは撤廃運動もおきている。毎日新聞の記者で数年間イラン駐在を務めた春日孝之氏の著書『イランはこれからどうなるか』に、改革派のハタミ政権時代にイランで初めて女性副大統領を務めたマスメ・エブテカールさんの話が紹介されている。

西洋では女性が肌を露出させ、その美しさを誇示することが性の商品化につながっている面がある。これこそが女性の隷属ではないか。

彼女の指摘は、ヘジャブ着用を「女性抑圧の象徴」「女性の隷属化」のあらわれと見る欧米側の攻撃に対しての見事な反論である。たしかに、イスラムの教えに従えば、みだりに肌を露出させないことは、男性を誘惑しないという女性からのメッセージであり、家族からすれば、大切な身内の女性が、他の男性の好奇な目に晒《さら》されないという側面をもつ。

イスラム教文化圏が拡大する二一世紀世界において、ヘジャブ着用をどうとらえるべきか。イランやヨーロッパ旅行を通してあらためて「文明の衝突」を実感するとともに、グローバル化する現代社会に突きつけられている課題の一断面を垣間見た思いがした。

ところで、二〇一六年に入って世界各国から熱い眼差しを浴びているのがイランであるが、何故、かくも注目されているのか。

第一は、核問題の進展である。アメリカは、長い間イランを「悪の枢軸」と呼んで経済制裁を続けてきた。核をめぐっては、国連安全保障常任理事会にドイツを加えた六カ国とイランの間で二〇〇六年から断続的に交渉が行なわれてきたが、当時のアフマドネジャド大統領は欧米に対して強硬姿勢をとり前進しなかった。ところが、ロウハニ大統領になって柔軟姿勢に転じ、欧米側が対イラン制裁を緩和するかわりにイランがウラン濃縮を制限することを定めた「共同行動計画」に双方が合意した。

この合意項目をイラン国会で政府が履行することを承認する議案を可決したことで、イランの核開発を大幅に制限する核合意は、履行段階に入り、欧米はイランへの経済制裁を解除することになった。これは、緊張が続いていた中東情勢に変化をもたらすとともに、欧米諸国にとっても朗報であった。

第二は、イランとシリア、そして、イスラム教過激派組織「イスラム国」（ＩＳ）の関係である。イランは、ロシアとともにシリアのアサド政権を支援している。イランは、イスラム教シーア派（全信徒の一〇％）に属し、アサド政権のアラウィ派もシーア派である。ところが、数年前からシリアにイスラム教過激派「イスラム国」（ＩＳ）が台頭し、国内は、これに反体制派とクルド人勢力というあわせて四つの勢力が競いあい、多くの難民が生まれている。欧米は、独裁政権のアサド大統領の退陣を求め反体制派を支援しているもののイスラム国勢力の拡大に悩まされている。

そこでアメリカでは、中東の中で台頭してきたイランとともにイスラム国（ＩＳ）の打倒をめざそうとする動きが出ており、イランの存在がより大きくなっており孤立化は許されない。

第三は、イランの経済力に世界が目をむけている事である。イランの人口は七八〇〇万、天然ガスの埋蔵量は世界一位、石油の埋蔵量は世界四位という天然資源に恵まれた世界有数のエネルギー大国である。

核開発での協議が合意に達したことで、経済制裁が解除され、それをうけてこれまで海外市場と切りはなされてきたイランが、新たな市場として急浮上し世界各国によるイラン進出が加速し、中東最大規模の市場のうばい合いが始まっており、世界各国から熱い視線が注がれている。

このように、今やイランは、中東の大国としての発言力が増し、ロウハニ大統領が、これからいかなる政治姿勢を示してイランをリードするのか、混乱する中東の趨勢《すうせい》を決めるだけに目が離せない。

3　インド・ネール元首相の言葉「魂の深さ」

三度インドを訪ねている私は、その都度、初代インド首相ネールの言葉が頭に浮かぶ。

私の手にあまったのは、

インドの広さでも多様さでもなかった。

その魂の深さだった。

エジプトやメソポタミアなど古代文明のほとんどは滅亡していったが、インドは古代文明が現代に息づいている不思議な国である。民族に根づいた魂がなければ、ひとつの文明が五〇〇〇年も生きつづけることは不可能で、それを支えてきた魂とは何か。

ヒンドゥー教徒なら一度は訪ねたいと願う宗教都市バラナシは、インド・アーリア人が定住をはじめた十六大国時代（前七〜前六世紀）にはカーシー国の中心地であった。この街がガンガー（ガンジス川）の左岸に発達した巨大都市として、二〇〇〇年以上にわたって存続してきたのは、珍しく奇跡というほかない。

聖《せい》と俗《ぞく》、喧噪《けんそう》と静寂、貧困と富裕、古代と近代という両極が、日常生活の中に垣間見えるインド。それは不思議な魔力を持つ。バラナシのガンガーでは、早朝から沐浴《もくよく》をする出家修行者や花売りの声、インド各地から押しよせる信者、その側をサリーで着飾った人たちが練り歩き野牛が闊歩《かっぽ》する。

バラナシを歩いていると「ラーマ・ナーマ・サティヤ・ハイ＝神の御名《みな》は真実なり」と口ずさみながら、死者を担架にのせて、ガンガーに向う行列に出くわす。死が近づいたことを悟ったインドの人たちは、ガンガーのほとりで昇天を待ち、死後に火葬場マルカニカー・ガートで荼毘《だび》にふされ、その灰を川に流す。それは、古代から現代まで続くインドの原風景なのであろう。

　天界を流れる天の川から人間を救うために地上に降りたという「ガンガー降下説」の霊力をもつヒンドゥー教の主神シヴァがおわすバラナシでは、古代から宗教や思想が論じられてきた。シヴァ神の住処であるカイラス山もあわせたヒマラヤ連邦を源流にするガンガーは、神聖で高貴なシヴァのエナジーをバラナシにもたらしているのであり、水が人と神を結びつけ水が現世と来世をつないでいる。

　私は、日の出前にボートに乗って四・五キロのガート（沐浴場）を見てまわったが、早朝にもかかわらず人々は腰まで身をひたし聖水をすくい上げ、折から昇ってきた太陽に捧げた聖水を口に含む。隣のガートでは青白い荼毘《だび》の煙が立ちのぼり人々は祈りを繰り返す。そこは、生者と死者の世界が同一の地平に共存し、生と死が共棲《きょうせい》する聖域である。

　私も、しばしガンガーに身を浸した。対岸の泥地から昇る太陽を拝み沐浴の飛沫《ひまつ》を受けて少し離れた所の炎に目をむけ、沐浴する老若男女の人たちを見ていると、生と死が隔絶したものでないことを実感する。

　バラナシは、死者は必ず天界にいくというインドの人たちが目指す世界に送られていく場所であり、神の存在を信じて疑わない精神的なよりどころなのであろう。

　死者が天界の楽園におもむくことができるガンガーの前に立ってガートの風景をながめていると、ネール首相のいう「魂の深さ」という言葉が少し理解できる気持になる。生と死を繰り返す「輪廻《りんね》」からの「解脱《げだつ》」を理想とするヒンドゥー教徒にとって、ここで沐浴すれば、あらゆる罪が清められるという。

　インドは、四大文明発祥の地であり、ギリシア・中国と並んで思想や哲学が生まれ、多くの宗教がおこり街のあちこちに神々の姿をみかける。日本とは仏教の聖地として結びつきが深い。

　私は、釈尊が生まれたネパールのルンビニー、成道したブッダガヤ、初転法輪のサールナート、涅槃のクシナガラと四大仏跡をはじめ、エローラ石窟やアジャンタ石窟、タージ・マハルなどをまわってきたが、いつも眼前にひろがる混沌としたパノラマに心が騒ぐ。

また、インドの人たちが、地中から顕現《けんげん》した生命の象徴ともいえるリンガ（男根）にガンガーの聖水を注ぎ、手で触りながら解脱を願う姿に接し驚嘆せざるを得ない。

ネール首相のいう「魂の深さ」とは、何を意味しているのであろうか。前一五〇〇年頃古代インド世界にアーリア人が進出しバラモン教がおきた。前七世紀から前四世紀にかけて、解脱への認識方法の追求が進み、輪廻転生と業《ごう》（カルマ）の観念を説くウパニシャッド哲学が生まれ、インド思想に影響を及ぼし、さらにバラモンの権威やヴェーダの聖典性を否定して仏教やジャイナ教がひろがっていく。

図３　仏陀が成道した金剛宝座ブッダガヤ

図４　シヴァ神の象徴・リンガ　エローラ石窟寺院

後五世紀頃になると、仏教のひろがりに危機感を抱いたバラモンが、ヴェーダの権威の再確立をめざし、非アーリア的土着文化も吸収してヒンドゥー教が隆盛する。やがて、ムガール帝国（一五二六～一八五八）の成立とともにイスラム教が入り、貴族層の中にはイラン系のシーア派とヒンドゥー教が並立していった。

私は、インドを旅していて、彼らの宗教観に接する機会が何度かあった。

図５　ガンジー終焉の地
（ガンジー・スム・ソティ博物館）

古代から現代までインドの人たちは、いろいろな宗教を受け入れ信仰してきた。ネール首相のいう「魂の深さ」とは、つまるところ、インドの人たちの「熱き信仰心」と「あらゆる文明を飲み込み、それを自家薬篭《じかやくろう》のものとする精神の強靭《きょうじん》さ」を指すのではなかろうか。身近に存在する諸々の神々を信仰するというインド社会を象徴する言葉ととらえたい。

二〇一二年のインド旅行における最後の訪問地として、私は、デリーにある「ガンジー・スム・ソティ博物館」を選んだ。マハトマ・ガンジーは、人間の良心を信じ「非暴力非服従」を説きインド独立に力を注いだ。

歴史を繰り返すのではなく、新しい歴史をつくろう。

明日死ぬかのように生きよ。永遠に生きるかのように学べ。

ガンジーの信念を吐露した言葉であるが、博物館では彼の生涯をジオラマや写真で紹介している。この場所の質素なベッドがおかれている寝室から中庭に向かう道に足跡《あしあと》があり、途中で消え石碑が立つ。一九四八年一月三〇日午後五時一五分、中庭につくられた寺院に祈り捧げるために向かう途中、一人の青年によって暗殺された。ガンジーは、

Oh may God

と声を出したという。石碑にこの言葉が刻まれている。

ところで、二〇一五年一二月八日の日本経済新聞の一面トップに「インド、新幹線採用」の文字が踊った。これは、インド西部のムンバイからアーメダバード間五〇〇キロの高速鉄道に、日本の新幹線方式が採

用されるというものである。

総事業費は、九八〇〇億ルピー（一兆八〇〇〇億円）で、このうち八一パーセントを円借款で供与する方針である。日本はインドネシアの高速鉄道の入札をめぐって中国に逆転負けしたばかりで、中国も売り込みに攻勢をかけていただけに日本の技術や安全性が高く評価されたことになる。これによって、インドと日本の関係がさらに深まることは確かであろう。

現在のインドを見ると、巨像が立ち上るように大国への道を歩もうとしている。世界長者番付けでは、四〇人以上が名をつらねアジアでは第一位である。いっぽう、貧困と教育の格差の拡大は深刻さを増し、識字率は七四パーセントと中国の九〇パーセントを下回る。

独立インドの大目標である平等の社会の実現との相剋に苦悩している大国の行方は、グローバル化する世界の動向に多大な影響を及ぼすとともに、やがて、世界第一位の人口国となり、世界経済の牽引《けんいん》役が期待されているだけに、注視していく必要があろう。

私は、インドの旅では、ネール元首相の「魂の深さ」という言葉と、偉大なる詩人タゴールの詩の一節を思い浮かべる。

どの赤ん坊も、神はまだ人間に絶望していないというメッセージをたずさえてくる。

人間の心に灯した一条の明りともいえるタゴールの詩こそ、呻吟《しんぎん》し絶望に打ち沈む世界の人々に贈りたい言葉である。

4　ギリシア・パルテノン神殿をめぐるエルギン伯爵とメリナ・メルクーリ大臣

私は、シルクロードの研究のため、二五年にわたってユーラシア大陸の歴史遺産を取材調査してきたが、

図６　観光客でにぎわうパルテノン神殿

ギリシア旅行は、ひときわ収穫のあるものであった。

ヨーロッパ文明の源流であるギリシア文明の地を訪ねたのは二〇一〇年八月のこと。一週間かけてアレクサンドロス大王の故郷マケドニアからデルフィ、コリントス、ミケーネを経て九月九日、念願のアテネのアクロポリスの丘に立つパルテノン神殿を仰ぎ見た。ギリシアは、遠くて近い。仏像にみるアルカイック・スマイルや寺院建築のエンタシスは、シルクロードを通って日本に伝えられたのであろうか。古代の人々の囁《ささや》きが聞こえてきそうな丘は、世界各国から来た観光客でにぎわっている。

パルテノン神殿が建設された前五世紀は、人々が「人間の美」に目覚めたクラシックの時代にあたる。それ以前のアルカイック期の彫刻は、表情がなく動きの少ないものであった。

アテネの政治家ペリクレス（前四九五頃～前四二九）の時代になると、人間の偉大さに注目するようになり、神とは人間と同じ姿形をし人間と喜怒哀楽を共にする存在として神々を人間の姿で表わすようになる。アテネ黄金期のパルテノン神殿の生命力あふれる彫刻群は、タブーを破って世界で初めて神殿にアテネ市民を彫刻し、市民を讃えたもので、ギリシア文明の奇跡というほかはない。

パルテノン神殿は、前四八〇～七九年のアケメネス朝ペルシアとの戦い（ペルシア戦争）で破壊されるが、これを再建させたのは、古代ギリシアの最も優れた政治家でアテネ民主政治の完成者といわれるペリクレスと、これまでの職人に代わって芸術家と称される世界で最初の人物フェイディアス（前四九〇～前四三〇）の二人である。前四七八年にペルシアの来襲に備えて結成された、アテネを中心とするデロス同盟で集めた資金の一部を投入して前四四七年に設計され、前四三二年に完成をみた。

古代のギリシア神殿は、神や王の権力を誇示するものであったが、パルテノン神殿は、都市国家アテネの権威を世界に知らしめるために立てられたものである。正面と背面に高さ八メートルの八本の柱、側面に一七本の柱、あわせて四六本あるドーリア様式の大理石の円柱が、幅三一メートル、奥行七〇メートルの基壇を囲む。建物の外観の円柱や基壇は、完全な水平や垂直ではなく曲線を描いており、見る人の目の視覚を矯正《きょうせい》するために基壇を高くし円柱を内傾させるなどの工夫が凝らされている。

神殿の中に祀られていたのは、ギリシア神話に登場する全能の神ゼウスの娘、アテナ女神像である。女神像は、一二メートルの高さがあり、飾りのついた兜をかぶって、ペプロスをまとった上から肩と胸をマントで覆い、胸元にはメドゥーサの首をつけ、左手に盾と槍を持ち、右手にニケ（勝利の女神）の像をもつ。使われた金は一〇〇〇キロをこえ、神殿本体の費用を上回ったという。

アテナ女神像は、のちにアテネを支配したビザンツ帝国が、後四二六年にパルテノン神殿をキリスト教の聖堂に改修した際にコンスタンティノープルに持ち去った。現在は、この復元模型がアテネ考古学博物館に展示されており、私は、ギリシアを訪ねた時に女神像のレプリカを購入し朝夕我が家で鑑賞している。

パルテノン神殿の壮麗さを決定づけるのは、三カ所の彫刻群である。第一は、屋根の傾斜に挟まれた三角形の部分の「破風《はふ》彫刻」。切妻屋根下の三角形の部分に、女神たちと月の女神セレネの馬車を引く馬の像など神々の群像が彫刻されている。また、西破風には「守護神の座を争うアテナとポセイドン」、東破風には「女神アテナの誕生」の場面が刻まれている。現在、神殿に残っているのは数カ所で、ほとんどが大英博物館に展示されている。

第二は、円柱の梁の内部に嵌《は》め込まれている九二面の「メトープ」。南面には半人半馬の怪物ケンタウロスと人間の戦いを描いたものがみられ、人や神、怪物の戦いなどの表現からは、当時のギリシア人の神話世界が読みとれる。九二面のうち、一五面が大英博物館にある。

第三は、神殿内部の壁の一番上に東西南北一六三メートルにわたって彫刻されている「フリーズ」。これは古代最大級のもので、アテネの四年に一度の大祭典「パンアテナイア大祭」の行列風景が描かれており、神殿には人間を刻まないというこれまでのタブーを破って宗教行事に参加するアテネ市民が表現されている。この彫刻には、アテネ市民が神と並ぶほど教養があり、神ではなく人間が主役だとするペリクレスの政治的意図がかくされていたのであろう。

ここで、パルテノン神殿の彫刻をめぐるイギリスとギリシアの対立にふれよう。まず、一八〇一年に駐イスタンブール英国大使エルギン伯爵は、ギリシアを支配していたオスマン帝国（一二九九〜一九二二）のスルタンからパルテノン神殿の調査と発掘の許可を得た。彼は、数年がかりで神殿の彫刻を持ち出してイギリスに送り、これが一八一六年に、大英博物館に納められた。

トルコ駐在大使を離任する一八〇三年までエルギン伯爵は、パルテノン神殿をはじめアテナ・ニケ神殿のフリーズなどアクロポリスの建造物の装飾を剥がしイギリスに運んだ。エルギン伯爵は、イギリスに帰ると彫刻の保管費や事業の投資などで負債がかさなり、イギリス政府に三万五千ポンド（投資した私財の半値）で買い上げてもらった。

ギリシア美術のイギリスへの伝道者を自認したエルギン伯爵ではあるが、偉大な文明の象徴である文化財を持ち去る冒涜《ぼうとく》ともいえる行為は批判に晒《さら》され、「略奪者」のレッテルがはられ、失意のうちに七五年の生涯を閉じた。

ギリシア彫刻群の返還要求が世界に知られるようになるのは、映画「日曜はダメよ」の主演女優メリナ・

図7　メリナ・メルクーリ大臣の銅像
（新アクロポリス博物館前）

メルクーリが一九八一年に文化・科学大臣に就任してからである。軍事政権下で国籍を剥奪《はくだつ》されるなど抵抗運動のシンボル的存在となったメルクーリ大臣にとって、彫刻群の返還は祖国の民主主義の回復の象徴であり、一九八三年に大英博物館を訪れた彼女は、パルテノン神殿の彫刻の返還を求めた。

かつて、エルギン伯爵は世界各国から批難を浴びると、

　貴重な美術品を無知な人々の破壊から救った。

といって、自己の行為の正当性を主張した。

これに対して、メルクーリ文化大臣は、ギリシア人にとってアクロポリスがどのような存在であるかを例をひいて語った。

かつて、トルコ軍がギリシアに侵攻した時、ギリシア軍はそれに立ちむかいました。トルコ軍がアクロポリスを占領していましたが、弾丸が不足していたトルコ軍は、弾丸を作るために円柱をこわしてつなぎに使われていた鉄を取り出そうとしました。ギリシア人は、その話をききつけ、トルコ軍に円柱に手をふれるな、弾丸は提供すると伝えた。

メルクーリ大臣は、大英博物館を訪ねるなどして返還要求を続ける中で死去するが、ギリシア政府は、イギリスが返還しないのは彫刻群を展示する能力がないと思われているためだと考え新博物館の建設にとりかかり、二〇〇七年にアクロポリスの下に新アクロポリス博物館を完成させた。

私は、ギリシア悲劇の研究を手はじめにギリシア文化に取り組んできただけに、古典期ギリシアの美と輝きを今に伝え色褪《いろあ》せることなく峻厳さを保つパルテノン神殿を目のあたりにした時は、興奮を覚えずには

図８　ドゥビーン・ギャラリー全景（大英博物館）

いられなかった。世界的な文明発祥の地だけに、アクロポリスの丘には世界各地から人々が集まっており、私もオランダの高校生たちと交流を深めた。

パルテノン神殿を見た後、新アクロポリス博物館に足を運んだ。博物館の入口にメリナ・メルクーリ大臣の銅像が立っており、それは口をとじて前方を見つめる目など威厳にみちている。

一九八八年の「なら・シルクロード博覧会」に展示する帆船「キレニア号」をお借りするためシルクロード博協会の南浦純一郎事務局長は、一九八七年にギリシアを訪ねメルクーリ大臣と会談した。彼の話だと、

高齢ではあったが、凛《りん》としており、近寄りがたい品格を備えていた。

と印象を語っていた。博物館の完成は、彼女の夢だったであろう。

館内の四階ホールは、パルテノン神殿の彫刻群専用で、神殿と同じ方角に設計し神殿と同じ周囲一六三メートルの内壁に往時を再現している。ただし、大英博物館の分はレプリカで補充し本物ではないことを示すために色をかえている。

私が、大英博物館のパルテノン神殿の彫刻を展示する「ドゥビーン・ギャラリー」を訪ねたのは、二〇一三年九月八日のこと。この場所は、カメラで撮影したりスケッチしたりと思い思いに観賞できる。別室の説明板に

エルギン伯爵の行為は常に議論の対象となってきたが、後々の破壊や風化から彫刻を守ることになった。

とある。

大英博物館は、世界中の文化遺産を集めているところであるが、同博物館は、他国の政府から正式に返還要求を受けているのはこの彫刻群だけです。

という。

大英博物館が所蔵する古代ギリシアの彫刻群が、二〇一四年一〇月に初めてエルミタージュ美術館に貸し出された。これに対してギリシア政府は「国民への挑発」と猛反発し、時のギリシアのサマラス首相は、

大英博物館は、これまで移動による損傷の恐れを理由に返還を拒んできた。その説は、今回のロシアへの移動で通用しなくなった。

と批判した。イギリス政府は、この論争に関与しないという考えだが、イギリス議会には返還を検討すべきだとする意見も出ている。

近年、中国ではイギリスのオーレル・スタインが持ち去った敦煌莫高窟・第一七窟に隠されていた数々の仏教美術の返還を求めているのをはじめ、エジプトやギリシアなどの国々でも、文化財返還運動をおこしており、その一端に大英博物館の「エルギン・マーブル」があることは確かで、その嚆矢《こうし》の役を果したのは、まぎれもなくメルクーリ大臣である。

いっぽう、パルテノン神殿の彫刻群が、一九世紀のヨーロッパでギリシア美術の真価を伝える重要な役目をになったことも認めなければならない。

（児島建次郎）

おわりに　知の探究・歳月はまぶしかりけり

一　邂逅「なら・シルクロード博覧会」

人生の先達・作家の井上靖先生

私は、五〇年ほど前に東南アジアをはじめインドを旅する機会を得た。滔滔《とうとう》と流れるメコン川やアンコールワットの都城をみたり、インドのコルカタ（かつてはカルカッタ）の街の雑踏を歩いていて哲人を思わす風貌の人たちに出会った。ホテルを出ると子ども達に取り囲まれ身動きできない。人のにおい、香料のにおい、街のにおいが混濁《こんだく》としたコルカタの風景は、人間や文化に対するこれまでの概念を変えさせられるものであった。

図１　井上靖先生（右）と筆者（左）
1988年５月井上靖館

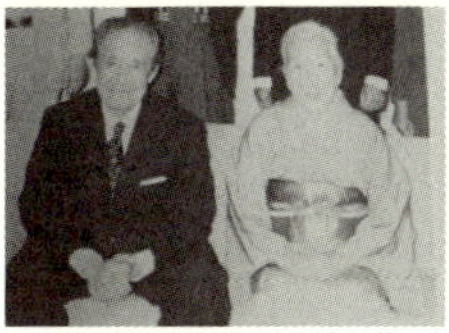

図２　井上靖先生とふみ夫人　1989年出版『出会いの人々』より

それから数年後、一冊の本にめぐりあった。一九六六年出版の岩村忍著『シルクロード―東西文化の溶炉―』で、これによって文化に対する憧憬《しょうけい》の念が高まった。

一九八〇年から一九八二年にかけてNHKスペシャル「シルクロード」が放送され、石坂浩二さんのナレーションと喜多郎さんのテーマ曲がマッチして、番組としては空前の評判をとり、これによって日本にシルクロードブームがおきタクラマカン砂漠や敦煌へ旅する人たちが急増した。

その後、一九八四年から一九八五年にかけてシリア沖からアンフォラ（ワインを運んだ古代の壺）が発見され、これが契機となって一九八八年に奈良県・奈良市・NHKが主催する「なら・シルクロード博覧会」が、奈良公園を主会場にひらかれることになった。

この博覧会の総合プロデューサーを務めたのが作家の井上靖先生、副会長が京都大学名誉教授の樋口隆康先生、企画委員に平山郁夫先生や江上波夫先生、長澤和俊先生が名をつらね、「奈良」を、「シルクロード」を愛する先生方の熱い想いの中から準備が進められ、私もこれに係わることになり先生方とのお付き合いが始まった。

特に、井上先生との出会いは私にとって劇的で、何度かNHKの番組に出演していただき、一九八七年の春には東京世田谷区の先生のお宅にお邪魔して一時間にわたって、シルクロードの魅力について語っていただいた。「民族の英知とロマン」をメインテーマに一九八八年四月二三日に博覧会が開催されてから間もなく、井上先生のパビリオン「井上靖館」でこの催しの意義についてうかがった。館には、井上先生直筆の原稿や、先生が最も好きだった敦煌莫高窟の「交脚《こうきゃく》弥勒菩薩」の複製が展示されていた。そこで井上先生は、

一一の国が文物を提供してくれ平和を象徴する博覧会が、日本文明発祥の地、奈良で開かれることに感慨を覚える。シルクロードには暗いものがなく、諸民族が協力して交易を行ったというロマンチックな面があり、各国の出展物を見ることによって日本文化を見直すきっかけになる。千年、二千年前の優れた文化を自分の目で確かめてほしい。

と語った。

井上先生は、会期中に奈良公園につくられたパビリオンに何度か足を運び、歴史と文化の香り漂う博覧会の成果をかみしめられた。半年間にわたる入場者は六八二万人を数え、これまでにない「文化」をメインテーマにした博覧会は一〇月に閉幕した。

その後私は、感動・出会い・発見・思いを個人の胸に止めておくのではなく、博覧会にかかわった各々の体験を書き綴り記録に残しておくべきだと考え、「なら・シルク博」協会の南浦純一郎事務局長とNHK奈良放送局の鈴木正紀局長の賛同を得て「なら・シルク博を書き残す会」を立ちあげ、五〇人の関係者から原稿を募り

一九八九年に『シルク博・出会いの人々』を上梓した。

その折、『出会いの人々』の巻頭言として井上靖先生・ふみ夫人が玉稿をよせて下さった。

奈良はシルクロードの街になった。長い長い砂漠の道の、草原の道の、歴史の道の、いろいろな道の一番末端、行きどまりの楽しい終着点の賑やかな町になった。（中略）今や地球を覆う騒然たる世紀末的どよめきの中で、わが日本の古都奈良の古い歴史の町として、古い文化の街として受け持たなければならぬ役割は、極めて大きいと思う。

井上先生ご夫妻は、博覧会が終ってからも何度か奈良に来られ、その都度、「なら・シルク博」協会の課長を務めた若竹清さんとともに招いていただき食事を共にしたが、ある時、小説『孔子』の本を持参してサインをお願いし執筆エピソードをうかがった。井上先生は、孔子の「ある言葉」の解釈をめぐって筆がとまったという。

子曰く、吾《われ》十有五にして学《がく》に志し、三〇にして立ち、四〇にして惑《まど》わず、五〇にして天命を知り、六〇にして耳に順《したが》い、七〇にして心の欲する所に従いて、矩《のり》を踰《こ》えず。

孔子のいう「天命」とは何か。これは、小説『孔子』の骨格をなす部分だけに井上先生は推敲《すいこう》をかさね、孔子の心のうちを読み取ろうとして筆が進まず、しばし熟慮をかさねたと楽しく語って下さった。

毎年一〇月のノーベル賞ウィークの季節を迎えると、井上先生のことが思い浮かぶ。一九九〇年のノーベル賞文学賞の有力候補として井上先生の名が取り上げられ、テレビや新聞は井上先生を追いかけた。この時、先生は奈良に滞在中で私も朝から先生の行く先々に車を止めて待つとともに、宿泊先のホテルに共同記者会見場をセットしていただくなど発表の時を待った。

夜の七時頃、発表がありロシアの作家が受賞したという情報が入った。間もなく井上先生は、十数社のマス・コミが待ち受けている会見場に姿をみせ、

図３　歌手の島倉千代子さん
筆者がインタビューする

受賞された作家の名は知らないけれど、お祝い申し上げる。

といって退席された。この映像は、久米宏キャスターの「報道ステーション」の時間に流された。私は記者会見での質問を練り、周到な準備をして意気込んでいただけに「幻のインタビュー」となってしまい残念でならず、先生の心境に思いを馳せた。

井上先生との出会いが、私の人生に新たな道を切りひらいてくれるきっかけになったかと思うと、感慨を覚えずにはいられない。

さて、「なら・シルク博」のテーマ曲「夢・浪漫・奈良」を歌って下さったのが島倉千代子さんであった。博覧会一年前の一九八七年四月二三日、奈良県文化会館での歌の御披露目を前に島倉さんにインタビューする機会があった。この歌は、姫神《ひめがみ》さんの作曲によるスローバラード風の曲想で、これまで島倉さんが歌っていたものとはいささか趣を異にするものであった。

島倉さんは、テーマ曲を引き受けた心境を次のように語った。

この曲を歌うのは島倉さんしか考えていないというお話をうかがった時、私はびっくりした。日本の抒情を歌いあげたい。雰囲気としては「赤トンボ」を考えているという話に、これはきっと、私とご縁のある歌なんだと思い、絶対、歌わせていただきたいとお引き受けした。

涼《すず》やかな声で微笑を浮かべながら私のインタビューに答えて下さった島倉千代子さん。二〇一三年秋、島倉さんの訃報に接し、ありし日の島倉さんの姿が頭にうかび胸のあつくなる思いであった。

東京芸術大学学長を務めた平山郁夫画伯には、博覧会のテーマ館に展示するシルクロードの象徴「飛天群舞図」の制作をおねがいした。これを陶板に焼いて館の中央に飾ったのであるが、入場者の足を釘付けにするほど評判をとりニュースや番組で取り上げた。現在、奈良県が保管している。

図４　陳舜臣先生（真ん中）
と星野知子さん（右）
1991年・薬師寺中継

図５　諸葛孔明の霊廟
中国・五丈原

平山先生にはその後、一九九一年の薬師寺「玄奘三蔵伽藍落慶法要」のテレビ中継に出演していただき、「玄奘求法の旅」の壁画を制作中の鎌倉のお宅にお邪魔し、その様子を中継の中で紹介した。また、法隆寺が世界遺産に登録されて三周年にあたる一九九三年の記念行事で、いっしょに仕事をするなど何度かお目にかかり、シルクロードを描く意気込みをうかがった。

この「玄奘三蔵院伽藍」のテレビ中継のメインゲストとして出演していただいたのが作家の陳舜臣先生と俳優の星野知子さんである。陳先生は、中国の歴史と文化に対する豊かな学識を生かした歴史小説や『敦煌の旅』などのエッセーを数多く世に出している。

私は、本番の数日前に神戸のお宅にお邪魔して二時間ほど番組の打合せを行った。その折、先生は、玄奘三蔵の苦難の旅と宗教と思想を結びつけた業績について、おだやかな調子で語って下さった。この頃、小説『諸葛孔明』の最終校正に入っていたようである。

私は、中国の旅で三国志の舞台、孔明終焉の地である五丈原《ごじょうげん》の「五丈原諸葛亮廟」近くを訪ねたが、その時に陳先生との出会いが頭をよぎった。先生は、歴史小説を書く時には徹底して資料をあたり、史実に即した手法をとり現地取材を欠かさなかったという。

陳先生は、二〇一五年一月二一日に死去された。ありし日に先生のお宅で中国の歴史を語り合ったことを思い出し、テレビに出演していただいた映像を見直して、あらためてご冥福を祈らずにはいられなかった。

シルクロード学の泰斗・京都大学名誉教授の樋口隆康先生には、公私にわたって指導していただき恩師として仰いでいる。「なら・シルク博」の出会いに始まり、私がコーディネーターを務めた「シルクロード・シンポジウム」では、パネリストとして出演して下さり、イランの涙壺《なみだつぼ》など興味深い話を披露し観衆を魅了した。

図６　樋口隆康先生（中）山田勝久先生（右）
2008年出版記念会見・奈良県庁クラブ

図７　アフガニスタンの
バーミヤン大仏
樋口隆康先生が調査した

また、私が編者となって出版したシルクロード関係の本に心よく玉稿をお寄せ下さったり、奈良県立橿原考古学研究所の所長時代には執務室にお邪魔し、バーミヤン石窟の調査にまつわるエピソードを聞かせていただくなど、シルクロード学への取り組みに対して精神的な面での薫陶《くんとう》を受けた。

二〇一五年四月二日、樋口先生が館長を務められていた泉屋博古館より訃報の連絡を受けた。四月五日に京都で告別式があり、私も参列した。考古学の研究者や京都大学の関係者ら二五〇人が参列する中で、岡村秀典京都大学教授ら四人が弔辞を述べた。

　教え子の岡村教授は、バーミヤン石窟やガンダーラの仏跡などの調査研究の成果を紹介し、

　　樋口先生の御霊は、すでにシルクロードに旅立たれたのでしょうか。

と悼んだ。

最後に喪主の久留米大学名誉教授で長男の富士夫さんが、

父は、西行の「願わくば、花の下にて春死なん　その望月の如月の頃」の言葉通り桜満開の時に大往生しました。とあいさつされた。

樋口先生の棺をのせた車を見送った後、私は、桜が咲き小雨降る京都の街を歩きながら、三〇年近くにわたって御教授いただいた事や、拙宅に足を運んで下さり山田勝久先生とともにシルクロード話に花を咲かせたことなど、ありし日の事が頭に浮かび、おおらかな人柄の先生を懐かしく思い出し偲んだ。

二　執筆者・出版社との縁

大阪教育大学の山田勝久名誉教授とは、私がＮＨＫ釧路放送局に勤務していた時、テレビ番組に出演していただいてからのお付き合いである。

私がかかわった「なら・シルク博」に北海道から見学に来て下さり、その後、北海道教育大学から大阪教育大学に転勤して以来、シルクロードの情報を交換しあったり、私が編集したシルクロード関係の出版物に玉稿をよせていただいた。

山田先生は、フィールド・ワークでシルクロードに五九回足を運び、特に楼蘭遺跡には日本人で一番多く調査に入っており、多大な業績を残している。また、鳩摩羅什《くまらじゅう》の研究で二〇一一年には、インディラ・ガンジー国立芸術センターで、「鳩摩羅什―哲人そして預言者」と題して研究発表を行った。

二〇一三年の春、大阪のインド料理店で会食したあと、山田先生は、私との縁《えにし》を詠んだ漢詩を贈って下さった。

　釧路遥望三千里
不及酒宴有縁情

「釧路　遥かに望む三千里、及ばず酒宴　有縁の情」

山田先生のパワフルな行動とシルクロード学に対する真摯《しんし》な研究姿勢に敬意を表し、よき朋友として私を導いて下さった友情に心よりお礼を申し上げたいと思う。

帝京大学の森谷公俊教授とは、邂逅《かいこう》という言葉がぴったりのめぐりあいで、お付き合いが始った。二〇一一年九月三日、私はシルクロード学の研究を続ける中で念願にしていたイラン旅行を敢行し、アケメネス朝の首都ペルセポリスを訪ね、いささか興奮した気分でシーラーズのホテルにもどり夕食をとっていた。そこに、イラン人ガイドのアリーさんが、日本人が滞在しているといって私のところに伴ってきてくれたのが森谷先生であった。

森谷先生は、アレクサンドロス大王東征の道を調査しているとのことで、特にダレイオス三世終焉の地を確認したいと意気込んでいた。私は、二〇〇九年九月のギリシア旅行で、アレクサンドロス大王の故郷マケドニアを調査するにあたって、森谷先生の大王関係の著書数冊を読んでおり、名前はよく存じ上げていたので、旧友に出会ったような懐かしさを覚えた。帰国後、森谷先生と情報を交換しあっているうちに企画が浮かび、快諾を得て本書の出版に至ったのである。

日本におけるアレクサンドロス大王研究の第一人者である森谷先生との共著は、私にとってこの上ない喜びであり、森谷先生と私の「結びの神」となった古代オリエント史を飲み込んでいったイランの大地とイラン高原に生きる人々に感謝そして感謝。

白鳳短期大学の松浦芳子講師には、私がイラン旅行で購入した数冊の本の翻訳をお願いした。松浦先生は、アメリカのインディアナ州立パデュー大学の外国語学部で、ティーチング・アシスタントとして日本語や日本文学を教えるとともに比較文学部で博士号を修得する。

Behaind the Mask:Rereading Tachihara Masaaki's Literary Works from Postcolonial Perspectives

右の論文の内容は、日本やアメリカの文学を研究対象に、ポストコロニアル（ポスト植民地主義）理論を用いて、文化や言語のハイブリディティ（混淆）についての研究である。松浦先生には、新しい論文に取り組んでいる多忙な中で、難解なイラン関係の本の翻訳に協力いただきお礼申し上げる。

私が担当している「章」の写真の多くは、妻の成美が撮影したものである。一部の写真は、山田勝久先生、森谷公俊先生、写真家の鈴木革氏の撮影したものを借用している。私のシルクロード調査に同行し、精力的に歴史遺産やそこに生きる人たちの表情を撮影し協力してくれている妻には、これからも元気で名場面の撮影をお願いしたい。

雄山閣とは、二〇数年来のお付き合いである。近畿大学の「文化論」の科目で使用した教科書『芸能文化の風姿』の出版でお世話になった芳賀章内さんをはじめ、原木加都子さん、佐野昭吉さん、宮島了誠さん、そして今回の本の編集に係わっていただいた桑門智亜紀さんと歴代の編集長にいろいろご配慮をいただいた。シルクロード関係の本四冊、奈良県の歴史関係の本三冊と、私の出版物は、雄山閣からのものが多数を占めている。

今回の本は、私の後半生におけるシルクロード研究の集大成となるものだけに、四年前から準備し、私の情熱と執念を込めたものになっている。桑門さんには、その意をくんでいただき、私のシルクロード研究二五年の節目の年に出版にこぎつける事が出来た。

雄山閣の長坂一雄元社長、長坂慶子元社長、宮田哲男社長には、永年にわたり私の研究成果について発表の場を提供して下さり、お礼を申し上げる。

本書出版の二〇一六年は、くしくも雄山閣創業一〇〇年の記念すべき年にあたり、不思議な縁を感じる。この間、多くの歴史や文化関係の名著を世に出し、研究者を育てる上で多大な貢献をされた雄山閣に対して謝意を表し、さらなる発展を願う。

三　知の糧を求めて旅は続く

読書三昧《ざんまい》から研究の拠点を敦煌におき、そして世界に

私が、シルクロード学の研究をはじめて、まず、取り組んだのは読書である。かつてＮＨＫの番組でインタヴューしお付き合いのあった井上靖・平山郁夫・樋口隆康・長澤和俊・江上波夫・陳舜臣・並河萬里（写真家）といった諸先生の著書をはじめ、林良一・伊藤義教・足利惇氏・山田信夫・小川英雄・岸本通夫・桑原隲蔵・岩村忍・杉山正明先生たちの労作を貪《むさぼ》り読む日々をおくった。

さらに、歳月の風塵《ふうじん》に隠れ秘境と化していたシルクロードを旅した探検家たち、スウェン・ヘディンやオーレル・スタイン、そしてポール・ペリオ、大谷探検隊の著した書物を読み、失われた記憶を求めて旅立った人たちに思いをはせ胸をときめかした。

私は、これらの書物の内容的魅力に惹き付けられ幾度も読み返した。泰斗碩学の著にみる事柄に即した学問的態度や人間に対する深い洞察は、シルクロードを学びはじめた未熟な私を奮いたたせてくれるものであった。シルクロードをグローバルな視点からとらえなおす着眼点や創造力など、新たな学的把握のアプローチの仕方は、私の研究の出発点となり、私の蒙を啓《ひら》いて下さった。

読書三昧の生活を一年半あまり続けているうちに、私は精神的に疲れが出て壁にぶちあたった。その時に、平山郁夫画伯の言葉が頭をよぎった。一九九一年三月二三日、薬師寺の玄奘三蔵院伽藍の落慶法要をＮＨＫ総合テレビで中継するため平山先生に出演をおねがいし、その前夜、ご夫妻と夕食を共にする機会があった。

平山先生は、伽藍に奉納する壁画を制作中で、玄奘の苦難に満ちた求法《ぐほう》の旅を追体験することによって、壁画に魂を吹き込みたいと次のように語った。

図８　平山郁夫画伯
1991年薬師寺・玄奘三蔵院伽藍　落慶法要

図９　敦煌学国際学術討論会に参加
2000年・敦煌莫高窟前

玄奘の旅を追体験するために、私は酷寒と熱砂の地を何十回となく旅してきた。ヒマラヤの山中では、ロバの背にゆられながら狭い道を登り高山病にかかって崖下に振り落とされそうになった。タクラマカン砂漠では、氷点下二〇度のところに身をおきスケッチした。こうした体験を壁画に込めたい。

玄奘三蔵院伽藍に「大唐西域壁画」が奉納されたのは、一九九九年一二月三一日のことであった。完成した一三枚の大壁画は、「ヒマラヤの山々」を中心に「デカン高原」や「ナーランダの月」「長安の大雁塔」など玄奘求法の旅を描いたもので、現在も多くの参拝者が訪れ感動をあたえている。

もっぱらシルクロード関係の本と付き合っていた私は、平山先生の言葉と行動を思いおこし、シルクロードに生きる人々と接する必要性と、その風土に触れることの重要性を痛感し、フィールド・ワークしなければならないと考え、その拠点として敦煌を選んだ。

私は、毎年一カ月近く敦煌に滞在し、敦煌研究院の当時の樊錦詩《はんきんし》院長や李最雄《りさいゆう》副院長をはじめ多くの研究員の皆さんにお世話になり、莫高窟の壁画を調査するとともに、タクラマカン砂漠のオアシス都市を訪ね歩いた。それは「目からウロコが落ちる」ほどの得がたい体験となった。

中でも、二〇〇〇年にひらかれた敦煌研究院主催による「敦煌学国際学術討論会」に招待していただいたことは、大いなる喜びであった。学会は、王圓籙《おうえんろく》が蔵経洞を発見した一九〇〇年から一〇〇年にあたるのを記念して、世界各国の学者八〇人が集まりひらかれたもので、私は、六日間にわたる各国学者の研究成果を交えた熱い討論に参加し、あらためて敦煌の文化的価値を認識することになった。

この学会こそは「文明間の対話」をめざすもので、時代をこえ、民族をこえ、国家をこえ、言語をこえて平和のために連携する場となり、私にとってもシルクロード学への情熱をかきたててくれる機会となって、この国際学術会への出席は生涯忘れることはできない。二〇〇〇年に私は、敦煌研究院の皆さんとの共著で雄山閣より『敦煌の美と心』を上梓した。

ところで、一九九三年にアメリカの政治経済学者でハーバード大学のサミュエル・ハンチントン教授が発表した論文『文明の衝突』は、世界の文化人類学者に衝撃を与えた。文明間で衝突が起きるとする内容の主眼は「西洋対イスラム」の対立に置かれた。これに対して欧米やイスラム社会から「文明間の対話」の動きが強まったにもかかわらず、二〇〇一年アメリカのニューヨーク貿易センタービルに対する同時多発テロによって、文明の衝突は現実のものとなり世界を震撼《しんかん》させた。

アメリカは、二〇〇一年秋にアフガニスタンのタリバンを攻め、二〇〇三年にはイラクが核兵器を持っているとしてフセイン大統領が率いる独裁政権を打倒した。これが、イスラム教過激派を生んだとする論評もある。

そして、二〇一五年一月、イスラム教過激派組織「イスラム国」（ＩＳ）に欧州の若者が加わり、言論封殺を狙ったテロが起きた。フランスの週刊誌「シャルリー・エブド」が、イスラム教の預言者ムハンマドの風刺画を掲載したというのが理由であった。

テロ事件から数日後、パリでは五〇カ国の首脳級をはじめ三七〇万人が参加して、犠牲者を追悼する大行進が行なわれた。フランスでは、一九四四年八月のナチス・ドイツからのパリ解放以来の最大規模の市民行動になったという。

イスラム教過激派とみられる容疑者の襲撃を受けた「シャルリー・エブド」は、事件後に特別号を発売し、そこに、涙をうかべる預言者ムハンマドの風刺画を掲載したが、これをめぐって、イスラム教社会とヨーロッパ社会の亀裂《きれつ》がさらに深まっている。

新聞は、「表現の自由」「信仰侮辱」という言葉で問題を提起した。つまり、表現の自由の大切さを示すためにも漫画を載せるべきとする意見と、侮辱と風刺の間には境界があり、風刺画は侮辱であるとする意見である。

この襲撃事件は、多様な人種や宗教を受け入れてきたヨーロッパ社会の理想を根底から揺さぶるものとなり、異なる宗教的背景や価値観を有する人々が、相互に理解しあうには何が必要かを全世界に問いかけた。

いっぽう、二〇一四年七月、イスラム教過激派組織「イスラム国」（ＩＳ）が、大規模な侵攻を開始しイラクとシリア国内に拠点を築いた。これは、反欧米、反シーア派をかかげる国家の出現を意味しており、カリフ制イスラム国の樹立を宣言し、国際社会に新たな問題を抱え込むことになった。

これによってシリアは、アサド政権派、アサド反体制派、イスラム国、それにクルド人の四つの勢力が競いあい内戦状況に陥った。このため、紛争の激化をさけて、シリアの人口二二〇〇万人のうち八〇〇万をこえる人たちが難民となって、欧州諸国に押し寄せる事態がおき、その動きは現在も続いている。

難民は、トルコの海岸イズミールからボートに乗ってギリシアに渡り列車で北上してアレクサンドロス大王の生誕地テッサロニキに至り、セルビア、ハンガリー、オーストリア、そしてドイツに向かう。

私は、一〇年ほど前にトルコ西海岸を旅してトロイからイズミールに行き一泊した事があるが、あの静かな港町でギリシア行きをめざすシリア難民が苦悩している映像をみるたびに心が痛む。そのトルコの海岸の波打ち際に幼児の遺体が横たわる一枚の写真は、世界に衝撃を与えた。

幼児の写真は、欧州諸国の難民問題に一石を投じ、各国ともシリアとイラクの難民の受け入れを大幅に増やす世論をつくり上げた。

ところが、オーストリアなどでは、無条件で難民を受け入れる政策から流入抑制策に舵を切り、ハンガリーでは許可のない越境を犯罪とする法律を施行するなど、難民に扉を閉ざす「要塞化」に方向転換をはじめた。

そんな折、二〇一五年一一月一三日の夜、パリ中心部と近郊で同時多発テロが発生し、イスラム教過激派組織「イスラム国」（ＩＳ）は、インターネット上で「パリの選ばれた場所を標的にした」とする声明を発表した。短時間のうちに劇場やレストラン、競技場などが襲撃されており、フランスのメディアは「フランスでおきた戦後最悪のテロ」と報じている。

「自由・平等・友愛」を掲げるフランスではあるが、イスラム原理主義過激派は「退廃した西洋文化」の代表として、西洋の価値観を狙ったともいえるテロ事件である。

フランスは、観光大国で、経済面にも多大な影響をおよぼしており、ルーヴル美術館やエッフェル塔といった人気スポットの観光地を一時的に閉鎖するという事態に追い込まれた。フランスへの外国人観光客は世界一位で、観光収入は世界三位の五七四億ドルをほこり、国内総生産の一割を占めるだけに打撃は大きい。

凄惨《せいさん》なパリ同時多発テロの後、おびただしい言葉がネット上にあらわれた。妻を亡くしたジャーナリスト、アントワーヌ・レリスさんの言葉がフェイスブックを通して世界に流れ、その悲しみの底から響くメッセージに心が痛む。

君たちに憎しみという贈り物はあげない。君たちの望み通り怒りで応じることは、君たちと同じ無知に属することになる……

パリのために祈りたいなら祈りなさい

でも、祈りを捧げられることのない

①フランス	8380 万人
②アメリカ	7480 万人
③スペイン	6500 万人
④　中　国	5560 万人
⑤イタリア	4860 万人
㉒　日　本	1340 万人

図 10　2014 年に各国を訪れた観光客

もはや、守るべき家すら持たない
世界の人びとにも
多くの祈りを
馴染みの高層ビルやカフェだけでなく
あらゆる面で　日常の何かが
崩れ去ろうとしている
この世界に祈りを

Pray, and think.

フランスのテロ事件後、ヨーロッパ諸国が厳戒態勢を敷いているさなか、二〇一六年三月二二日、ベルギーの首都ブリュッセルの空港と欧州連合（ＥＵ）本部近くの地下鉄構内で連続テロが発生し、多くの犠牲者が出た。その翌日、イスラム教過激派組織「イスラム国」（ＩＳ）は、インターネット上に犯行声明を公開したが、犯人たちは、ベルギーやフランス、シリアなどを往来しており、パリ同時多発テロの実行犯ともかかわりを持っていたという。

犯人たちが住んでいたブリュッセル西部は、若者の失業者や移民が多く、政府が把握しきれない過激派ネットワークが存在していたということで、世界は大規模テロを防ぐにはどうすればよいかという、きわめて難しい問題をかかえたことになる。

欧州連合の大半の加盟国間では、人やモノの移動の自由を認める「シェンゲン協定」に基づき、協定加盟国の間では、域外から域内に入る際の審査も旅券の提示で済む。

現在、協定に加盟しているのは、欧州連合（ＥＵ）、非加盟国も含めて二六カ国にのぼっており、相つぐテロ事件で人々の移動の自由が揺らいでいる。

世界は人間の尊厳を認め、文明間の対話を深めるにはどうすればよいか。テロ事件や難民受け入れをめぐる根は深く、人類史上きわめて困難な問題に直面しているといえよう。

私は、「なら・シルクロード博覧会」を契機にシルクロード学に取り組んで二五年になる。その間、中国のタクラマカン砂漠周辺のオアシス都市をはじめ、ウズベキスタン、ミャンマーやタイなど東南アジア諸国とインド、オリエントのイランとトルコ、ギリシアやイギリスなどのヨーロッパ諸国とロシア、北アフリカのエジプト、チュニジア、モロッコなど二七カ国をフィールド・ワークして多くの人々に出会い、新しい情報や知見を得た。

二七カ国の歴史遺産を取材調査し多くの国の人々と接する中で、常に意識することは、価値観の異なる多様な人々と協働できる素養を身につけるには、どうすればよいかということである。グローバル化する世界の流れで重要な事は、「己を知る」とともに「相手を知る」ことであり、他者とのかかわりの中で、自分をみる「相対化」を身につけることであろう。異なる宗教、民族、文化などの多様性を認めあい、そこで共通性を身につけ互いに高めあう共生の道を切りひらく知恵を備えたい。今ほど、寛容と忍耐が求められる時代はない。

マルチエスニック化（多文化・多民族）する世界の現状と未来を複眼的に見据える力が、今日ほど求められる時代はない。大学とは、教養のインキュベーター（孵化器《ふか》）にならなければならず、これからも知の糧を求めて文明の道の旅を続けたいと考えている。

今年は、私がＮＨＫアナウンサーから大学教育に転身して二五年の節目を迎える。現在、大学で「国際観光学」「国際社会学」「国際文化比較」といった「国際」を冠にした授業を担当しているが、近年、複雑化する国際情勢の何をどのように取り上げるか、試行錯誤しながら学生と対話を続けている。

そして、授業の最後に、かつて小説家の陳舜臣先生より教えていただいた諸葛孔明の言葉を学生に披露する。

それは、孔明の人間的魅力に関して、子孫が暮らす浙江省諸葛鎮にある孔明の教えを記した「誡子書《かいししょ》」である。

優れた人は静かに身を修め徳を養う

学問は静《せい》から、才能は学《がく》から生まれる

学ぶことで才能は開花する

志がなければ学問の完成はない。

孔明の教えは、志を持つ事の大切さと学ぶことで才能は開花する事の重要性を示している。私は、厳しい現代社会を生きていくためには、教養に磨きをかけ自分らしく生きるための羅針盤を持ち、学生時代に胆力を養ってほしいと願いつつ今日も教壇に立つ。

二〇一六年の秋、私は、ヨルダンのシルクロード都市ペトラから死海を通りエルサレムの取材調査を予定している。エルサレムは、ユダヤ教・キリスト教・イスラム教という三大宗教の聖地で、嘆きの壁、岩のドーム、聖墳墓教会がある。また、イエスが十字架を背負って磔刑（たっけい）に処せられるため歩いた道ヴィア・ドローサなど宗教に関する遺跡が残っており、現在も多くの人々が巡礼する姿がみられる。ベツレヘムは、『新約聖書』によるイエス生誕の地で、四世紀にローマ皇帝コンスタンティヌス大帝の母ヘレナにより、聖堂内の地下洞窟がイエスが誕生した場所と定められた場所である。

私は、シルクロード学研究二五年の節目にこれらの地を訪ね、「隊商都市にみるシルクロード文化」、「人間にとって宗教とは何か」といったテーマを、身近なところで考えたいと思っている。

（児島建次郎）

執筆者紹介

児島　建次郎（こじま・けんじろう）

一九四一年生まれ。日本大学法学部法律学科卒業。ＮＨＫにアナウンサーとして入局しスペシャル番組や衛星放送を通して歴史や文化を紹介。一九八八年にＮＨＫと奈良県が主催した「なら・シルクロード博覧会」にかかわり本格的にシルクロードの研究に取り組む。ＮＨＫ大阪放送局を退職後、近畿大学で「外国文化論」を講義するとともに、歴史・宗教・民族などをテーマに世界二七ヵ国の歴史遺産の取材調査を行う。著書に『芸能文化の風姿』（単著）『未来への遺産・シルクロードのドラマとロマン』『敦煌の美と心』『東大寺と正倉院』（以上共著）。現在は、白鳳短期大学名誉教授、神戸常磐大学非常勤講師。朝日カルチャーと近鉄文化サロン、日本旅行講師。

山田　勝久（やまだ・かつひさ）

一九四三年生まれ。早稲田大学国語国文学専攻科修了。二松學舍大学大学院博士課程単位取得退学。北海道教育大学教授。大阪教育大学教授、学長補佐、附属池田中学校長。甲子園大学理事、副学長、機構長、教授を歴任。現在は公益財団法人・東洋哲学研究所委嘱研究員。大阪教育大学名誉教授。ＮＨＫ文化センター名古屋・柏・西宮「シルクロード」講師。西域踏査は一六ヵ国五九回。日本人として初めて楼蘭の地下墓の壁画を調査。また、釈迦が生まれたネパールのカピラエ城、マケドニアのアレクサンドロス大王の出生地ペラ、パルミラ遺跡の調査をした。単著に『唐代散文選』『唐代文学の研究』『唐詩の光彩』『シルクロードの光彩』など一六冊がある。

森谷　公俊（もりたに・きみとし）

一九五六年生まれ。東京大学文学部西洋史学科卒業。東京大学大学院人文科学研究科博士課程単位取得満期退学。東京都立大学助手を経て、現在は帝京大学文学部史学科教授。専攻は古代ギリシア史・マケドニア史。アレクサンドロス大王の東方遠征と初期ヘレニズム時代についての歴史学的・文献学的研究に取り組むと同時に、二〇一一～一三年にはイランにおいて大王の遠征経路の実地調査を行ない、これをふまえてアカイメネス朝ペルシアの実態解明をも試みている。著書に『アレクサンドロスの征服と神話』『アレクサンドロスとオリュンピアス』『図説アレクサンドロス大王』『王宮炎上――アレクサンドロス大王とペルセポリス』などがある。

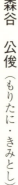

平成28年6月25日 初版発行　　《検印省略》

ユーラシア文明《ぶんめい》とシルクロード
ペルシア帝国《ていこく》とアレクサンドロス大王《だいおう》の謎《なぞ》

著　者　児島建次郎・山田勝久・森谷公俊

発行者　宮田哲男

発行所　株式会社　雄山閣
〒102-0071　東京都千代田区富士見 2-6-9
TEL 03-3262-3231　FAX 03-3262-6938
振 替 00130-5-1685
http://www.yuzankaku.co.jp

印刷・製本　株式会社 ティーケー出版印刷

ISBN978-4-639-02427-9　C1022
N.D.C.220　286p　21cm

未来への遺産・シルクロードのドラマとロマン

児島建次郎ほか　編　　3,000 円＋税　　ISBN 978-4-639-02187-2

■主な内容■

児島建次郎　フィリッポス二世とアレクサンドロス大王・ヘレニズム王国の興亡・エフェソス・クフ王のピラミッド
樋口　隆康　仏像は何時・何処で誕生したか
山田　勝久　鳩摩羅什の生涯とゆかりの町
呂　　恩国　最新の新疆ウイグル自治区の発掘状況
祁　　暁明　唐王朝と日本の文化交流
柘植　元一　シルクロードの響き
水野　文月　文明誕生の驚異の国・エジプトで暮らして

悠久なるシルクロードから平城京へ

児島建次郎　編　　3,200 円＋税　　ISBN 978-4-639-02014-1

■主な内容■

児島建次郎　インドの石窟・河西回廊・捨身飼虎図・大仏、美人図
樋口　隆康　バーミヤーンの文化的価値・アジアのロマン正倉院宝物
山田　勝久　オアシス都市・文明の興亡・シルクロードの詩人たち
菅谷　文則　シルクロードの出発点・長安・絹・ガラスの道

シルクロードのロマンと文明の興亡

児島建次郎　編　　3,600 円＋税　　ISBN 978-4-639-01894-0

■主な内容■

児島建次郎　シルクロードの開拓と民族興亡・雲崗・龍門石窟・敦煌莫高窟
定金　計次　インド仏教美術
加藤　九祚　カザフスタンの仏教遺跡
山田　勝久　楼蘭王国・亀茲国アアイ石窟・北庭西大寺の交脚菩薩
前園実知雄　青海路・もう1つのシルクロード
網干　善教　高松塚・キトラ古墳とシルクロード文化